LEGAL GUIDE FOR HR

HR全流程法律指南

企业劳动用工合规管理指引

CORPORATE COMPLIANCE IN LABOR MANAGEMENT

洪桂彬 著

中国法制出版社
CHINA LEGAL PUBLISHING HOUSE

序　言

当前，我国正处在经济恢复和产业升级的关键时期，企业劳动用工领域出现许多矛盾和问题。一些企业因生产经营困难，采用降薪、裁员等方式达到降本增效的目的；一些企业采用劳务派遣、业务外包、灵活用工平台等方式实现劳动用工的“去劳动关系化”。企业以降低用工成本和法律风险为目标的种种操作，对劳动用工合规管理带来诸多挑战。在当前形势下，树立合规理念，引入劳动用工合规管理制度，建立一套流程明晰、操作性强的风险控制机制，显得至关重要。

“合规”，对于一些企业来说，还是比较陌生的概念，而“劳动用工合规管理”近年才进入中国企业的视野。洪桂彬律师是我国较早关注和研究劳动用工合规管理的专业律师之一。2020 年洪律师与周开畅律师合著出版的《劳动人事合规管理指南》一书，率先从合规视角分析劳动用工管理问题（该书第二版已于 2023 年 3 月与读者见面）。如今，洪律师的新著《HR 全流程法律指南：企业劳动用工合规管理指引》即将付梓，为劳动用工合规管理领域增添一本全新的实操宝典。

洪律师是一位研究型律师，自他执业以来一直专注于劳动法实务，笔耕不辍，著述颇丰。他主笔的“桂彬说法”微信公众号，以其敏锐的观察和专业的研判洞悉劳动法相关的各类热点问题，常有新颖的观点给人启迪。我曾教授洪律师劳动法课程，但我更愿意以一名读者的身份推介洪律师的这本新书。本书延续了他一贯的“材料新”“内容全”“抓热点”的写作特点，同时更加突出了“实操性”。

劳动法是一个十分庞杂的体系，除了全国性的法律法规、司法解释外，各类部门规章和规范性文件纷繁复杂。《劳动合同法》实施十五年以来，虽然立法未大修，但是各地在司法实践中形成了数量繁多的裁审规则；为应对特殊时期的劳动关系问题，相关部门出台了一系列政策规定；《民法典》、《个人信息保护法》、新修订的《妇女权益保障法》等新法的实施也对劳动用工提出了诸多新的要求，因此劳动用工合规在法律适用上呈现出地域性、政策性、交叉性和复杂性的特点。洪律师的新书将新法规、新案例和新热点有机地结合在一起，以 HR 工作中面临的具体问题为逻辑框架，为员工的“入在离（职）”管理和特殊员工管理提供具体的解决方案。除了传统用工方式外，本书用较大篇幅详述了包括劳务派遣、劳务外包、劳务用工等在内的各种灵活用工方式及其合规要点，引导企业对劳动用工模式进行顶层设计与风险防范。

本书最大的优势在于它的可操作性。在劳动用工合规管理中引入流程管理和检查清单的思维，精心设计用工管理中的实施步骤，并且详细拆解其中的法律问题、给出合规指引。对照本书的内容，企业的 HR 和合规人员可以轻松、高效地完成相应操作。本书提供给企业的解决方案不仅合法合规，更注重合情合理，不仅体现法律的约束，更凸显管理的温度。本书针对具体操作步骤提供了大量的示范文本，企业可以根据实际需求直接采用，既能帮助企业防范法律风险，又节约了管理和法务成本。

此外，我很欣赏本书简洁明快的风格。由于劳动法问题本身具有复杂性，许多劳动法实务类的书籍往往长篇累牍，动辄四五十万字，读起来不胜其苦。洪律师的这本书很好地解决了这个问题。他用三百余页的篇幅，以通俗易懂、言简意赅的文字，全面梳理了劳动用工合规管理中的各类问题，并为企业的实际操作提供具体指引。本书适合作为 HR、企业管理者、律师、法学院学生的劳动法实务入门书和案头工具书。相信本书的出版会进一步推动我国劳动用工合规管理的理论研究与实践发展，并为劳动法律政策的制定者和研究者提供有益的借鉴。

是为序。

李凌云
华东政法大学社会法研究所所长
2023 年 8 月

前言：检查清单——企业用工合规管理新范式

经常对照一下清单可以避免很多错误。

——查理·芒格（Charlie Thomas Munger）

“最聪明的飞行员即使才华再过人，经验丰富，也绝不会不使用检查清单。”① 无论是企业管理还是用工决策，如何避免低级错误都是重要的命题之一。随着《民法典》《个人信息保护法》等一批新法规的实施，企业用工管理面临更大的合规挑战，而传统用工管理企业主要依赖于制定规章制度以及个别管理者特别是HR从业者的“积极作为”来驾驭用工风险。但从组织管理角度来看，企业需要建立和维持针对用工管理的沟通体系、人员配置和流程建设，激发HR特别是各级管理者“合作”的意愿至关重要，其中将用工合规管理融入企业内部管理流程之中将是最重要的杠杆解。

一类高频用工问题的处理，需要多个部门、多个管理者的“同时性努力”和“持续性努力”，如果不能在时间的维度上展开协调，则错误的行动或决策将导致错误的结果，如果不能建立流程闭环实现持续性努力，企业的合规改进就会演变成“雷声大雨点小”“头重脚轻”的结局。比如法律规定用人单位解除不胜任员工劳动合同的，需进行调岗或培训，如果业务部门不愿意执行该“法定步骤”，则企业与员工解除劳动合同只能依赖于“协商解除”，此将极大增加协商解除的成本，甚至在重压之下可能转向“违法解除”的操作。没有流程的限制，管理者更多从部门利益考虑，做起“甩手掌柜”或者干脆“不做决策”，任凭低绩效员工维持现状不断蚕食组织的“战斗

① ［美］彼得·考夫曼编、李继宏等译：《穷查理宝典：查理·芒格智慧箴言录》，中信出版社2021年版。

力”，这也是企业建构管理流程的价值所在，通过有时间顺序的操作步骤，企业不仅收获了标准化做法，更在流程中分配了各级管理者的职责、创造了合规价值。

依照流程管理的思维，用工管理必须精心设计具有“充分且必要”的节点，既考虑完整不能遗漏，同时又要简化和减少管理成本；提高节点的“精确度”和“颗粒度”以实现可操作性，然后在具体流程中分配“何人”“何时”“何地”，最终将大量重复发生的业务场景融入标准化程序中，减少人为操作失误。

2022 年 10 月 1 日起施行的《中央企业合规管理办法》第三条第三款规定：“本办法所称合规管理，是指企业以有效防控合规风险为目的，以提升依法合规经营管理水平为导向，以企业经营管理行为和员工履职行为为对象，开展的包括建立合规制度、完善运行机制、培育合规文化、强化监督问责等有组织、有计划的管理活动。”因此，企业用工合规管理不仅应着眼于企业经营管理行为，更应防范员工违规操作导致的损害后果，其中包括各级管理者的“履职行为”，而建构流程来约束管理者的“用工管理行为”将成为企业用工合规管理的重中之重。

因此，企业用工合规管理绝非一人或一时之功，而需要整个组织持续的努力，本书既可以作为流程指引，也可以作为检查清单，方便管理者和 HR 准确高效地作出用工决策，希望本书的出版有助于改善企业用工合规管理现状。

目录
CONTENTS

第一章　入职篇 / 001

第一节　招聘合规指引 / 003

◆ 相关概念 / 003

◆ 典型案例 / 003

因背景调查不通过能否取消录用？/ 003

◆ 合规指引 / 004

第二节　员工入职合规指引 / 015

◆ 相关概念 / 015

◆ 典型案例 / 015

劳动合同签收表能否证明已签署劳动合同？/ 015

◆ 合规指引 / 016

第三节　规章制度合规指引 / 027

◆ 相关概念 / 027

◆ 典型案例 / 028

工会委员会议决议能否视为民主程序？/ 028

◆ 合规指引 / 028

第二章 在职篇 / 039

第一节 工时管理合规指引 / 041
- ◆ 相关概念 / 041
- ◆ 典型案例 / 042
  合同约定执行综合工时制是否有效？/ 042
- ◆ 合规指引 / 043

第二节 加班管理合规指引 / 053
- ◆ 相关概念 / 053
- ◆ 典型案例 / 055
  月度绩效奖是否作为加班费计算基数？/ 055
- ◆ 合规指引 / 056

第三节 年休假管理合规指引 / 062
- ◆ 相关概念 / 062
- ◆ 典型案例 / 063
  员工未申请年休假是否视为弃权？/ 063
- ◆ 合规指引 / 063

第四节 绩效改进合规指引 / 071
- ◆ 相关概念 / 071
- ◆ 典型案例 / 071
  员工未通过绩效改进计划，公司能否解除劳动合同？/ 071
- ◆ 合规指引 / 073

第五节 调岗合规指引 / 081
- ◆ 相关概念 / 081
- ◆ 典型案例 / 081
  开发工程师调岗到技术支持是否需要员工同意？/ 081
- ◆ 合规指引 / 083

第六节 调薪合规指引 / 089
- ◆ 相关概念 / 089
- ◆ 典型案例 / 090
  公司集体调薪需要员工同意吗？/ 090

◆ 合规指引 / 091

第七节 变更工作地点合规指引 / 095

◆ 相关概念 / 095

◆ 典型案例 / 095

合同约定员工接受变更工作地点有效吗? / 095

◆ 合规指引 / 096

第八节 竞聘上岗合规指引 / 103

◆ 相关概念 / 103

◆ 典型案例 / 104

员工竞聘上岗落聘后如何处理? / 104

◆ 合规指引 / 105

第九节 违纪调查合规指引 / 114

◆ 相关概念 / 114

◆ 典型案例 / 115

药品销售数据造假如何解雇? / 115

◆ 合规指引 / 115

第三章 离职篇 / 129

第一节 辞职合规指引 / 131

◆ 相关概念 / 131

◆ 典型案例 / 132

公司对员工的辞职申请审批晚了是否构成违法解除劳动合同? / 132

◆ 合规指引 / 133

第二节 试用期解除合规指引 / 137

◆ 相关概念 / 137

◆ 典型案例 / 138

约定 6 个月试用期,在第四个月解雇是否合法? / 138

◆ 合规指引 / 139

第三节　严重违纪解除合规指引 / 146
◆ 相关概念 / 146
◆ 典型案例 / 147
违反工作指示是否构成违纪？/ 147
◆ 合规指引 / 149
第四节　严重失职解除合规指引 / 160
◆ 相关概念 / 160
◆ 典型案例 / 160
发错报价单能否认定严重失职行为？/ 160
◆ 合规指引 / 161
第五节　被追究刑事责任解除合规指引 / 170
◆ 相关概念 / 170
◆ 典型案例 / 171
员工因交通肇事被刑事拘留，可以解雇吗？/ 171
◆ 合规指引 / 172
第六节　不胜任解除合规指引 / 176
◆ 相关概念 / 176
◆ 典型案例 / 177
员工转岗后不胜任工作，能否解除劳动合同？/ 177
◆ 合规指引 / 178
第七节　客观情况发生重大变化解除合规指引 / 186
◆ 相关概念 / 186
◆ 典型案例 / 187
改变内部组织架构是否属于客观情况发生重大变化？/ 187
◆ 合规指引 / 188
第八节　经济性裁员合规指引 / 197
◆ 相关概念 / 197
◆ 典型案例 / 198
公司亏损是否属于经营发生严重困难？/ 198
◆ 合规指引 / 199

第九节 劳动合同期满终止合规指引 / 206

◆ 相关概念 / 206

◆ 典型案例 / 206

合同逾期能否终止劳动合同？/ 206

◆ 合规指引 / 207

第十节 医疗期满解除合规指引 / 216

◆ 相关概念 / 216

◆ 典型案例 / 216

特殊疾病医疗期如何计算？/ 216

◆ 合规指引 / 217

第十一节 退休终止劳动合同合规指引 / 226

◆ 相关概念 / 226

◆ 典型案例 / 227

退休年龄届满之日如何确定？/ 227

◆ 合规指引 / 228

第十二节 提前解散终止劳动合同合规指引 / 234

◆ 相关概念 / 234

◆ 典型案例 / 234

公司提前解散，合同终止日如何确定？/ 234

◆ 合规指引 / 235

第十三节 离职手续办理合规指引 / 241

◆ 相关概念 / 241

◆ 典型案例 / 242

解除劳动合同通知书能否替代离职证明？/ 242

◆ 合规指引 / 243

第十四节 竞业限制合规指引 / 248

◆ 相关概念 / 248

◆ 典型案例 / 249

调解书能否覆盖竞业限制事项？/ 249

◆ 合规指引 / 251

第十五节　经济补偿金支付合规指引 / 260
◆ 相关概念 / 260
◆ 典型案例 / 262
经济补偿金是否存在支付上限？/ 262
◆ 合规指引 / 263

第四章　特殊员工篇 / 273

第一节　工伤处理合规指引 / 275
◆ 相关概念 / 275
◆ 典型案例 / 278
事故发生后缴纳工伤保险费能否理赔工伤待遇？/ 278
◆ 合规指引 / 280
第二节　病假管理合规指引 / 290
◆ 相关概念 / 290
◆ 典型案例 / 290
员工拒绝病假复查的，可否作出违纪处分？/ 290
◆ 合规指引 / 292
第三节　“三期”员工管理合规指引 / 300
◆ 相关概念 / 300
◆ 典型案例 / 303
“三期”女职工请假不规范能否按旷工处罚？/ 303
◆ 合规指引 / 304
第四节　外籍用工合规指引 / 310
◆ 相关概念 / 310
◆ 典型案例 / 311
就业证到期能否终止劳动合同？/ 311
◆ 合规指引 / 312

第五章 灵活用工篇 / 319

第一节 劳务派遣用工合规指引 / 321

◆ 相关概念 / 321

◆ 典型案例 / 322

异地派遣应在何地缴纳社会保险费? / 322

◆ 合规指引 / 323

第二节 非全日制用工合规指引 / 339

◆ 相关概念 / 339

◆ 典型案例 / 340

兼职是否一定为非全日制用工? / 340

◆ 合规指引 / 341

第三节 劳务外包合规指引 / 347

◆ 相关概念 / 347

◆ 典型案例 / 348

外包用工是否存在事实劳动关系风险? / 348

◆ 合规指引 / 349

第四节 实习用工合规指引 / 363

◆ 相关概念 / 363

◆ 典型案例 / 364

实习是否一定是劳务关系? / 364

◆ 合规指引 / 365

第五节 劳务用工合规指引 / 377

◆ 相关概念 / 377

◆ 典型案例 / 378

劳动关系还是劳务关系? / 378

◆ 合规指引 / 379

后 记 / 387

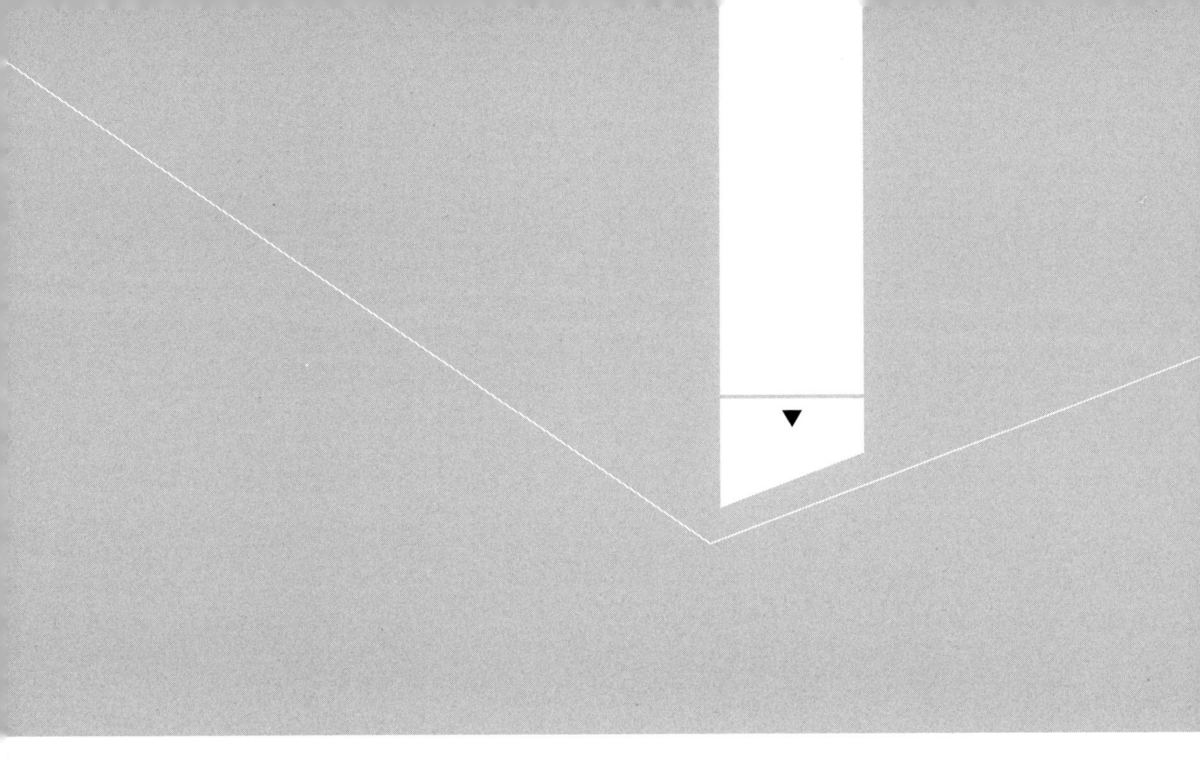

第一章

入 职 篇

第一节
招聘合规指引

◆ 相关概念

1. 就业歧视

是指用人单位在招聘过程中，对招聘条件相同或相近的求职者基于某些与个人工作能力或工作岗位无关的因素，而不能给予其平等的就业机会或在工资、岗位安排、劳动条件与保护、社会保险与福利等方面不能提供平等待遇。就业歧视的本质特征是无正当理由的差别对待，其包含两个方面的基本要素：第一，存在差别对待的行为；第二，这种差别对待缺乏合理性基础，为法律所禁止。

2. 缔约过失

是指在合同订立过程中，一方当事人因违背其依据诚实信用原则所应负有的义务，使另一方当事人信赖的利益遭受损失，而应当承担民事责任的情况。在劳动合同订立过程中也可能存在用人单位撤销录用或劳动者拒不按录用通知报到的情形，如无正当理由撤销录用、逾期未报到缺乏正当理由，则构成缔约过失，过失方应承担损害赔偿责任。

◆ 典型案例

因背景调查不通过能否取消录用?

2021 年 2 月 24 日，宋某向 T 公司投递简历；2 月 27 日，T 公司组织宋某进行面试；3 月 1 日，T 公司通知宋某面试通过并要求提供薪资证明；3

月 5 日，宋某要求预约体检并授权 T 公司对其进行背景调查；3 月 12 日，T 公司向宋某发送《录用通知函》，其中“提交公司要求的材料”一项中约定：“本录用通知函取决于下列前提条件的满足：您通过背景调查；公司可以自行决定免除上述任何条件。如果上述条件不能满足或者您提供的信息虚假、不准确或不完整，那么公司可以自行决定撤销本录用通知。”宋某于 3 月 17 日确认并回复《录用通知函》。宋某在收到《录用通知函》后即进行向原公司提出辞职、办理租赁房屋、搬家等相关事项。3 月 27 日，宋某与 A 公司办结离职手续。2022 年 4 月 2 日，T 公司通知宋某背景调查不合格，无法办理入职。后宋某提起诉讼，要求 T 公司赔偿因缔约过失造成的损失，含经济补偿金人民币 66446.25 元、工资损失 51112.66 元、交通费 216 元、搬家费 738.80 元、房租损失费 4450 元、律师费 5000 元。诉讼中 T 公司出具了北京某管理公司出具的调查报告，报告显示 T 公司在 2021 年 3 月 9 日即完成了委托。T 公司未就调查报告内容的真实性提供相关证据证明。

专家分析

满足录用条件才向求职者发送录用通知本就是录用的一般程序，本案中 T 公司在背景调查结果未出的情形下就向求职者发送录用通知有违录用一般程序，且根据被告提交的背景调查报告显示，北京某管理公司于 2021 年 3 月 9 日就已完成了委托，T 公司在 3 月 12 日向宋某发送《录用通知函》前理应知晓背景调查结果，且就背景调查的相关结果并未提供其他证据证明，仅凭调查报告无法证明 T 公司所主张的事实。最终法院认定 T 公司对中断缔约具有过错，理应承担缔约过失责任。法院酌定 T 公司向宋某赔偿经济损失 39306.39 元。

◆ 合规指引

第一步：确定招聘需求

操作说明

公司内部确定具体用工需求，通常包含岗位、工作职责等，考虑到招聘工作的高风险性，一般应由用人单位向人力资源部门发起招聘需求，履行内部审批手续后方可启动招聘工作。招聘可通过猎头、委托招聘、店招、招聘网站等多种方式进行。如涉及外部合作的，应提前签署合作协议。

注意事项

1. 招聘需求的发布应当通过专门部门、专门人员进行，如果发动同事相互推荐的，应统一对外招聘的公开发布途径，避免因口径不一致导致的虚假宣传风险。

2. 实践中确实存在个别业务部门管理者直接安排员工入职的情况，此将大幅度增加公司的用工风险，为了避免个别员工擅自招募人员，应通过规章制度予以禁止，并将擅自对外招聘的行为纳入违纪行为。

3. 公司如选择委托第三方开展招聘活动，应选择合格的人力资源供应商，根据相关规定，从事职业中介活动的人力资源服务机构应获得《人力资源服务许可证》。

相关法规

《人力资源市场暂行条例》（2018 年 6 月 29 日发布）

第十八条第一款　经营性人力资源服务机构从事职业中介活动的，应当依法向人力资源社会保障行政部门申请行政许可，取得人力资源服务许可证。

第二步：发布招聘广告

操作说明

招聘广告是吸引候选人参与应聘的关键载体，用人单位应确保招聘广告符合法律规定，避免出现涉及就业歧视的内容，如出现“男性”“男性优先”等字样。同时招聘信息应与客观情况相符，避免事后被员工主张“招聘欺诈”，如招聘广告明确注明月薪 6000 元，但实际入职后劳动合同约定工资仅为月薪 5000 元，其余工资需通过加班才能得到。

注意事项

1. 用人单位招聘广告中一般包括公司简介、岗位名称、工作地点、具体工作职责、薪资范围以及是否有职业危害因素。

2. 如用人单位系通过劳务派遣、外包等形式招聘，应明确用工方式类型，避免被候选人解读为“直接雇佣”。

3. 用人单位宜在招聘广告中明确职位的有效期，减少后期的管理成本。

相关法规

《中华人民共和国就业促进法》（2015 年 4 月 24 日修正）

第二十六条 用人单位招用人员、职业中介机构从事职业中介活动，应当向劳动者提供平等的就业机会和公平的就业条件，不得实施就业歧视。

《中华人民共和国妇女权益保障法》（2022 年 10 月 30 日修订）

第四十三条 用人单位在招录（聘）过程中，除国家另有规定外，不得实施下列行为：

（一）限定为男性或者规定男性优先；

……

（四）将限制结婚、生育或者婚姻、生育状况作为录（聘）用条件；

……

第三步：获取候选人信息

操作说明

实践中，候选人一般通过直接投递简历、委托中介机构投简历、填写应聘申请表等方式向用人单位提出职位申请。考虑用人单位会收集、处理候选人及相关近亲属的信息，故相关招聘活动应满足知情同意、最小必要原则，避免侵犯候选人的个人信息权益。

注意事项

1. 用人单位如通过自有招聘网站获取候选人的简历信息，宜通过网站同步公布有关个人信息保护的相关制度或规则供候选人阅览。

2. 用人单位如通过猎头或其他中介机构获取候选人信息，宜在相应的商务合同中明确个人信息保护和授权使用条款，即中介对外提供候选人信息已获得候选人的事先授权。

3. 用人单位通过候选人直接填写应聘申请表的方式提供信息的，可以在应聘申请表中添加“个人信息声明条款”，明示个人信息的使用规则，其中还应包括候选人可能提供的第三方信息（包括亲属、证明人等）已事先获得相关主体的授权。

示范文本

《应聘申请表》的加注内容

特别声明：

1. 本人郑重声明已完全理解填写并提供下述个人信息的用途，确认公司已告知本人相关个人信息的处理目的、处理方式、存储期间、权利行使程序等。

2. 本人确认下述所填写的信息真实完整有效，其中涉及证明人等他人的信息已经获得相关主体的同意和授权。如有任何欺骗隐瞒或虚假陈述，公司可以随时撤销录用或解除劳动合同并且不支付任何赔偿。如因此导致公司涉诉，有权向本人追偿。

3. 本人知悉并同意公司收集、存储、使用、传输本人提供的个人信息用于本次职位的招聘及未来可能新开放的职位，符合合法、正当、必要和诚信原则，不存在任何误导、欺诈或胁迫的情形。

4. 本人同意公司对下述信息自行或委托第三方进行背景调查，在公司需要时配合另行签署授权调查文件。

相关法规

《中华人民共和国个人信息保护法》（2021 年 8 月 20 日发布）

第六条　处理个人信息应当具有明确、合理的目的，并应当与处理目的直接相关，采取对个人权益影响最小的方式。

收集个人信息，应当限于实现处理目的的最小范围，不得过度收集个人信息。

第十三条第一款　符合下列情形之一的，个人信息处理者方可处理个人信息：

（一）取得个人的同意；

（二）为订立、履行个人作为一方当事人的合同所必需，或者按照依法制定的劳动规章制度和依法签订的集体合同实施人力资源管理所必需；

（三）为履行法定职责或者法定义务所必需；

（四）为应对突发公共卫生事件，或者紧急情况下为保护自然人的生命健康和财产安全所必需；

（五）为公共利益实施新闻报道、舆论监督等行为，在合理的范围内处理个人信息；

（六）依照本法规定在合理的范围内处理个人自行公开或者其他已经合法公开的个人信息；

（七）法律、行政法规规定的其他情形。

第四步：面试

操作说明

面试是指用人单位安排指定人员与候选人进行视频、面对面或电话沟通以增进相互了解，确定录用意向的活动。企业可以安排一轮或多轮面试，面试的内容可以包括面谈、考卷测试、现场演示、活动作业等多种方式。

注意事项

1. 面试通过一般不视为用人单位与候选人已建立劳动关系，但如果企业安排候选人进行“试工”，则可能会被认定事实劳动关系，虽然法律未禁止用人单位通过实际作业的方式来对候选人进行考察，但由于实际提供劳动很容易产生理解上的分歧，特别是实际作业时发生事故伤害，候选人有很大的可能性主张双方存在事实劳动关系，为了避免争议，如通过实际作业的方式考察，宜与候选人进行事先书面约定。

2. 面试过程通常包含大量的对话，管理者或人力资源部门参与面谈应避免发表有损候选人人格尊严的言论，避免就业歧视，如在面谈过程中询问女性候选人的婚育状况为法律所禁止，可以认定公司存在就业歧视行为，应承担侵权责任。

3. 用人单位结束面试后，不排除与候选人主动或被动地反馈面试的结果，此时应避免对候选人作过多负面评价，更不宜触及性别、年龄、户籍、个性特点等涉及就业歧视的内容。

示范文本

面试确认表

鉴于候选人______申请____________________公司______岗位，公司对

该岗位将进行如下面试考核计划，具体包括：

1. 面谈（预计时间）；

2. 实际作业测试（为期 3 天，自______年____月____日至____月____日）；

3. 公司结合面谈、个人简历、作业测试等进行综合评估。

本人同意上述面试安排，并确认在上述面试考核期间不构成劳动关系，双方不发生劳动法项下的权利义务，上述面谈所涉及的活动系自愿行为，本人同意不向公司主张任何劳动或劳务报酬。

员工签名：

日期：

相关法规

《中华人民共和国妇女权益保障法》（2022 年 10 月 30 日修订）

第四十三条　用人单位在招录（聘）过程中，除国家另有规定外，不得实施下列行为：

……

（二）除个人基本信息外，进一步询问或者调查女性求职者的婚育情况；

……

第五步：实施背景调查

操作说明

用人单位对候选人执行面试后有初步录取意向，拟对候选人的工作背景、学历、个人履历、是否存在违法犯罪记录等进行调查的活动。用人单位可自行或委托第三方进行背景调查，但由于背景调查会触及候选人的诸多个人信息，应事先获得候选人的同意。

注意事项

1. 用人单位执行背景调查需要事先获得候选人的授权，候选人在简历、应聘登记表上填写了证明人信息并不能理解为已经授权用人单位对个人情况进行全面调查。

2. 委托第三方背景调查涉及向第三方提供个人信息，应向候选人明确委托机构名称以及个人信息保护的主要方式。

3. 背景调查应尽可能在发送录用通知之前完成，避免录用通知发送之后再撤销录用产生缔约过失风险。

示范文本

背景调查授权书

本人______（身份证号码/护照号码：_________________）已许可并授权__________有限公司及其所委托的代理机构（机构名称：__________有限公司），对本人在职位申请表及个人履历中所提供的信息及其他与就业有关的信息（包括但不限于工作经历、职务、薪酬、工作表现、纪律处分记录、离职时间及原因等）的真实性、完整性进行核实，并在认为必要时向相关部门和单位进行问询。我授权持有或了解相关情况的人士如实披露有关情况。

特此证明，希望您予以配合，非常感谢！

本人签名：

日期：

相关法规

《中华人民共和国个人信息保护法》（2021 年 8 月 20 日发布）

第二十一条 个人信息处理者委托处理个人信息的，应当与受托人约定委托处理的目的、期限、处理方式、个人信息的种类、保护措施以及双方的权利和义务等，并对受托人的个人信息处理活动进行监督。

受托人应当按照约定处理个人信息，不得超出约定的处理目的、处理方式等处理个人信息；委托合同不生效、无效、被撤销或者终止的，受托人应当将个人信息返还个人信息处理者或者予以删除，不得保留。

未经个人信息处理者同意，受托人不得转委托他人处理个人信息。

《公安机关办理犯罪记录查询工作规定》（公通字〔2021〕19 号）

第二条 本规定所称的犯罪记录，是指我国国家专门机关对犯罪人员的客观记载。除人民法院生效裁判文书确认有罪外，其他情况均应当视为无罪。

有关人员涉嫌犯罪，但人民法院尚未作出生效判决、裁定，或者人民检察院作出不起诉决定，或者办案单位撤销案件、撤回起诉、对其终止侦查的，属于无犯罪记录人员。

第四条第二款　单位可以查询本单位在职人员或者拟招录人员的犯罪记录，但应当符合法律、行政法规关于从业禁止的规定。

第五条第二款　单位申请查询，由住所地公安派出所受理。查询对象为外国人的，由单位住所地县级以上公安出入境管理部门受理。

第六步：发送录用通知

操作说明

用人单位确定录取名单后一般会向候选人发送《录用通知书》或《入职通知书》，并要求候选人确定是否接受或同意。录用通知是确定聘用以及界定聘用条件的重要载体，候选人往往需要对此进行必要的准备，包括向原单位办理离职手续等。如用人单位发送录用通知后劳动者不予回复的，录用通知因为缺乏“承诺”而自动失效。一旦候选人接受了录用通知，则对双方均具有约束力。

注意事项

1. 录用通知通常应当载明拟招聘的岗位、工作地点、薪资标准、合同期限、入职单位名称、生效条件等。

2. 录用通知在员工入职后将作为雇佣条件的补充，故而对可能存在变动的聘用事项，如岗位、奖金、休假天数等，用人单位宜事先明确调整的权利，如公司经营发生变化、岗位发生变化，员工的薪酬福利条件将需要根据公司规定或决定进行调整。

3. 如用人单位因劳动者存在过错（如提供虚假的证明材料、个人存在竞业限制事项没有披露），则用人单位撤销录用无需承担赔偿责任，但若劳动者不存在过错，用人单位撤销录用一般需承担缔约过失赔偿责任，司法实践中，劳动者需要就所遭受的损失进行初步举证。

示范文本

录用通知书

尊敬的______先生/女士，

非常荣幸地通知您，您已被我司录用，根据公司现有经营状况、薪酬福利制度以及您所拟任的岗位，公司提供下列聘用条件：

担任岗位：________________

工作地点：________________

岗位薪酬：________________

请您在______年____月____日之前至________________（报到地址）报到，我司将在您报到并入职的一个月内与您签订 3 年以上的《劳动合同》，其中试用期为 6 个月（自《劳动合同》签订之日起算）。

报到入职须知：

请您在报到当日携带本人下列材料的原件及复印件：

（1）身份证、学历证明、职称及专业技能等级证书（原件及复印件）；

（2）原单位离职证明原件及复印件（劳动手册、养老保险手册、养老保险转移单等）；

（3）一个月内区级以上医院的体检报告（从事有毒有害等有职业病危害工种的人员需到经过批准的有资质的医疗卫生机构进行体检）；

（4）×××银行卡；

（5）社保网上查询密码、住房公积金账号；

（6）免冠证件照 2 张。

联系人：　　　　　　　　联系电话：

E-mail：

联系地址：

注意事项：

1. 本通知仅为我司对您的录用意向，双方的权利义务以届时签订的《劳动合同》、公司的相关规章制度为准。

2. 本录用通知书在包括并不限于下列任何情况下可以被公司撤销，或解除对您的聘用：

（1）如果对您的背景调查或体检的结果未能符合公司要求，或者您提供给公司的任何信息不真实，公司可以撤销本录用通知书或解除对您的聘用，且无义务向您支付任何补偿或赔偿。

（2）您应按本公司的要求，在指定时间及时提供劳动手册/离职证明、身份证明、学历证明以及公司要求的相关材料。如您不提供、提供不及时、提供不合格或者提供的材料虚假，本公司可撤销本录用通知书或解除对您的聘用。

（3）候选人需在接到录用通知书的3日内确认是否接受。

3. 本通知书的生效是以您向我公司提供的信息全面、真实为前提。您对本通知书的确认并不表示双方劳动关系的建立，只有在您按照本通知书的要求报到、提供的上述材料真实有效的前提下，才具备签订劳动合同的条件，双方劳动关系的建立以及具体的权利义务最终将以我公司与您签订的书面劳动合同为准。如果您未能履行入职时的入职说明义务，包括向我公司提供的学历、工作经历等信息不真实，隐瞒了以前的不良记录（包括但不限于信用记录、违法记录等），或未向我公司披露与其他雇主尚未解除的劳动关系，或对前雇主仍然负有竞业限制等义务，本通知书自始不发生法律效力且公司有权撤销本录用通知书或立即解除与您的劳动合同。

本录用通知自发出之日起一个月有效。如您无法在一个月内报到，请于××××年××月××日前与本公司进行协商。被录用人自入职之日起，需保证其个人无第三方商业利益冲突。

此致！

×××公司（盖章）

年　月　日

相关法规

《中华人民共和国民法典》（2020年5月28日发布）

第四百七十六条　要约可以撤销，但是有下列情形之一的除外：

（一）要约人以确定承诺期限或者其他形式明示要约不可撤销；

（二）受要约人有理由认为要约是不可撤销的，并已经为履行合同做了合理准备工作。

第五百条　当事人在订立合同过程中有下列情形之一，造成对方损失的，应当承担赔偿责任：

（一）假借订立合同，恶意进行磋商；

（二）故意隐瞒与订立合同有关的重要事实或者提供虚假情况；

（三）有其他违背诚信原则的行为。

第七步：安排入职体检

操作说明

在传统招录过程中，用人单位安排候选人进行体检较为常见，从有利于公司的角度来看，宜先安排体检后发送录用通知，但实践中劳动者往往更希望在得到确定的录用通知后接受体检，用人单位执行体检应避免就业歧视，同时妥善保管员工的体检信息，不得向第三人披露。

注意事项

1. 根据相关规定，用人单位不得安排妊娠测试、乙肝病毒携带测试等法律规章明确禁止的体检项目。

2. 用人单位获得体检报告应获得劳动者的事先同意，相关授权可记载在应聘申请表、录用通知文本中。

3. 用人单位不得仅仅因为员工身体患病而取消录用，应考虑员工的身体疾病是否会导致无法办理录用手续，如某食品公司工作人员应获得健康证，由于员工所患疾病导致无法办理健康证，用人单位撤销录用具有合理性。

4. 用人单位如招聘的系职业危害岗位，则应当提前安排进行职业病体检。

相关法规

《中华人民共和国妇女权益保障法》（2022 年 10 月 30 日修订）

第四十三条 用人单位在招录（聘）过程中，除国家另有规定外，不得实施下列行为：

……

（三）将妊娠测试作为入职体检项目；

……

《人力资源和社会保障部、教育部、卫生部关于进一步规范入学和就业体检项目维护乙肝表面抗原携带者入学和就业权利的通知》（人社部发〔2010〕12 号）

一、进一步明确取消入学、就业体检中的乙肝检测项目

医学研究证明，乙肝病毒经血液、母婴及性接触三种途径传播，日常工

作、学习或生活接触不会导致乙肝病毒传播。各级各类教育机构、用人单位在公民入学、就业体检中，不得要求开展乙肝项目检测（即乙肝病毒感染标志物检测，包括乙肝病毒表面抗原、乙肝病毒表面抗体、乙肝病毒e抗原、乙肝病毒e抗体、乙肝病毒核心抗体和乙肝病毒脱氧核糖核苷酸检测等，俗称“乙肝五项”和HBV-DNA检测等，下同），不得要求提供乙肝项目检测报告，也不得询问是否为乙肝表面抗原携带者……

第二节 员工入职合规指引

◆ 相关概念

1. 电子劳动合同

是指用人单位与劳动者经协商一致，以可视为书面形式的数据电文为载体，使用可靠的电子签名订立的劳动合同。用人单位与劳动者协商一致，可以采用电子形式订立书面劳动合同。电子合同签署一般需满足以下条件：(1) 签署主体可信；(2) 签署过程可以事后查询；(3) 签署结果不可篡改。

2. 如实说明义务

是指在劳动合同订立过程中，对与劳动合同相关的事项，劳动者有义务按照用人单位要求提供真实完整的信息。

◆ 典型案例

劳动合同签收表能否证明已签署劳动合同?

王某于2016年8月1日入职某科技公司，双方先后签订两次2年期劳动合同。该两次劳动合同签署时科技公司均安排了员工在劳动合同签收表上签名，签收日期均晚于合同起始日期。2022 年 8 月，王某离职后申请劳动仲裁，要求科技公司支付 2020 年 9 月 1 日至 2022 年 8 月 31 日的双倍工资 20 万元。科技公司则主张 2020 年 8 月 1 日生效的无固定期限劳动合同已遗失，无法提供原件。但 2020 年 9 月 3 日王某曾在一份劳动合同签收表上签名，可以证明双方确实签过无固定期限劳动合同。王某则表示劳动合同签收表不能证明劳动合同已签，当时公司交付的是空白的劳动合同而非已盖章签字的版本。

专家分析

本案中，王某在签署前两次劳动合同时科技公司均安排了签收，且均系领走已盖章签字版本，故而根据公司惯常的流程，王某在第三次劳动合同签收表上签名，其实际领走已盖章签字版本具有高度盖然性，据此劳动争议仲裁委员会驳回了王某的诉请。科技公司在无法举证劳动合同原件的情况下之所以胜诉，很大程度上是因为公司一直坚持劳动合同签收并交付签收表的流程，最终避免了公司损失。

◆ 合规指引

第一步：报到

操作说明

劳动者按照录用通知约定的报到日前往用人单位报到，向用人单位交付入职所需的相关材料，用人单位进行检查核验，确定劳动者的主体身份并为入职手续办理做好准备。

注意事项

1. 用人单位宜在报到日前再次提醒劳动者应携带的材料，包括所需的原件或复印件份数等。

2. 如劳动者因不可抗力情形无法报到，用人单位可以和劳动者约定调整报到日期，但建议通过邮件、短信等方式再次确认。

3. 用人单位如遇劳动者在报到现场无法提供全部材料的情况，应避免允许劳动者直接进入工作状态，妥善的处理方式是与相关部门进行沟通核实，在确定解决方案之前应安排劳动者退出工作场所以待后续通知。

4. 对于个别允许劳动者事后补充入职材料的情形，应通过书面方式约定补充材料的时限、逾期未补充材料的后果。

示范文本

入职资料提交承诺书

本人______（身份证号码：___________），受聘于__________公司（以下简称公司），于______年____月____日办理入职手续，入职前公司已告知本人入职所需材料及相应的材料要求，现因个人原因无法提供部分材料。

现本人郑重承诺：

于入职后______个自然日内补齐所需全部资料，如不能补齐，视为试用期不符合录用条件，公司有权解除劳动合同而无需支付任何补偿，由于资料不齐导致公司目前无法按照国家规定为本人缴纳社会保险及公积金等其他一切后果由本人全部承担，与公司无关。

所缺资料明细：

……

承诺人（签名）：

日期：

相关法规

《人力资源市场暂行条例》（2018年6月29日发布）

第十八条第一款　经营性人力资源服务机构从事职业中介活动的，应当依法向人力资源社会保障行政部门申请行政许可，取得人力资源服务许可证。

第二步：履行必要告知义务，采集个人信息

操作说明

员工入职后，基于合同签订、薪酬福利、文件送达等人力资源管理的需要，用人单位一般需集中采集员工的个人信息，包括个人联系方式、家庭住址、身份证号码等。一方面，用人单位采集员工个人信息应满足管理必需的目的，涉及未成年子女、脸部识别特征等敏感个人信息的，还应遵循员工单

独知情同意的原则。另一方面，用人单位应在入职时主动披露涉及职业危害、工作内容、工作条件、安全生产状况等信息，履行诚信沟通义务。

注意事项

1. 用人单位采集员工的个人信息应区分一般个人信息和敏感个人信息，并采取不同的管理方式，如将雇员信息登记表区分为一般信息栏和敏感信息栏，并标识不同的保密等级。同时用人单位可以安排员工签署专项《个人信息保护承诺书》，就员工个人信息等授权使用以及应承担的义务作出规定。

2. 就员工提供的个人信息及资料，应安排员工签字确认，确保系员工本人提交，避免未来就信息提交主体产生争议，如员工提交的打印版简历信息，应由员工签名确认。

3. 用人单位应采集必要的信息，如国籍、身份证号码、家庭住址、手机号码、个人电子信箱、累计工作年限、利益冲突事项（如是否有亲属在本单位或合作单位任职）、是否存在未履行的竞业限制义务等。

4. 涉及用人单位应主动告知的事项，用人单位可以通过书面告知函的方式呈现，如明确告知职业危害的具体因素、公司已采取的防护措施等。

示范文本

个人信息保护承诺书

为实现员工与公司签订的劳动合同以及公司的人力资源管理需要，根据《民法典》《个人信息保护法》等相关规定，制定本承诺书。

本人______，确认下述承诺书内容，并同意公司处理本人的个人信息。

一、所处理信息的范围

公司将收集并处理本人如下部分或全部个人信息：

员工的姓名、性别、国籍、民族、户籍、住址、电话号码、手机号码、电子邮件地址、出生日期、紧急联系人等；

教育背景、工作经历、技术技能、专业认证和登记、语言能力、参与的培训等；

在职期间形成的考勤记录、休假记录、绩效评估记录、感谢信与表扬信、培训与发展评估、纪律处分和申诉记录、离职日期以及与管理雇佣终止相关的信息（如介绍信）等；

居留和工作许可状况、一般生理特征（如视力、身高和体重）、衣服尺寸、肖像照片、车辆信息（如适用）、所属工会等；

其他与雇佣过程相关的一般个人信息。

敏感个人信息包括：

个人财产信息，如银行账户详情（包括账户号码和个人识别号码 PIN）、工资信息、信用卡交易记录等；

个人健康生理信息，如病症（包括职业病史、传染病史）、病历、治疗（记录）、体检信息、生育信息、药物和酒精测试结果、疫苗接种、检查筛选信息等；

个人生物识别信息，如声纹、指纹、掌纹、面部识别信息等；

个人身份信息，身份证、护照、社会保险号或其他缴税识别编号等；

存储于公司电子设备及网络的信息，如员工使用公司的计算机、网络或通讯设备创建、存储或传输的其他工作成果、网络活动踪迹、通讯记录、使用记录，包括公司通过使用“cookie”技术收集到的数据等；

员工未成年家属信息（包括性别、年龄、就读学校、国籍和护照信息等）；

其他信息，如差旅住宿记录、保险理赔及其他福利信息（包括符合资格的家属和受益人的信息）、婚姻状态、行踪轨迹、精准定位信息、未公开的违法犯罪记录等。

二、个人信息的用途及处理方式

1. 员工确认以下事项和用途属于订立、履行劳动合同或实施人力资源管理所必需的事项，公司可基于下列事项依法处理或委托第三方处理员工的个人信息（“处理”是指收集、使用、公开、存储、传输、删除、向第三方提供等方式）：

人力规划、招聘和人员配备，包括评估求职申请和执行背景调查；

管理员工雇佣关系，包括工作许可办理、信息登记、紧急联络、合同签署、社保和公积金缴纳、考勤管理、休假管理、差旅、团建、薪酬福利和所得税、培训与发展、绩效评估、费用报销、第三方采购（如预订机票、酒店等）、纪律与投诉流程、离职管理、离职证明、介绍信等；

进入公司工作场所、指定区域，或使用公司设备、网络或系统资源；

保护公司员工、客户及资产的安全，包括对在工作场所安装监控摄像头和利用公司计算机、网络、通讯及其他资源进行的活动进行控制、访问以及监控；

调查并响应针对公司、公司雇员的投诉与申诉；

遵守适用法律（如健康和安全方面的法律），包括要求提交行踪信息、疫苗接种信息等；

调查员工在履行其工作职责期间的任何涉嫌或实际的欺诈、利益冲突、不当行为、过失或疏忽等；

响应法律程序，寻求合法权利和救济，如为仲裁诉讼、监察等提供证据、陈述事实和提出主张或索赔；

响应员工新任雇主（包括雇员的前任或准雇主或他们的代理）提出的推荐信和背景调查的请求；

与上述任何一项有关的其他目的，或促进雇佣监管或管理所必需的其他目的。

2. 公司可能会向员工提供特定公司电脑、公司电子邮件账户、移动设备、电话、打印机、传真或可以访问或连接到本公司系统的任何设备，供员工在本公司工作期间履行其职责使用。员工同意遵守本公司不时公布的相关 IT 和系统使用政策，员工认可，公司财产应用于工作相关目的。员工进一步认可，在公司财产上出现或产生的任何材料或数据被推定为出于工作相关目的或属于本公司或其客户的工作成果。本公司基于资产和网络系统安全的需要，有权监控员工对公司财产的使用，访问、复制和使用员工的公司电子邮件账户和所有文件、本公司提供的在线账户以及存储在公司财产中的通信日志（包括安装在公司电脑和移动设备上的第三方通信软件中的员工聊天记录）、目的在于向员工提供 IT 支持，进行相关法律法规、政府命令要求的调查，执行本公司必要的内部调查或审计。

3. 公司对员工个人信息承担完全保密义务，除用于雇佣或其他合法用途外，不作任何其他用途。公司同时已采取下列安全保障措施：针对特别员工要求签署保密协议、在对外合同缔结中增设个人信息保护条款、限制涉个人信息保密载体的访问权限、甄选符合个人信息保护要求的供应商等。

三、员工的权利与义务

1. 所有雇佣记录均由本公司的人力资源部保存和管理，通过以下任何方式，可与本公司人力资源部个人信息保护负责人联系：

姓名：　　　　　　　　电话：　　　　　　　　　电子邮件：

2. 员工了解，在本公司记录中保持其个人信息最新的重要性，并且在自身相关个人信息更新后将及时通知个人信息保护负责人。

3. 关于员工个人信息保护的公司政策，或者公司需要告知员工的更新内容将通过如下途径发布，本人承诺及时关注，在自公布之日起________（请填入天数）个工作日内不向个人信息保护负责人提出书面异议的，视为同意。

4. 如果任何员工打算行使《个人信息保护法》下的任何数据主体权利，则应联系个人信息保护负责人，提交书面申请。

5. 本公司可能会要求员工不时提供其他人（例如员工的近亲或家庭成员）的特定个人信息，目的包括但不限于管理员工与本公司的雇佣关系、在紧急情况下与这些人联系、声明利益冲突、提交纳税申报表或处理任何公司团体保险计划等。员工有责任取得其个人信息相关提供者的必要同意。员工理解，如果员工拒绝或无法按照本公司的合理要求提供个人信息和/或敏感个人信息，将导致相应的不利后果，包括无法获准假期/报销/费用审批，受到纪律处分，包括解除劳动合同。

6. 任何员工应当就所接触的其他员工、供应商或合作伙伴的个人信息承担完全的保护义务，不从事任何损害他人个人信息权益或隐私权的行为，包括通过窥探、获取或口头、邮件及各类社交媒体发布、传播、上传、下载、删除、复制包含个人信息的材料或载体。如故意侵犯他人信息权益的将被视为严重违纪行为，如因过失导致他人个人信息外泄或导致其他不利后果（包括产生投诉、索赔、媒体负面报告、监管部门警告或处罚）的，将被视为严重失职给公司造成重大损害的行为，给公司或第三方造成损失的，应另行赔偿。

7. 员工在日常工作中就公司存在的个人信息保护隐患或违规行为可以向个人信息保护负责人反馈或举报。

四、其他事项

1. 本人承诺在雇佣期间遵守国家法律、忠实勤勉地履行义务；不从事任何违法行为或侵害他人利益的行为；不从事任何违背职业道德或有悖于公序良俗的行为；不利用职务之便或公司资源为自己或他人谋取利益或从事任何损害公司、公司其他员工或公司客户利益的活动。

2. 本人承诺严格遵守公司各项制度规定，确认公司相关制度包括《员工手册》等已履行法定民主程序和告知程序，本人同意严格遵守。

3. 违反本承诺书的任何规定，将被视为严重违纪行为，公司有权解除劳动合同。

员工签名：

日期：

相关法规

《中华人民共和国职业病防治法》（2018 年 12 月 29 日修正）

第三十三条第一款 用人单位与劳动者订立劳动合同（含聘用合同，下同）时，应当将工作过程中可能产生的职业病危害及其后果、职业病防护措施和待遇等如实告知劳动者，并在劳动合同中写明，不得隐瞒或者欺骗。

《中华人民共和国劳动合同法》（2012 年 12 月 28 日修正）

第八条 用人单位招用劳动者时，应当如实告知劳动者工作内容、工作条件、工作地点、职业危害、安全生产状况、劳动报酬，以及劳动者要求了解的其他情况；用人单位有权了解劳动者与劳动合同直接相关的基本情况，劳动者应当如实说明。

第三步：提供劳动条件、办理入职交接

操作说明

用人单位安排劳动者入职，应提供必要劳动条件，如开通邮箱和各类网络账户，分配包括电脑、办公桌、门禁卡等劳动工具，考虑到未来双方可能就工作交接范围、电子数据的真实性产生争议，用人单位一般应就资产和电子数据移交进行证据固定。

注意事项

1. 用人单位交付各类资产，应在相关登记表格中明确表明物件名称、型号、价值等，如分配的电脑品牌、型号、价值等。

2. 如用人单位交付价值较高的财产如车辆，建议签署书面协议，明确约定财产归属以及经公司要求时员工应无条件返还，员工不得以劳动纠纷为由

行使留置权[①]。

3. 用人单位交付电子数据，如网络登录权限，应明确登录用户名、初始密码以及提示进行及时修改的信息，如网络设备将广泛运用于日常工作沟通，可以单独制作电子数据交接表安排员工签署。

4. 用人单位如要求劳动者自备劳动工具，如使用个人电脑、个人电子邮箱开展工作则可能给公司带来保密信息管理的风险。

示范文本

入职交接表

类型	项目	描述	交接人	被交接人	日期
物品类	笔记本电脑	品牌： 型号： 价格：			
	钥匙	文件柜钥匙　　把			
	门禁卡 1 张	编号：			
文件类	××销售合同	原件 1 份			
	供应商名册	原件 1 份			
	……				
电子数据	电子邮箱	地址：			
	网络账户	用户名： 初始密码：			
	客户名单电子版				
	……				
	备注：公司提供的网络账户仅供个人工作范围内使用，员工应定期修改密码，该账户将用于制度发布、休假审核、报销审核、绩效评估、工作布置等，该账户所有操作视为本人操作。				
员工签名：			日期：		

① 参考：长三角商品交易所有限公司诉卢海云返还原物纠纷案，载《最高人民法院公报》2017 年第 1 期。

相关法规

《中华人民共和国民法典》（2020年5月28日发布）

第四百五十八条 基于合同关系等产生的占有，有关不动产或者动产的使用、收益、违约责任等，按照合同约定；合同没有约定或者约定不明确的，依照有关法律规定。

第四步：签订书面劳动合同

操作说明

根据法律规定，用人单位应自用工之日起一个月内与劳动者签订书面劳动合同。劳动合同文本经用人单位与劳动者签字或者盖章后生效，并由双方各执一份。

注意事项

1. 劳动合同应在法定期限内（一个月）签订，该期限不能由双方另行约定延长。

2. 劳动合同应由劳动者本人完成签名，一般不得由他人代签。用人单位则由法定代表人或人力资源部授权代表签署并完成盖章，所加盖印章应为公司公章或合同章，避免使用非法定印章如“人力资源专用章”“业务章”等。同时应注意加盖印章的单位名称与劳动合同记载的单位名称相符，避免张冠李戴。

3. 为了减少劳动合同遗失风险，建议对劳动合同签署过程进行痕迹留存，如书面通知员工签订合同、签订合同后安排签收表进行签收。如有可能，劳动合同可以签订三份及以上，除人力资源部门和员工各持一份外，可同时在档案部门或委托的第三方另行代为保管一份。

4. 用人单位如通过电子方式签订劳动合同，应注意：（1）通过电子服务平台签约的，应确保供应商具备相应资质，如获得电子认证服务许可证；（2）电子合同签署应就身份验证（如视频验证）进行证据留存；（3）电子合同的整个签约过程有痕迹可循，如身份验证、短信发送、签约上传、存档均有时间戳；（4）电子合同能事后随时查阅。

相关法规

《中华人民共和国劳动合同法》（2012 年 12 月 28 日修正）

第十条　建立劳动关系，应当订立书面劳动合同。

已建立劳动关系，未同时订立书面劳动合同的，应当自用工之日起一个月内订立书面劳动合同。

用人单位与劳动者在用工前订立劳动合同的，劳动关系自用工之日起建立。

《电子劳动合同订立指引》（人社厅发〔2021〕54 号）

第六条　双方同意订立电子劳动合同的，用人单位要在订立电子劳动合同前，明确告知劳动者订立电子劳动合同的流程、操作方法、注意事项和查看、下载完整的劳动合同文本的途径，并不得向劳动者收取费用。

第七条　用人单位和劳动者要确保向电子劳动合同订立平台提交的身份信息真实、完整、准确。电子劳动合同订立平台要通过数字证书、联网信息核验、生物特征识别验证、手机短信息验证码等技术手段，真实反映订立人身份和签署意愿，并记录和保存验证确认过程。具备条件的，可使用电子社保卡开展实人实名认证。

第八条　用人单位和劳动者要使用符合《中华人民共和国电子签名法》要求、依法设立的电子认证服务机构颁发的数字证书和密钥，进行电子签名。

第九条　电子劳动合同经用人单位和劳动者签署可靠的电子签名后生效，并应附带可信时间戳。

第十条　电子劳动合同订立后，用人单位要以手机短信、微信、电子邮件或者 APP 信息提示等方式通知劳动者电子劳动合同已订立完成。

第五步：入职培训

操作说明

员工入职后，用人单位进行必要培训是人力资源管理工作的重要组成部分，培训内容一般应覆盖企业文化、规章制度、业务部门工作流程、各类设备和资源使用、沟通联络渠道和方式等。

注意事项

1. 用人单位通过培训方式告知企业既有规章制度的，应有相应的培训签收表、记录册等予以存档，避免员工事后主张不知晓规章制度的情况。

2. 用人单位应安排管理者与劳动者就工作职责、工作目标等进行必要沟通，作为未来实施绩效反馈和考评的依据。

3. 用人单位如将劳动者参加培训、完成培训的情况纳入试用期考核的，应提前告知员工或纳入试用期评估表。

4. 对于技术工种、涉及职业危害、安全生产等特殊岗位，用人单位应按照相关法律规定安排员工实施岗前培训并保留相关的培训档案，以备主管部门实施检查。

相关法规

《中华人民共和国劳动法》（2018 年 12 月 29 日修正）

第六十八条 用人单位应当建立职业培训制度，按照国家规定提取和使用职业培训经费，根据本单位实际，有计划地对劳动者进行职业培训。

从事技术工种的劳动者，上岗前必须经过培训。

《中华人民共和国安全生产法》（2021 年 6 月 10 日修正）

第二十八条 生产经营单位应当对从业人员进行安全生产教育和培训，保证从业人员具备必要的安全生产知识，熟悉有关的安全生产规章制度和安全操作规程，掌握本岗位的安全操作技能，了解事故应急处理措施，知悉自身在安全生产方面的权利和义务。未经安全生产教育和培训合格的从业人员，不得上岗作业。

生产经营单位使用被派遣劳动者的，应当将被派遣劳动者纳入本单位从业人员统一管理，对被派遣劳动者进行岗位安全操作规程和安全操作技能的教育和培训。劳务派遣单位应当对被派遣劳动者进行必要的安全生产教育和培训。

……

生产经营单位应当建立安全生产教育和培训档案，如实记录安全生产教育和培训的时间、内容、参加人员以及考核结果等情况。

第三节
规章制度合规指引

◆ 相关概念

1. 规章制度

是指用人单位制定的组织劳动过程和对员工实施劳动管理的各类规则和制度的统称。规章制度的性质在理论上争议较大①，但无论基于何种性质，规章制度都涉及员工的切身利益，与劳动管理过程相关，是界定员工和公司权利义务的重要载体。根据劳动法的规定，制定和完善规章制度既是用人单位的权利也是用人单位的义务。

2. 民主程序

是指用人单位在制定、修改规章制度或重大事项过程中履行与工会、职工代表或全体职工进行民主协商的活动。民主程序的目的是保障工会、职工代表或全体员工在规章制度和重大事项的制定和修改过程中所享有的知情权、发言权，缺失民主程序将导致用人单位规章制度无法作为劳动管理依据的风险。

---

① 规章制度的性质，主要包括“法律规范说”和“契约说”，前者认为规章制度的约束力来自法律的授权，属于企业内部“立法”；后者则主张规章制度是集体形成的合意，属于定型化契约，构成劳动合同的重要补充。从规章制度与劳动合同、集体合同等其他调整劳动关系手段的比较中，司法实践实际认可“契约说”，即规章制度并不比劳动合同效力更高，在发生冲突时劳动者可请求适用劳动合同约定。

◆ 典型案例

工会委员会议决议能否视为民主程序?

2015 年 10 月 18 日，郑某入职某公司，岗位为销售，双方先后订立了两次固定期限劳动合同，自 2020 年 10 月 19 日起订立了无固定期限劳动合同。2020 年 12 月 3 日，公司以郑某在职期间无故旷工、严重违反其规章制度为由，解除了双方劳动关系。郑某认为公司规章制度未履行民主程序，系违法解除劳动合同。公司辩称，郑某在职期间存在无故旷工行为，而《员工手册》已经公司工会委员会决议通过，郑某入职时学习过，其解除郑某的劳动合同并无不妥①。

专家分析

本案中，公司虽提供了《工会委员会决议》，但该决议仅能证明《员工手册》经过了工会委员会决议通过，并不能证明该手册经职工代表大会或全体职工讨论协商确定。《工会法》赋予工会委员会的职责更多的是组织、协调和日常管理工作，负责检查、督促职工代表大会决议的执行，而不是代替职工代表大会行使决议的权利，因此，公司不应将《工会委员会决议》的民主效力等同于职工代表大会或者全体职工大会，其通过《工会委员会决议》制定规章制度的民主程序未达到《劳动合同法》第四条相关规定的法定标准，劳动争议仲裁委员会最终裁决该公司与郑某继续履行劳动合同。

◆ 合规指引

第一步：制定规章制度草案

操作说明

根据《劳动法》规定，用人单位有义务制定规章制度。涉及员工切身利益的规章制度内容一般与劳动用工管理事项相关，包括招聘入职、试用期管

---

① 选自《青岛发布“十三五”时期劳动争议十大典型案例》，载网易网，https：//www.163.com/dy/article/GCQ61G2805419PPO.html。

理、工时、考勤、休假、薪酬、福利、培训、绩效管理、奖惩、劳动安全卫生、劳动保护、劳动合同解除终止、离职手续办理、行为准则（涉及保密、禁止性骚扰、利益冲突、禁止商业贿赂等）等内容。

注意事项

1. 用人单位应当注意规章制度制定主体应与劳动合同主体一致，如多家公司共享一本员工手册或者一家公司对不同的业务板块执行不同的规章制度，应在制度中明确所适用的公司主体范围或者所适用的人群范围（如零售、办公室、工厂等），如果用人单位以集团公司、总公司制定制度，并不当然适用于旗下分/子公司或关联公司。

2. 规章制度应当明确适用范围，考虑企业用工方式的复杂性，员工类型众多，包括退休返聘、非全日制、劳务派遣、外包等是否同等适用于制度所有内容，需要在制度中明确，否则极易产生争议，如退休人员可能依据《员工手册》规定向公司主张带薪年休假待遇。

3. 虽然规章制度的内容大多根据企业的经营特点和实际需要制定，但一些法律法规对用人单位规章制度的具体内容直接设定了义务，主要包括：（1）禁止性骚扰的相关规章制度（依据：《民法典》）；（2）禁止就业歧视，保障女职工权益的相关制度（依据：《妇女权益保障法》）；（3）保护个人信息的规章制度（依据：《个人信息保护法》）；（4）涉及安全生产的相关制度（依据：《安全生产法》）；（5）涉及职业卫生管理的相关制度（依据：《职业病防治法》）。

4. 除了法定的制度内容以外，用人单位制定规章制度内容时还应注意：（1）避免违反法律法规，如规定拒绝加班视为违纪，年休假逾期未申请自动作废等；（2）避免越权设定义务，即不属于劳动管理过程且不涉及公司利益的事项一般无法制定约束性制度条款，如禁止员工乘坐黑车、对外借债等往往难以得到法院支持；（3）内容清晰，避免有歧义，如涉及情节严重、恶劣影响、重大损害等术语应尽量转化表述或作进一步的释义，同时制度内容应尽可能呈现“提要求”和“明后果”相结合；（4）内容避免过于严苛，如规定迟到三次即视为严重违纪，病假单晚交一天视为旷工往往难以得到法院支持。

相关法规

《中华人民共和国劳动法》（2018年12月29日修正）

第四条 用人单位应当依法建立和完善规章制度，保障劳动者享有劳动权利和履行劳动义务。

《中华人民共和国职业病防治法》（2018年12月29日修正）

第二十条 用人单位应当采取下列职业病防治管理措施：

……

（三）建立、健全职业卫生管理制度和操作规程；

……

《中华人民共和国安全生产法》（2021年6月10日修正）

第二十一条 生产经营单位的主要负责人对本单位安全生产工作负有下列职责：

……

（二）组织制定并实施本单位安全生产规章制度和操作规程；

……

《中华人民共和国个人信息保护法》（2021年8月20日发布）

第五十一条 个人信息处理者应当根据个人信息的处理目的、处理方式、个人信息的种类以及对个人权益的影响、可能存在的安全风险等，采取下列措施确保个人信息处理活动符合法律、行政法规的规定，并防止未经授权的访问以及个人信息泄露、篡改、丢失：

（一）制定内部管理制度和操作规程；

……

《中华人民共和国妇女权益保障法》（2022年10月30日修订）

第二十五条 用人单位应当采取下列措施预防和制止对妇女的性骚扰：

（一）制定禁止性骚扰的规章制度；

……

第二步：将规章制度草案提交职代会或全体职工讨论

操作说明

根据法律规定，规章制度应经职工代表大会或全体职工讨论，提出方案和意见，与工会或职工代表平等协商确定。该处民主程序的实质是保证员工对规章制度制定过程的知情权、参与权、发言权，考虑到司法实践中用人单位和劳动者常就规章制度是否履行民主程序产生争议，故用人单位应保留履行民主程序的相关证据。

注意事项

1. 规章制度履行民主程序应以用人单位名义进行，如涉及多家公司的，应当同时以多家公司名义发起民主程序。

2. 规章制度的草案应以有证据证明的方式传递给职工代表或全体职工，明确提出方案和意见的途径（如邮件、书面、企业微信等方式）和期限（一般不少于 3 天）；其中职工代表应符合地方性法规规定的比例（包括普通员工、女性员工、劳务派遣员工等）和人数，如用人单位通过职代会来审议通过规章制度，一般应由三分之二的职工代表参加会议，二分之一以上的职工代表同意后方可视为通过，国有、集体及其控股企业制定规章制度需经职代会审议通过，其他类型企业制定规章制度应听取职工代表的意见和建议（非征得职工代表同意）；如果企业未成立职代会，则需要向当时所有在职员工送达规章制度草案，给予其合理的反馈渠道和期限；上述过程可通过分组沟通会、群发邮件、企业微信集体发送等方式进行，但均应履行证据固定。

3. 用人单位收到职工代表或部分职工就制度提出的意见后，应当给予分批次或集中回复。

4. 对于成立工会的企业，工会可以协调职工代表征询相关意见，有些企业直接由工会出具规章制度的意见或者召开工会委员会议，以此作出履行民主程序的证据，考虑到民主程序的主体为职代会或全体职工，故以工会替代职代会的做法仍然存在一定的法律风险。

示范文本 1

职工代表会议纪要

一、会议基本情况

会议时间：______年____月____日

会议地点：________________

会议性质：员工手册职工代表征求意见

二、会议人员到会情况

本次会议由职工代表出席，应到______人，实到______人，超过三分之二出席，具体到会人员如下：

三、会议主持及会议议题

本次会议由______主持。

会议议题：就员工手册草案及公司相关政策内容进行讨论。

四、与会人员部分意见

……

五、审议结果

通过。

职工代表签名：

示范文本 2

《员工手册》意见征询表

公司拟于向全体员工启用《员工手册》（××××年版）及公司相关制度附件，公司现遵循“民主、公开、透明”的沟通原则并参照《劳动合同法》第四条规定，履行相应民主程序。请各位同事阅览《员工手册》等相关制度后在以下表格中反馈具体意见（如内容较多可另行提交书面意见并备注另行提交的书面意见）。如无反馈意见，可无需填写此表。

中文姓名：

具体意见和建议：

……

签名：

日期：

示范文本3

征询意见邮件

主题：《员工手册》（××××年版）征求意见通知

各位同事：

为确保人力资源相关制度与公司实际经营状况相符，适度优化和提升现有薪酬福利标准，公司拟于××××年×月×日向全体办公室员工（详细实体清单见附件《员工手册》的前言部分）启用《员工手册》及公司相关政策附件，该手册的征求意见及讨论稿已经法务审核，并获得管理层批准。该手册不会影响员工与公司已签署的任何劳动合同或协议的法律效力。

遵循“民主、公开、透明”的沟通原则，公司通过以下方式采集员工的意见和建议。

请各位同事在收到邮件后仔细阅览该手册及公司相关政策附件。阅览后如有建议或意见，请于______年_____月_____日 17：00 之前通过以下任意一种方式反馈；如您没有建议或意见，则无需进行反馈。

1. 书面提交方式：请打印《员工手册意见征询表》（见附件），填写相关内容、签名并书写日期后将表格交至当地人力资源部门联系人：×××

2. 邮件提交方式：《员工手册意见征询表》（见附件）填写相关内容后，将此表格作为附件，发送至公共邮箱：__________

感谢大家对于新版《员工手册》的关注及对后续实施过程的配合，期待您的宝贵意见！

此致

×××公司

相关法规

《中华人民共和国劳动合同法》（2012 年 12 月 28 日修正）

第四条第二款　用人单位在制定、修改或者决定有关劳动报酬、工作时间、休息休假、劳动安全卫生、保险福利、职工培训、劳动纪律以及劳动定额管理等直接涉及劳动者切身利益的规章制度或者重大事项时，应当经职工代表大会或者全体职工讨论，提出方案和意见，与工会或者职工代表平等协商确定。

《最高人民法院关于审理劳动争议案件适用法律问题的解释（一）》（法释〔2020〕26 号）

第五十条 用人单位根据劳动合同法第四条规定，通过民主程序制定的规章制度，不违反国家法律、行政法规及政策规定，并已向劳动者公示的，可以作为确定双方权利义务的依据。

用人单位制定的内部规章制度与集体合同或者劳动合同约定的内容不一致，劳动者请求优先适用合同约定的，人民法院应予支持。

《企业民主管理规定》（总工发〔2012〕12 号）

第十三条 职工代表大会行使下列职权：

（一）……

审议企业制定、修改或者决定的有关劳动报酬、工作时间、休息休假、劳动安全卫生、保险福利、职工培训、劳动纪律以及劳动定额管理等直接涉及劳动者切身利益的规章制度或者重大事项方案，提出意见和建议；

……

第三步：规章制度定稿

操作说明

规章制度定稿是指根据前期采集的员工、工会或职工代表的意见，管理层最终完成发布前审批的过程。虽然说企业并无必须采纳员工意见的法定义务，但是如果有较多员工反映同一类问题，企业不对制度内容进行调整则可能会出现未来执行力度大打折扣的情况，最终损害组织的凝聚力。因此，在满足合法合规的前提下，规章制度定稿应适当考虑员工反馈的合理意见。

注意事项

1. 用人单位可以就员工普遍反映的问题向有异议的员工进行集中解释，澄清公司制定相关条款的依据、理由和必要性。

2. 用人单位的制度内容应同时考虑合规性、合理性和可操作性，必要时可以外聘专业律师进行审核，确保制定内容不存在合规风险。

3. 规章制度定稿应当明确生效时间，但不宜表述为原有的制度废止，按照“法不溯及既往”的原则，对于规章制度生效前的行为仍然需要按照彼时仍然有效的制度进行处理。

4. 规章制度的最终定稿应当完成审批程序，由有权的决策者如法定代表人、总经理、董事会成员等进行审批，具体操作权限可以查阅公司章程以及公司内部关于权限的规定。

相关法规

《中华人民共和国公司法》（2018 年 10 月 26 日修正）

第四十六条 董事会对股东会负责，行使下列职权：

……

（十）制定公司的基本管理制度；

……

第四十九条 有限责任公司可以设经理，由董事会决定聘任或者解聘。经理对董事会负责，行使下列职权：

……

（四）拟订公司的基本管理制度；

（五）制定公司的具体规章；

……

第四步：向全体员工公示告知

操作说明

用人单位在规章制度完成审批后，需要向全体员工公示或告知，确保员工知晓规章制度实体和程序内容。用人单位需就是否履行公示告知义务承担举证责任。

注意事项

1. 尽管法律表述是公示或告知，考虑到“公示”在司法实践中往往存在证据认定风险（即是否足以证明员工已知晓相关内容），建议用人单位以告知为主要的方式，具体路径可以包括：（1）规章制度签名页；（2）培训签到表；（3）规章制度测试卷；（4）邮件送达；（5）企业微信等。

2. 由于任意一种告知方式都可能存在证据灭失风险，用人单位可以同时采取多种方式履行公示告知义务，如内部网站公示、群发邮件、培训签到等。

3. 与履行民主程序的员工范围不同，企业履行公示告知义务的对象不仅包括当时在职的员工，也包括制度公布后新入职的员工，对新入职的员工可以在签署劳动合同的同时完成规章制度签收工作。

示范文本

公示邮件

主题：《员工手册》（××××年版）公布实施通知

各位同事：

公司于______年____月____日至______年____月____日就《员工手册》（××××年版）及公司相关制度附件征求员工意见，履行法律规定的程序。现结合员工的意见，《员工手册》（××××年版）及公司相关制度附件已完成定稿。公司决定向全体员工（详细实体清单见附件员工手册的前言部分）启用《员工手册》（××××年版）及公司相关制度附件，自______年____月____日起正式实施。

公司后续将安排《员工手册》的签阅工作，感谢大家的配合！

×××公司

相关法规

《中华人民共和国劳动合同法》（2012年12月28日修正）

第四条第四款 用人单位应当将直接涉及劳动者切身利益的规章制度和重大事项决定公示，或者告知劳动者。

《中华人民共和国工会法》（2021年12月24日修正）

第三十九条 企业、事业单位、社会组织研究经营管理和发展的重大问题应当听取工会的意见；召开会议讨论有关工资、福利、劳动安全卫生、工作时间、休息休假、女职工保护和社会保险等涉及职工切身利益的问题，必须有工会代表参加。

企业、事业单位、社会组织应当支持工会依法开展工作，工会应当支持企业、事业单位、社会组织依法行使经营管理权。

《上海市职工代表大会条例》（2017年11月23日修正）

第十条 下列事项应当向职工代表大会报告，接受职工代表大会审议，并通过职工代表大会听取职工的意见和建议：

……

（二）企事业单位制订、修改、决定直接涉及职工切身利益的规章制度或者重大事项，以及改革改制中职工分流安置、经济补偿等劳动关系变更的方案；

……

第十一条 下列事项应当向职工代表大会报告，并由职工代表大会审议通过：

……

（四）国有、集体及其控股企业的薪酬制度，福利制度，劳动用工管理制度，职工教育培训制度，改革改制中涉及的职工安置方案，以及其他涉及职工切身利益的重要事项；

……

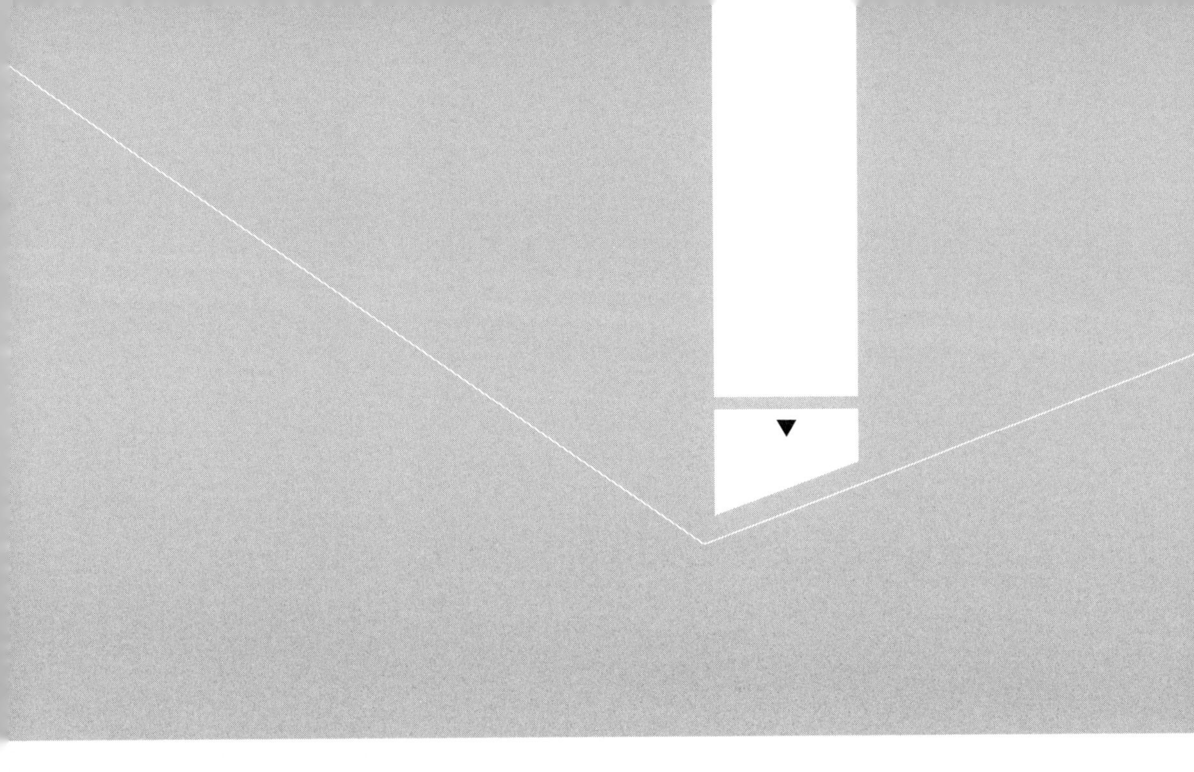

第二章

在 职 篇

第一节
工时管理合规指引

◆ 相关概念

1. 标准工时工作制

是指员工每日工作不超过 8 小时、每周工作 40 小时，每周确保休息 1 日的工时制度。标准工时工作制是法定工时制度。标准工时工作制下，机关、事业单位的周休日为星期六和星期日。企业可以根据实际情况灵活安排周休日。

2. 综合工时工作制

是指企业因工作情况特殊或受季节和自然条件限制，需要安排职工连续作业，无法实行标准工时制度，采用以周、月、季、年等为周期综合计算工作时间的工时制度。综合工时工作制平均日工作时间和平均周工作时间应与法定标准工作时间基本相同，但不以每日是否超过 8 小时来确定加班时间。综合工时工作制加班只有两种，分别为平时加班和法定节假日加班，无双休日加班（因综合工时制连续工作连续休息，其中连续休息的时间必然包含双休日，故无双休日加班费）。根据规定，企业执行综合工时工作制应办理行政审批①并依法支付加班费，同时应遵守加班时间上限规定和每周确保休息 1 日的规定。其中，平时加班费=月工资标准÷21.75 天÷8 小时×周期内加班总时数×150%。周期内加班总时数=周期内根据员工考勤计算出的总工时-周期内法定标准工时数，其中周期内法定标准工时数根据劳动行政部门审批

① 《劳动部关于企业实行不定时工作制和综合计算工时工作制的审批办法》（劳部发〔1994〕503 号）。

的周期，并参照标准工时制确定：

（1）审批周期为“周”，则周期内法定标准工时数为 40 小时；

（2）审批周期为“月”，则周期内法定标准工时数为 20.83 天×8 小时/天；

（3）审批周期为“季度”，则周期内法定标准工时数为 20.83 天×8 小时/天×3 个月；

（4）审批周期为“年度”，则周期内法定标准工时数为 250 天×8 小时。

3. 不定时工作制

是指企业因工作情况特殊，需要安排职工机动作业，无法实行标准工时制度，采用不确定工作时间的工时制度。不定时工作制适用下列岗位人员：（1）高级管理人员、外勤人员、推销人员、部分值班人员；（2）长途运输人员、出租汽车司机和铁路、港口、仓库的部分装卸人员以及因工作性质特殊，需机动作业的岗位。企业执行不定时工作制一般需要办理行政审批，个别地区如北京针对高级管理人员推定执行不定时工作制，无需办理审批手续。不定时工作制无平时加班和休息日加班，但个别地区（如上海、深圳、天津、厦门、湖南）对法定节假日加班仍有支付加班费的规定，具体详见各省市工资支付规定。

◆ 典型案例

合同约定执行综合工时制是否有效?

2012 年 11 月 1 日，彭某进入某设备公司工作，岗位为维保，双方签订书面劳动合同，末次合同期限为 2019 年 11 月 1 日至 2021 年 10 月 31 日。劳动合同约定，原告所在岗位的工作时间实行综合计算工时工作制，即以季为周期，综合计算工作时间。合同另约定彭某月工资 3000 元。经查，在职期间彭某执行打卡考勤，每周六固定打卡，设备公司未就彭某申请综合工时制，但每月向彭某发放固定加班费 800 元。2021 年 5 月，彭某申请仲裁，要求设备公司支付平时加班工资和节假日加班工资 12624 元。

专家分析

用人单位安排劳动者加班的，应当根据约定或法律规定支付加班工资。

首先，对于周六加班工资，双方确认彭某每周六均打卡，结合设备公司每月支付固定 800 元加班费，可采信彭某所述每周六加班的事实。根据合同约定加班工资以基本工资 3000 元为基数，合同虽然约定采取综合工时制，但设备公司未经审批，且被告也未能证明原告所在岗位实际适用综合工时制。最终法院判决设备公司支付 2019 年 10 月 1 日至 2021 年 5 月 2 日期间加班工资差额 5765. 52 元。

◆ 合规指引

第一步：梳理岗位清单，确定相匹配的工时制度

操作说明

根据法律规定，我国法定工时制度包括标准工时工作制、综合工时工作制、不定时工作制。其中标准工时工作制一般执行较固定的上下班时间和休息日（每周工作 40 小时，每周确保休息 1 日），综合工时工作制主要适用于员工需要连续作业的岗位（需要集中工作集中休息）；不定时工作制则主要适用于需要机动作业的岗位（如外勤、高级管理人员等）。

注意事项

1. 何种岗位执行何种工时制度，企业需要综合考虑加班成本、工作时间管理方式（是否设置考勤、明确上下班时间）、上班状态（是否需要连续作业、是否长期外勤）来判断。

2. 一般而言，对于交通、海运、物流、工厂、零售、餐饮等普通职位，可能存在淡旺季或周期性特点，相关工作岗位通常无法实现做五休二，工作时间一般按照排班表或具体项目执行，该类岗位适合执行综合工时工作制以提升企业工时管理的灵活性。

3. 对于一些自主研发、对工作时间享有更大自主权的中高级管理岗位、从事销售或市场营销需要持续外勤或出差作业的岗位，则适合执行不定时工作制。

4. 各地对特殊工时审批的实体范围和程序条件存在较大差异，用人单位需根据地方性法规和咨询当地人力资源和社会保障部门意见判断是否符合申请特殊工时的基本条件。

相关法规

《中华人民共和国劳动法》（2018 年 12 月 29 日修正）

第三十九条 企业因生产特点不能实行本法第三十六条、第三十八条规定的，经劳动行政部门批准，可以实行其他工作和休息办法。

第二步：制定特殊工时制实施方案，履行民主协商或协商一致的程序

操作说明

对员工所在岗位实施特殊工时制往往涉及员工的切身利益（如综合工时工作制不能主张休息日加班费），企业实施特殊工时制应履行民主程序或与员工就实施特殊岗位达成一致。

注意事项

1. 尽管国家法律并未规定企业执行特殊工时需协商一致，但多数地区劳动行政部门办理特殊工时审批时需提供工会或职工代表意见，可见履行民主程序是申报特殊工时的最低限度要求。

2. 对于没有建立工会的组织，一些地区还要求提供所在岗位员工的签名意见，则需要在履行民主程序的基础上再次获得员工书面同意。①

3. 公司草拟的特殊工时实施方案通常应包含以下内容：（1）实施特殊工时制的岗位、理由；（2）对应的工作时间、工资支付和休息休假办法；（3）员工反馈意见的途径等。

示范文本

不定时工作制实施方案

为了规范本单位工时制度，合理安排工作时间，依法保护职工休息休假权利，保证生产任务完成，促进用人单位健康发展，根据《劳动法》及省、市有关特殊工时工作制的政策规定，结合本单位实际，在保证员工身体健康并充分听取员工意见基础上，制定本实施方案。

---

① 《江苏省劳动和社会保障厅关于加强对企业实行综合计算工时工作制和不定时工作制管理的通知》（苏劳社劳薪〔2006〕16 号）第二条规定，企业安排职工从事综合计算工时工作制或不定时工作制岗位劳动的，应当事先与职工协商一致。

一、实施期限

申请实行不定时工作制期限为自______年____月____日至______年____月____日。

实施期限届满前一个月，单位要听取工会和员工代表的意见，协商确定是否继续申报审批。

二、用人单位情况说明

（一）基本情况

1. 单位性质：有限责任公司，经济类型：私营经济，注册资金：______（万元）。

2. 经营范围：____________

（二）用工情况

1. 本单位从业人员总数______人，其中签订劳动合同人数______人、无劳务派遣员工，缴纳社会保险人数______人。

2. 本单位已依法实行劳动合同书面报告制度，依法建立健全劳动合同制度（或集体合同制度）和考勤制度，劳动用工规范，劳动考勤记录完整。

3. 本单位已依法建立工资分配与支付制度，执行国家和地方有关规定，按时足额支付劳动报酬。

4. 本单位已依法申报缴纳社会保险（附社会保险费缴费证明）。

5. 本单位已依法建立健全劳动安全卫生制度，劳动安全卫生设施和条件符合国家规定标准，执行国家有关女职工（或未成年工）保护的规定。

6. 本单位申请实行特殊工时工作制的岗位____A____。

A. 无属于劳务派遣用工。

B. 有属于劳务派遣用工的已征得________________（劳务派遣单位名称）同意。（附劳务派遣单位对用工单位实行特殊工时工作制的意见书）

三、实施理由

本单位系______（行业简述），部分岗位工种存在下列____B____情形：

A. 综合计算工时工作制：因工作性质特殊，□需连续作业；□季节、自然限制行业；□生产任务不均衡单位；□其他：________________（岗位职责简述）。因工作地点或工作性质需要集中工作集中休息。

B. 不定时工作制：因生产特点、工作特殊需要或职责范围的关系，无法按标准工作时间衡量或需要机动作业的。

四、适用对象和工时综合计算周期

对下列岗位实行不定时工作制。

1. 高级管理人员，现有人数______人；

2. 销售代表，现有人数______人；

3. 长途运输司机，现有人数______人。

五、实施办法

本单位实行特殊工时工作制的基本原则是以人为本，在确保员工身体健康的前提下，在依法维护员工休息休假权利的基础上，结合本单位实际，依法实行特殊工时工作制，具体办法如下：

（一）工作时间与休息休假的安排

不定时工作制

1. 本单位根据生产特点、工作特殊需要或职责范围的关系经人力资源和社会保障行政部门批准后将对本方案第三条第一项所述岗位工种实行不定时工作制。

2. 对于实行不定时工作制的员工，本单位将根据标准工时制度合理确定员工的劳动定额或其他考核标准，采用弹性工作时间等适当的工作和休息方式，确保员工的休息休假权利和生产、工作任务的完成。

3. 根据《职工带薪年休假条例》规定，实行不定时工作制员工同样享有带薪年休假。在保证完成生产任务的前提下，由用人单位与员工协商确定休假时间。

（二）工资待遇

本单位在保证员工工资福利待遇的基础上实行特殊工时工作制，依法保护员工获得劳动报酬的权利，严格按照相关规定支付劳动报酬：

1. 实行不定时工作制员工工资按基本工资+绩效或提成考核的，基本工资调整为______元/月，员工劳动合同约定的基本工资高于本标准的，从其约定。

2. 实行不定时工作制职工工资按工作岗位约定的，其岗位工资调整为

______元/月，员工劳动合同约定的工资高于本标准的，从其约定。

3. 单位因工作需要安排实行不定时工作制员工在法定节假日工作的，按不低于本人工资的300%支付加班工资。

4. 单位确因工作需要不能安排员工休年休假的，经员工本人同意，可以不安排员工休年休假。对员工应休未休的年休假天数，单位应当按照该员工日工资收入的300%支付年休假工资报酬。

（三）劳动保护和安全卫生条件措施

1. 本单位依法维护员工人格尊严和安全健康、休息休假的权利，禁止以暴力、威胁或者非法限制人身自由的手段强迫员工实行综合计算工时工作制、不定时工作制。

2. 在气温超过35℃时，原则上按照标准工作时间组织生产，以保证职工有充分的休息时间和睡眠时间；避免高温疲劳作业，杜绝恶性事件发生。

3. 对本单位使用的未成年工实行特殊保护措施，提供符合国家规定的劳动安全卫生条件和必要的劳动防护用品。适当缩短未成年工每天工作时间，不安排未成年工从事夜班劳动。

4. 对有毒有害生产作业岗位的员工实行特殊保护措施，同时保证生产环境能够达到卫生防疫部门的法定标准，符合生产环境达标要求。

5. 实行特殊工时工作制度的女员工在“三期”① 内的，依法执行女职工劳动保护措施，严格控制日工作时间，不超过8小时，不安排其从事夜间劳动。

六、本方案经与工会或员工代表协商确定，并报人力资源和社会保障行政部门审核批准后实施。

七、经人力资源和社会保障行政部门批准后，用人单位应将决定书在本单位显著位置公示不少于5日。

×××公司（盖章）

年　月　日

---

① 孕期、产期、哺乳期，以下简称“三期”。

相关法规

《劳动部关于企业实行不定时工作制和综合计算工时工作制的审批办法》（劳部发〔1994〕503 号）

第四条 企业对符合下列条件之一的职工，可以实行不定时工作制。

（一）企业中的高级管理人员、外勤人员、推销人员、部分值班人员和其他因工作无法按标准工作时间衡量的职工；

（二）企业中的长途运输人员、出租汽车司机和铁路、港口、仓库的部分装卸人员以及因工作性质特殊，需机动作业的职工；

（三）其他因生产特点、工作特殊需要或职责范围的关系，适合实行不定时工作制的职工。

第五条 企业对符合下列条件之一的职工，可实行综合计算工时工作制，即分别以周、月、季、年等为周期，综合计算工作时间，但其平均日工作时间和平均周工作时间应与法定标准工作时间基本相同。

（一）交通、铁路、邮电、水运、航空、渔业等行业中因工作性质特殊，需连续作业的职工；

（二）地质及资源勘探、建筑、制盐、制糖、旅游等受季节和自然条件限制的行业的部分职工；

（三）其他适合实行综合计算工时工作制的职工。

第三步：向公司注册地劳动行政部门申报特殊工时制

操作说明

除中央直属企业向国务院主管部门发起审批程序外，执行特殊工时需用人单位发起行政审批程序，获得批准后方可实施特殊工时制，特殊工时制度审批一般实行属地管理，即在用人单位工商注册登记地劳动行政部门发起审批。

注意事项

1. 各地对发起审批所需要的材料不尽一致，但大体包括以下材料：（1）实行不定时工作制和综合计算工时工作制申请表；（2）企业营业执照；（3）实行不定时工作制或综合计算工时工作制岗位的职工名册；（4）工会、职工代表或职工意见；（5）具体实施方案；（6）其他相关证据，如考勤记录等。

2. 申请表一般需明确执行特殊工时的理由，用人单位填报的申请事由应当与客观事实相符，避免弄虚作假；比如综合工时工作制应重点强调连续作业、生产任务不均衡、需要集中排班、集中休息等；不定时工作制则强调不进行考勤、外勤机动作业、属于非生产性质的值班工作、对工作时间有自主安排的权利等。

3. 深圳①、江苏扬州②、浙江宁波③等一些地区开始探索执行特殊工时告知承诺制或清单式管理，即弱化定期事先审批，更强调劳动行政部门的事后监督。北京则规定高级管理人员推定执行不定时工作制，无需办理审批手续④。

示范文本

员工代表意见书

×××区人力资源局：

经__________（企业名称）全体实行综合计算工时工作制员工推选，______、______、______等______人作为员工代表。员工代表已向员工告知综合计算工时工作制具体管理规定，现对__________（岗位工种名称）以告知承诺方式申请实行综合计算工时工作制事宜无异议。

全体员工代表签名：

年　月　日

---

① 《深圳经济特区优化营商环境条例》（2021 年 1 月 1 日起实施）第七十一条："用人单位因生产经营特点不能实行法定标准工时制度且符合特殊工时制度适用范围，经协商实行不定时或者综合计算工时工作制度的，可以实行告知承诺制。"

② 《扬州市人力资源和社会保障局办公室关于实行企业不定时工作制和综合计算工时工作制审批告知承诺制的通知》（扬人社〔2020〕28 号）。

③ 《宁波市人力资源和社会保障局关于在全市范围内实施特殊工时岗位审批清单式管理的通知》（甬人社发〔2021〕31 号）规定，实施特殊工时岗位审批清单式管理是通过创新实施"一次审批、长期有效"的高效审批流程，有效落实"双维护"，有力激发市场活力，有助于统筹处理好促进经济发展和职工利益两者之间的关系。

④ 《北京市企业实行综合计算工时工作制和不定时工作制办法》（京劳社资发〔2003〕157 号）第十六条第二款："企业中的高级管理人员实行不定时工作制，不办理审批手续。"

相关法规

《北京市企业实行综合计算工时工作制和不定时工作制行政许可实施规定》（京劳社资发〔2005〕94号）

第四条 企业申请实行特殊工时制度应当提交以下材料：

（一）《北京市企业实行综合计算工时工作制和不定时工作制申报表》；

（二）企业法人营业执照副本及复印件（外地在京分支机构提交法人授权书、营业执照副本及复印件）；

（三）申请说明书，重点说明不能实行标准工时制度需要实行特殊工时制度的具体原因，涉及的岗位、人数以及综合计算工时工作制的计算周期、工作方式和休息制度；

（四）企业工会对实行特殊工时制度的意见。没有成立工会组织的，应当提交实行特殊工时制度涉及职工的联名意见；

（五）其他应当提交的证明材料。

《上海市人力资源和社会保障局关于本市实行不定时工作制和综合计算工时工作制的行政许可办法》（沪人社规〔2022〕11号）

第七条 用人单位申请实行不定时工作制和综合计算工时工作制行政许可，应当通过与工会组织沟通协商、职工（代表）大会或集体协商等民主形式，充分听取工会组织和职工代表的意见后，向区人力资源社会保障行政部门提交以下申请材料：

（一）申请表；

（二）用人单位实行不定时工作制和综合计算工时工作制的工作安排和休息计划；

（三）职工（代表）大会或工会意见等；

（四）申请综合计算工时工作制考勤汇总表。

区人力资源社会保障行政部门根据需要可以要求用人单位提供实行不定时工作制和综合计算工时工作制的员工名册、原始考勤记录等其他材料。

用人单位可以通过市政府“一网通办”工时审批系统、区人力资源社会保障行政部门受理窗口或者邮寄信函等方式提交申请材料。

《广东省劳动和社会保障厅关于企业实行不定时工作制和综合计算工时工作制的审批管理办法》（粤劳社发〔2009〕8号）

第五条　企业申请实行不定时或综合计算工时工作制，应当提交以下材料：

（一）企业实行不定时或综合计算工时工作制申请表（见附件一），写明岗位（工种）的职能、特点和申请理由。

（二）企业实行不定时或综合计算工时工作制的申请报告、实施方案、工时管理及工资支付规章制度。实施方案及规章制度需向本单位职工公示至少5个工作日，并提交公示反馈意见。

（三）企业申请实行不定时或综合计算工时工作制职工名册及职工签名表（见附件二）。

（四）企业法人营业执照副本及复印件。

（五）实行期满需再次申请的企业，应当书面报告上期实施情况。

（六）法律、法规或规章规定需要提交的其他材料。

第四步：将已审批的特殊工时制向员工进行公示或告知

操作说明

特殊工时制涉及员工切身利益，参照《劳动合同法》第四条规定，用人单位应当将行政许可内容向员工公示，依法履行告知义务以确保员工的知情权。

注意事项

1. 用人单位可以通过张贴公告栏、网络系统等多种方式履行公示义务，并设置合理的公示期，如连续2周。

2. 对于新入职的员工，用人单位应当通过合适的方式履行告知义务，如入职培训、劳动合同约定等方式。

3. 用人单位应当保留必要的公示或告知的证据，以应对可能存在的劳动行政检查。

相关法规

《上海市人力资源和社会保障局关于本市实行不定时工作制和综合计算工时工作制的行政许可办法》（沪人社规〔2022〕11号）

第十三条　经批准实行不定时工作制和综合计算工时工作制的用人单

位，应当将区人力资源社会保障行政部门出具的行政许可决定在用人单位内公示，行政许可决定内容应当告知公示结束后新入职的劳动者。

第五步：更新劳动合同和制度条款，同步调整管理方式

操作说明

用人单位调整工时制度后，如劳动合同约定内容或规章制度规定内容与行政许可文件不符的，应当进行必要调整。同时，用人单位应严格执行经审批的特殊工时制，如对综合工时工作制岗位执行考勤统计并保留考勤记录，对不定时工作制岗位则改变管理方式，如取消考勤等。

注意事项

1. 为了减少劳动合同约定与行政许可不一致的可能性，用人单位可以在劳动合同中约定如所在岗位经政府批准执行其他工时制度的或者岗位发生变化的，员工同意遵照执行其他工时制度。劳动合同还可进一步约定，劳动者有义务配合用人单位发起的行政审批程序。

2. 根据法律规定，综合工时工作制不计算休息日加班费，如用人单位在获批综合工时工作制后仍然按月计算延时加班、休息日加班、法定节假日加班，则一旦发生争议，法院仍可以认定用人单位实际未履行综合工时工作制，仍需要按照标准工时工作制计算加班费。

3. 对于不定时工作制，用人单位如执行严格考勤、固定上下班时间、迟到早退等进行惩戒，可能导致法院不予认可不定时工作制效力，如遭遇员工投诉，用人单位的后续不定时审批可能会增加变数。

示范文本

劳动合同示范条款

乙方同意，在本合同履行期间，如乙方岗位发生变化或甲方经劳动行政部门批准可调整乙方所适用的工时制度，甲方应将该变更向乙方公示或告知。乙方进一步同意，当甲方依法为乙方所在岗位申请实施综合计算工时工作制或者不定时工作制时，乙方将给予甲方任何必要的协助并全力配合甲方，包括签署相关申报文件等。

相关法规

《劳动部关于企业实行不定时工作制和综合计算工时工作制的审批办法》（劳部发〔1994〕503号）

第六条 对于实行不定时工作制和综合计算工时工作制等其他工作和休息办法的职工，企业应根据《中华人民共和国劳动法》第一章、第四章有关规定，在保障职工身体健康并充分听取职工意见的基础上，采用集中工作、集中休息、轮休调休、弹性工作时间等适当方式，确保职工的休息休假权利和生产、工作任务的完成。

第二节

加班管理合规指引

◆ 相关概念

1. 工作时间

是指作业时间、准备与结束时间、各类宽放时间和非劳动者个人原因造成的且劳动者处于待命状态的非生产工作加班时间、停工时间的总和。作业时间是指直接用于产品加工、完成生产或者工作任务所消耗的时间；准备与结束时间是指为加工产品、执行特定工作任务事前准备和事后结束工作所消耗的时间；宽放时间包括现场组织管理需要（交接班、安全检查、布置工作、整理现场、设备、资料等）所发生的组织性宽放时间、工艺技术装备需要（设备调整、检查等）所发生的技术性宽放时间、劳动者个人生理需要以及为消除过分紧张疲劳安排的间歇等个人需要与休息宽放时间。①

① 参考人力资源和社会保障部于2012年5月8日发布的《特殊工时管理规定（征求意见稿）》。

2. 加班

是指经用人单位同意或安排，劳动者超过法定工作时间提供劳动的情形。加班有两种表现形式：（1）劳动者在法定节假日或周休日进行工作；（2）劳动者在制度工作日工作时间以外延长工作。以下情形可以确认为加班：（1）实行标准工时工作制的劳动者，经用人单位安排，在法定节假日、周休日或在制度工作日工作时间以外延长时间工作的；（2）实行综合计算工时制的劳动者，经用人单位安排，在法定节假日，或在计算周期结束时按照制度工作日计算实际工作时间超过规定时间工作的；（3）实行不定时工作制的劳动者，经用人单位安排，在法定节假日工作的（部分省市）。以下情形可不认定为加班：（1）非经用人单位安排，超过标准工时制工作时间或在法定节假日、周休日工作的；（2）实行标准工时工作制，用人单位安排劳动者在周休日工作，又安排补休的；（3）实行综合计算工时制，在综合计算周期内，尚未终结劳动关系的；（4）实行计件工资支付形式，因完成合理的劳动定额，在制度工作日延长时间工作的；（5）出差期间涵盖周休日的，该周休日一般不认定为工作时间，除非有证据证明劳动者工作的。

3. 特殊时间

指介于工作时间和休息时间的时间消耗，主要包括待命时间和值班。特殊时间主要包括两种情况：（1）劳动者为满足用人单位的具体要求，从事各种准备工作的备勤时间或处于待命状态的待命时间。虽然有时不受用人单位的实质约束，但劳动者并不能自由支配或利用。对于这些从事准备工作或处于待命状态的时间，计入工作时间内。（2）因单位安全、消防、假日等需要担任单位临时安排或制度安排的与劳动者本职工作无关的值班，或者单位安排劳动者从事与其本职工作有关的值班任务，但值班期间可以休息的方式，可统称值班。值班期间不能简单按照工作时间计算。尽管司法实践中值班一般不按加班认定，但用人单位宜制定值班制度，对于值班给予相应的补休处理或支付一定金额的值班津贴。

4. 加班费

是指劳动者从事加班工作所获得的劳动报酬。加班费根据加班类型的不同确定不同的支付比率，其中制度工作日加班支付 150%的加班费；标准工时工作制休息日加班又未安排补休的，支付200%的加班费；法定节假日加班的，支付300%的加班费。尽管劳动法规定加班费计算基数应按劳动者正常工作时间工资①标准计算，但各地司法实践中出现差异，多数地区允许用人单位与劳动者约定加班费计算基数的做法，个别地区如上海则明确规定加班费计算基数的确定方式②。

◆ 典型案例

月度绩效奖是否作为加班费计算基数?

金某于2004年8月19日入职某电子公司工作，双方签订的最后一期劳动合同系自2012年8月19日起的无固定期限劳动合同，约定“公司聘用员工担任模具领班工作，每月正常工作时间工资4208元。……加班工资计发基数双方约定为基本工资。第四条劳动报酬……双方约定，奖金、津贴、补贴、提成、福利等项目不属于正常工作时间工资”。经查，金某工资单载明，月工资由基薪、月度绩效奖（固定1525元）、加班费、本月通讯补贴、夜班补贴等构成。后金某申请仲裁主张加班费差额，其认为月度绩效奖也是固定收入，应计入加班费计算基数。电子公司则认为绩效奖系浮动收入，如员工缺勤，也会扣除，但电子公司并未提供每月的绩效考核报告。

专家分析

根据《劳动法》规定，加班费应按照正常工作时间计算，本案中金某每月收到的月度绩效奖均为固定的1525元，而电子公司并未提供相应的绩效考核方案以及绩效考核结果，故月度绩效奖应视为员工正常出勤月工资，应纳入加班工资的计算基数。最终法院判决电子公司补发加班费差额20741.63元。

---

① 《劳动部关于贯彻执行〈中华人民共和国劳动法〉若干问题的意见》（劳部发〔1995〕309号）第五十五条明确规定，《劳动法》第四十四条中的“劳动者正常工作时间工资”是指劳动合同规定的劳动者本人所在工作岗位（职位）相对应的工资。个别地区如深圳将此延伸为“标准工资”，其中不包括：(1) 支付周期超过一个月的劳动报酬，如季度奖、半年奖、年终奖、年底双薪以及按照季度、半年、年结算的业务提成等；(2) 无确定支付周期的劳动报酬，如一次性的奖金、津贴、补贴等。

② 《上海市企业工资支付办法》（沪劳保综发〔2003〕2号）第十四条。

◆ 合规指引

第一步：确定规定工作时间、休息时间和特殊时间

操作说明

一项活动是否属于工作时间，应结合活动内容、性质、用人单位是否获益、劳动者是否失去对时间的自主支配权等综合判断，考虑到员工业务活动的复杂性，用人单位可通过合同协议或规章制度明确规定哪些活动属于工作时间。

注意事项

1. 用人单位明确上下班时间以及午间休息时间，有助于避免员工将休息、用餐时间也理解为工作时间并据此主张加班费。

2. 用人单位基于消防、节日、安全等需要安排员工执行例行值班活动，可以不按加班处理。但一般应制定具体的值班制度明确值班活动的性质、是否给予值班津贴或补休。如用人单位直接以排班表方式安排员工“值班”，很容易导致是否存在加班的争议。

3. 一些特殊的“待命时间”，如维保、现场服务等岗位安排员工在家或在指定场所待命，以按需执行短暂的劳动力付出为特征，完全不计入工作时间和完全计入工作时间对双方均有失公允，此时双方可约定具体的折算办法以体现公平性。

4. 随着网络远程办公的普及，用人单位对在家办公时间的确定需要提前制定规则，明确具体工作时长和可参照的上下班时间。

相关法规

《中华人民共和国劳动法》（2018 年 12 月 29 日修正）

第三十九条　企业因生产特点不能实行本法第三十六条、第三十八条规定的，经劳动行政部门批准，可以实行其他工作和休息办法。

第二步：合理确定考勤方式

操作说明

对员工的工作时间进行识别、确认和记录是员工工时管理中重要的一

环，有些公司对员工同时执行门禁考勤、工作软件自行录入工作小时数等多种管理手段，往往极容易产生工作时间和加班时间认定的争议。因而，用人单位根据岗位特点合理确定考勤方式至关重要。

注意事项

1. 目前对员工的进出进行考勤识别仍然是公司主流的员工管理方式，包括手工考勤登记、门禁卡考勤、人脸识别考勤、手机定位考勤、钉钉考勤等。用人单位一般应当明确考勤方式以及对考勤异常的处理（如无登记时是否需补考勤等），用人单位如变更考勤方式应当书面通知受影响的员工。对于涉及敏感个人信息的考勤方式，用人单位还需要根据《个人信息保护法》的规定与员工签署书面文件。

2. 考勤和进出权限应有所区别，如企业执行进出门禁刷卡，如无特别说明，门禁只能证明进出时间，没有门禁进出并不能证明员工未提供劳动。故用人单位采用门禁考勤的，应明确上下班以及中午外出返回应执行本人门禁刷卡，并以此作为考勤记录的依据。

3. 用人单位如对员工不设考勤（常见于不定时工作制），固然对劳动者举证加班带来难处，但同时也会给公司认定员工旷工缺勤带来风险。实践中用人单位要求员工提交工作日志并以此作为工作时间的确定方式，可得到仲裁或法院的支持，但应当提前告知劳动者提交工作日志的方式以及不提交的后果。一些地方性法规还要求用人单位必须建立考勤制度，并与劳动者定期书面确认考勤记录。①

4. 考勤记录一般至少保存 2 年备查。

示范文本

人脸识别考勤知情同意书

本公司为所有员工使用基于面部和指纹识别技术的生物识别考勤系统，仅用于在员工到达或离开工作场所时验证员工的身份和记录工时。

生物识别考勤系统将记录您的面部图像和指纹信息（生物识别信息），

---

① 《江苏省工资支付条例》（2021 年 9 月 29 日修正）第十七条第二款规定："用人单位应当建立劳动考勤制度，书面记录劳动者的出勤情况，每月与劳动者核对并由劳动者签字。用人单位保存劳动考勤记录不得少于二年。"

本公司将采用严格的保护措施来存储、传输和保护您的生物识别信息。本公司将保留您的生物识别信息两年，作为您考勤记录的一部分。本公司不会在未经您同意的情况下披露您的生物识别信息，除非法律或政府机关要求披露，或本公司与您之间就您的考勤记录存在任何争议。

《个人信息保护法》规定将“生物识别信息”作为“敏感个人信息”的一类处理。本公司决定使用生物识别考勤系统，因为它提供了比传统磁卡考勤系统更多的好处。员工可能会丢失磁卡，这可能会让非员工进入公司场所，从而给公司及员工带来安全风险。生物识别考勤系统还可以防止代打卡的情况，而且比传统磁卡考勤系统更高效。

您可以自由地拒绝同意本公司处理您的生物识别信息以用于生物识别考勤系统。如果您同意，您也可以随时以书面形式通知人力资源部撤回此同意。如果您拒绝使用生物识别考勤系统，本公司将向您提供合适的替代方案，而不处理您的生物识别信息。

请在以下任一方格内打钩并签名，说明您进入工作场所的首选方案：

□本人同意将本人的生物识别信息用于生物识别考勤系统。

□本人希望公司提供合适的替代考勤系统，而不使用本人的生物识别信息。

员工签名：

日期：

相关法规

《江苏省工资支付条例》（2021 年 9 月 29 日修正）

第十七条第二款 用人单位应当建立劳动考勤制度，书面记录劳动者的出勤情况，每月与劳动者核对并由劳动者签字。用人单位保存劳动考勤记录不得少于二年。

第三步：固定加班的认定方式

操作说明

通常设置考勤和时间管理方式只是加班管理的第一步，用人单位仍需要对加班规则进行制度规定。常见的加班类型主要包括：（1）经公司安排的加班；（2）员工申请单位批准的加班。但现实中也存在员工主动加班、公司主动受领员工劳动成果的特殊形态，用人单位应当明确规定加班的认定规则。

注意事项

1. 涉及综合工时制岗位，用人单位一般通过主动排班来确定工作时间，并根据考勤记录进行详细统计，核定有无加班和加班时数。此时一般由用人单位通过公示或送达《排班表》来确定加班时间。

2. 涉及标准工时制或不定时工作制，用人单位宜通过书面加班审批来控制加班的认定，且加班应当通过事先书面申请的方式执行，如用人单位广泛允许事后补加班申请，则可能出现加班不予批准后的相关争议。

3. 无论是排班表、加班通知邮件还是加班申请表，仍可能出现员工实际未加班、工作时数不足或超标的情形，用人单位应事先明确冲突规则，一般以员工实际加班时数为准。

示范文本

加班申请表

申请日期：

<table>
<tr><td>部门</td><td></td><td>申请人</td><td></td></tr>
<tr><td colspan="4">加班原因：</td></tr>
<tr><td>加班种类</td><td>☐ 工作日加班</td><td>☐ 公休日加班</td><td>☐ 国家法定节假日加班</td></tr>
<tr><td>具体加班时间</td><td colspan="3">上午：　　年　月　日　时　分至　　年　月　日　时　分
下午：　　年　月　日　时　分至　　年　月　日　时　分</td></tr>
<tr><td>加班处理方式</td><td colspan="3">☐ 调休　　　　☐ 支付加班费</td></tr>
<tr><td>上级主管签字</td><td></td><td>日期</td><td></td></tr>
<tr><td>总经理签字</td><td></td><td>日期</td><td></td></tr>
</table>

备注：1. 加班具体时数以实际打卡时间为准，但最长不超过申请的加班时间。

2. 严格禁止虚报加班调休，违者按照严重违纪处理。

3. 加班申请表为认定加班的唯一依据。

相关法规

《最高人民法院关于审理劳动争议案件适用法律问题的解释（一）》（法释〔2020〕26 号）

第四十二条 劳动者主张加班费的，应当就加班事实的存在承担举证责任。但劳动者有证据证明用人单位掌握加班事实存在的证据，用人单位不提供的，由用人单位承担不利后果。

第四步：依法确定加班费支付基数以及补休安排

操作说明

根据法律规定劳动者确实存在加班的，用人单位应当依法支付加班费或安排补休。加班费的支付比率（延时加班 150%；休息日加班 200%；法定节假日加班 300%）实践中一般不会存在争议，但加班费的计算基数和规则是用人单位应考虑的重点。

注意事项

1. 加班费基数应当按照“劳动者正常工作时间工资”计算，一般是指劳动者每月相对固定获得的收入，涉及福利性收入（如交通、通讯补贴）或浮动性收入（如加班费、提成、奖金等）可以不计入加班费计算基数。

2. 用人单位可通过劳动合同或规章制度约定或规定加班费计算基数，各地司法实践对加班费基数能否约定（如直接约定最低工资）存在较大差异，但建议相关约定具备合理性，一方面降低法律风险，另一方面也尽可能保证内部公平性，避免出现不同收入的员工加班费标准完全一样的不合理现象。

3. 一些地方明确规定了加班费的支付时间，如江苏省规定，延时加班和法定节假日的加班加点工资支付周期自加班加点当日起最长不得超过一个月；休息日加班工资支付周期自加班当日起最长不得超过六个月，但劳动合同履行期限不足六个月的，应当在劳动合同剩余时间内支付完毕。对于用人单位安排补休的，应在合理的时间内完成。

相关法规

《工资支付暂行规定》（劳部发〔1994〕489 号）

第十三条 用人单位在劳动者完成劳动定额或规定的工作任务后，根据实际需要安排劳动者在法定标准工作时间以外工作的，应按以下标准支付工资：

（一）用人单位依法安排劳动者在日法定标准工作时间以外延长工作时间的，按照不低于劳动合同规定的劳动者本人小时工资标准的150%支付劳动者工资；

……

《最高人民法院关于当前形势下做好劳动争议纠纷案件审判工作的指导意见》（法发〔2009〕41号）

8.……加班费的确定，应当结合劳动合同约定、劳动者的岗位性质以及工作要求等因素综合考量、合理裁判。

第五步：定期清算加班费历史债务

操作说明

为了避免员工时隔多年后主张历史性加班费，用人单位可以在年终、合同续签或职位调整时一并清算加班费历史债务，最大限度降低风险。

注意事项

1. 用人单位一般利用年终奖金发放、升职、合同续签等有利于员工的时间节点，与员工重新明确此前的加班费均已结清或者相关额外支付的费用中已包含加班费。

2. 用人单位通过额外支付费用清理加班费的，应签署书面协议明确公司已结清加班费，无其他支付义务。

3. 在员工离职时，用人单位亦可通过签署协商解除协议、离职协议或费用结算单等方式明确加班费已结清了结。

示范文本

年终费用结算清单

本人同意并确认，×××公司于______年____月____日额外支付的______元，已包含此前可能存在的加班。本人确认此前的劳动报酬（包括但不限于工资、奖金、加班等）均已结清了结，不存在争议。

员工签名：

日期：

相关法规

《最高人民法院关于审理劳动争议案件适用法律问题的解释（一）》（法释〔2020〕26号）

第三十五条 劳动者与用人单位就解除或者终止劳动合同办理相关手续、支付工资报酬、加班费、经济补偿或者赔偿金等达成的协议，不违反法律、行政法规的强制性规定，且不存在欺诈、胁迫或者乘人之危情形的，应当认定有效。

前款协议存在重大误解或者显失公平情形，当事人请求撤销的，人民法院应予支持。

第三节 年休假管理合规指引

◆ 相关概念

带薪年休假

是指依照《职工带薪年休假条例》规定劳动者可享受一段带薪休息的期间。是否享有法定带薪年休假需审查员工是否连续工作一年以上（其中不仅限于本单位工作年限①），而具体休息天数则与劳动者的累计社会工作年限相关。用人单位未保障员工带薪年休假权利的，应支付相应的未休年休假工资。相关依据主要包括：《职工带薪年休假条例》《企业职工带薪年休假实施办法》。

① 《国务院法制办对〈关于《职工带薪年休假条例》有关问题的请示〉的复函》（国法秘政函〔2009〕5号）。

◆ 典型案例

员工未申请年休假是否视为弃权?

2020 年 3 月 5 日，殷某入职某餐饮公司工作，双方签订书面劳动合同，约定工资报酬为 3000 元/月。殷某于 2021 年 8 月 14 日提交离职申请，此后申请仲裁要求餐饮公司支付未休年休假工资。餐饮公司则主张，殷某签署的《员工考勤规章制度》第十三条年休假条款明确约定，加入本公司工作满一周年的员工可享受年休假。年休假须提前 15 天提交，逐级上报审批。可连休，可分开休，一年内休完，不累计，逾期作废。殷某在职期间并未走审批程序要求休年休假，其要求支付未休年休假补偿无事实依据。

专家分析

《企业职工带薪年休假实施办法》第九条规定："用人单位根据生产、工作的具体情况，并考虑职工本人意愿，统筹安排年休假。用人单位确因工作需要不能安排职工年休假或者跨 1 个年度安排年休假的，应征得职工本人同意。"带薪年休假以用人单位安排为主，兼顾劳动者意愿，根据需要统筹安排，何时安排、何时批准的主动权由用人单位掌握，用人单位不能安排年休假的，应当事先征得劳动者的同意，此种同意应为明示同意，不能将劳动者未申请视为同意。本案中，餐饮公司以殷某未向其提出年休假申请为由提出抗辩，无相关法律依据，其主张不能成立，最终法院判决餐饮公司需支付殷某年休假工资 1370.31 元。

◆ 合规指引

第一步：确定年休假的基本条件

操作说明

根据法律规定，连续工作一年以上，可以享受带薪年休假。故而企业通过规章制度规定带薪年休假的，所规定的年休假享受条件应与法律法规相符，不得对劳动者增加限制。比如限定在本单位入职一年后方可享受年休假，难以获得法院支持。

注意事项

1. 法律规定的“连续工作满 12 个月”不仅包括本单位的工作年限，还包括其他单位的工作年限，上述工作年限一般是指全日制劳动关系的存续期间，不包括非全日制、兼职等灵活就业的时间段。个别地区如上海、深圳的司法实践中要求“连续工作满 12 个月”系就业经历不间断连续 24 个月（即从入职本单位之日起往前倒推 12 个月，确定是否存在就业经历中断）。

2. 职工是否满足连续工作满 12 个月的情形，一般通过入职登记、员工提交社保缴费记录、离职证明等材料予以佐证。

3. 在职工当年病假超过一定天数后，可能导致员工不符合年休假基本条件。

表 2-1　员工不符合年休假条件的情况

基本条件	附加条件
职工依法享受寒暑假	其休假天数多于年休假天数的
职工请事假累计 20 天以上	且单位按照规定不扣工资的
累计工作满 1 年不满 10 年的职工	请病假累计 2 个月以上的
累计工作满 10 年不满 20 年的职工	请病假累计 3 个月以上的
累计工作满 20 年以上的职工	请病假累计 4 个月以上的

上述累计工作年限应包括职工在不同单位的工作年限。

4. 如用人单位在法定年休假基础上增加公司年休假或福利年休假的，相关享受条件可由公司自主决定。

示范文本

关于带薪年休假的制度条款

员工连续工作满 1 年后可享受带薪年休假，员工应在入职之日起 1 个月内提供相关工龄连续的证明材料，逾期未提供的，则按照本单位的工作年限确定是否符合年休假条件。

发生以下情形的，员工不享受当年年休假；已休年休假的，次年不再享受年休假或作相应天数的扣减：

累计工作满1年不满10年的职工，请病假累计2个月以上的；

累计工作满10年不满20年的职工，请病假累计3个月以上的；

累计工作满20年以上的职工，请病假累计4个月以上的。

相关法规

《职工带薪年休假条例》（2007年12月14日发布）

第二条 机关、团体、企业、事业单位、民办非企业单位、有雇工的个体工商户等单位的职工连续工作1年以上的，享受带薪年休假（以下简称年休假）。单位应当保证职工享受年休假。职工在年休假期间享受与正常工作期间相同的工资收入。

《企业职工带薪年休假实施办法》（2008年9月18日发布）

第三条 职工连续工作满12个月以上的，享受带薪年休假（以下简称年休假）。

第二步：合理确定休假天数

操作说明

员工的年休假天数与累计工作年限相关，公司通过录用通知、劳动合同或规章制度所约定或规定的年休假天数不得低于法定标准，如公司规定的年休假天数高于法定标准，一般视为给予员工的福利休假。

注意事项

1. 根据法律规定，带薪年休假天数核定与劳动者的累计工作年限相关。

表2-2 带薪年休假天数与累计工作年限的关系

累计工作年限	带薪年休假天数
满1年不满10年	5天
满10年不满20年	10天
20年以上	15天

对于入职当年或离职当年的年休假，公司可以规定按比例折算。对于当年恰逢满10年或20年的情况，公司亦可按比例分段计算，累计确定员工当年可享受的法定年休假。

2. 用人单位如通过录用通知、劳动合同约定高于法定标准的年休假天数，则需要考虑如果未来要调整，还需要与员工协商一致，建议在相关合同条款中注明，如未来规章制度调整，则相关约定条款随之调整。

3. 用人单位一般通过入职登记表记载、要求员工提交工龄证明材料等方式核定员工的累计工作年限，考虑到管理成本，可通过入职登记表采集员工的累计工作年限，并要求员工书面签字确认，同时保留对人事资料进行审计的权利，如员工作出虚假陈述，保留违纪处分的权利。

示范文本

关于带薪年休假的制度条款

员工年休假天数将根据员工入职登记表和简历信息核定，如员工提供虚假信息，公司保留给予违纪处分包括解除劳动合同的权利。对于超出法定标准的年休假，视为公司福利年休假，公司有权适时调整福利年休假的具体天数。

员工入职后一个月内应当提交累计工作年限的证明材料，如逾期未提供，公司事后不再补假。如提供虚假证明材料，公司有权作出纪律处分包括解除劳动合同。

相关法规

《职工带薪年休假条例》（2007年12月14日发布）

第三条 职工累计工作已满1年不满10年的，年休假5天；已满10年不满20年的，年休假10天；已满20年的，年休假15天。

国家法定休假日、休息日不计入年休假的假期。

《企业职工带薪年休假实施办法》（2008年9月18日发布）

第四条 年休假天数根据职工累计工作时间确定。职工在同一或者不同用人单位工作期间，以及依照法律、行政法规或者国务院规定视同工作期间，应当计为累计工作时间。

第五条 职工新进用人单位且符合本办法第三条规定的，当年度年休假天数，按照在本单位剩余日历天数折算确定，折算后不足1整天的部分不享受年休假。

前款规定的折算方法为：（当年度在本单位剩余日历天数÷365天）×职工本人全年应当享受的年休假天数。

第三步：年休假的使用程序

操作说明

根据法律规定，用人单位有义务安排员工年休假，保障其休息权。实践中用人单位主要通过以下两种方式落实员工的带薪年休假：(1) 公司主动安排；(2) 员工申请年休假，单位批准。无论何种方式，用人单位均有义务保留相关证据。

注意事项

1. 如用人单位主动安排带薪年休假的，应征求员工意见并书面告知员工带薪年休假的具体安排，包括安排日期、是否需要办理交接等。如用人单位要求员工自行申请的，则一般应规定申请的时限（如提前几日申请）、向谁申请（如是否要逐级审批）、申请的途径（如纸质、邮件或网络系统等），并进一步明确未批准擅自休假的后果（如按旷工处理）。

2. 无论是统筹安排年休假还是审批年休假，一般应在自然年度内完成，如跨年度安排年休假应获得员工同意。

3. 考虑不同假期之间可能存在竞合，用人单位可在制度中明确规定在公司事先安排年休假的情况下，于年休假使用期间公司不再受理其他假期申请，且如果公司安排年休假员工仍继续提供劳动的，视为员工自行放弃年休假，公司不再补假或支付年休假工资。

4. 如公司同时规定福利年休假的，一般应进一步规定年休假使用顺序，如推定先休法定年休假后休公司福利年休假。

示范文本

关于带薪年休假的制度条款

公司可根据当地政府的要求或业务发展的实际需要（包括但不限于以下情形：生产淡旺季、合规调查、台风、暴雪等）统筹安排员工年休假，员工应配合公司的统筹安排，包括配合与之相关的指令，如暂时停止进入工作场所、办理工作交接等。拒绝年休假统筹安排将导致纪律处分，统筹安排年休假期间，公司将不再受理其他类型假期的申请。年休假最少以四小时为请假单位。

相关法规

《职工带薪年休假条例》（2007 年 12 月 14 日发布）

第五条 单位根据生产、工作的具体情况，并考虑职工本人意愿，统筹安排职工年休假。

年休假在 1 个年度内可以集中安排，也可以分段安排，一般不跨年度安排。单位因生产、工作特点确有必要跨年度安排职工年休假的，可以跨 1 个年度安排。

单位确因工作需要不能安排职工休年休假的，经职工本人同意，可以不安排职工休年休假。对职工应休未休的年休假天数，单位应当按照该职工日工资收入的 300%支付年休假工资报酬。

《企业职工带薪年休假实施办法》（2008 年 9 月 18 日发布）

第九条 用人单位根据生产、工作的具体情况，并考虑职工本人意愿，统筹安排年休假。用人单位确因工作需要不能安排职工年休假或者跨 1 个年度安排年休假的，应征得职工本人同意。

第十条 用人单位经职工同意不安排年休假或者安排职工年休假天数少于应休年休假天数，应当在本年度内对职工应休未休年休假天数，按照其日工资收入的 300%支付未休年休假工资报酬，其中包含用人单位支付职工正常工作期间的工资收入。

用人单位安排职工休年休假，但是职工因本人原因且书面提出不休年休假的，用人单位可以只支付其正常工作期间的工资收入。

第四步：对年休假使用情况进行归档和证据固定

操作说明

司法实践中，劳动者是否休假应由用人单位提供证据加以证明，此系用人单位应掌握和管理的证据。无论是安排休假还是受理休假审批，用人单位均应保留相关证据，以便于在争议发生时提供有效证据。

注意事项

1. 如用人单位安排带薪年休假的，应通过纸质或电子数据进行操作，并保留相关的送达凭证，用人单位电话或口头安排休假存在较大的证据风险。

2. 用人单位安排劳动者带薪休假，应明确休假的性质系带薪年休假并且明确具体的休假日期，仅仅用书面通知要求员工在年底前休完假期的笼统表述难以认定用人单位已履行安排休假的义务。但是反过来，如果员工自行书写将于何时完成休假，否则视为放弃相应时数年休假一般视为有效的意思表示。

3. 如劳动者主动书面提出放弃年休假的，应进一步明确是否放弃年休假工资，否则只是表述放弃年休假的声明仍可能产生争议。如放弃年休假，应明确放弃年休假的天数和归属年份。

示范文本

放弃年休假声明

因公司遭遇经营困难，本人同意放弃××××年年休假3天，且同意公司无需支付年休假工资。

员工签名：

日期：

相关法规

《中华人民共和国劳动争议调解仲裁法》（2007年12月29日发布）

第六条 发生劳动争议，当事人对自己提出的主张，有责任提供证据。与争议事项有关的证据属于用人单位掌握管理的，用人单位应当提供；用人单位不提供的，应当承担不利后果。

第五步：依法确定年休假薪资结算方式

操作说明

如劳动者因本人原因书面提出不休年休假的，用人单位只需支付其正常工作期间工资，无需额外支付带薪年休假工资。除此之外，劳动者未休年休假的，用人单位应当按照200%的比例额外支付劳动者带薪年休假工资。对于超出法定标准的福利年休假，是否折算薪资以及何时支付均由用人单位与劳动者自行约定。

注意事项

1. 法定年休假的薪资折算具有“法定性”，即当事人不得通过事先约定或规定的方式降低支付标准。但公司福利年休假是否折算、以何种方式折算均由双方约定或规定。

2. 法定年休假工资的计算基数为付款前 12 个月的平均工资（不包括加班费），具体计算公式为：月平均工资/21.75×未休天数 × 200%。

3. 用人单位在规章制度中规定劳动者逾期未申请年休假从而不享受年休假工资，该类条款一般视为排除劳动者权利，司法实践中不认可其效力。

4. 为了降低劳动者个人不愿意休假的风险，用人单位亦可要求员工提交全年度的休假计划。

5. 劳动者如实际多休法定年休假的，用人单位不得扣回工资。但对福利年休假多休的，用人单位事先约定可扣回工资的，一般认可其效力。

示范文本

关于带薪年休假的制度条款

员工应在自然年度内休完当年度年休假，经公司书面通知休假仍未休者视为放弃年休假，将不予补偿。对于因公司原因无法安排法定年休假者，公司将依法计算未休年休假工资，而公司给予的福利年休假未休则不予薪资补偿。

相关法规

《职工带薪年休假条例》（2007 年 12 月 14 日发布）

第七条 单位不安排职工休年休假又不依照本条例规定给予年休假工资报酬的，由县级以上地方人民政府人事部门或者劳动保障部门依据职权责令限期改正；对逾期不改正的，除责令该单位支付年休假工资报酬外，单位还应当按照年休假工资报酬的数额向职工加付赔偿金；对拒不支付年休假工资报酬、赔偿金的，属于公务员和参照公务员法管理的人员所在单位的，对直接负责的主管人员以及其他直接责任人员依法给予处分；属于其他单位的，由劳动保障部门、人事部门或者职工申请人民法院强制执行。

《企业职工带薪年休假实施办法》（2008 年 9 月 18 日发布）

第十一条 计算未休年休假工资报酬的日工资收入按照职工本人的月工资除以月计薪天数（21.75 天）进行折算。

前款所称月工资是指职工在用人单位支付其未休年休假工资报酬前 12 个月剔除加班工资后的月平均工资。在本用人单位工作时间不满 12 个月的，按实际月份计算月平均工资。

职工在年休假期间享受与正常工作期间相同的工资收入。实行计件工资、提成工资或者其他绩效工资制的职工，日工资收入的计发办法按照本条第一款、第二款的规定执行。

第十二条 用人单位与职工解除或者终止劳动合同时，当年度未安排职工休满应休年休假的，应当按照职工当年已工作时间折算应休未休年休假天数并支付未休年休假工资报酬，但折算后不足1整天的部分不支付未休年休假工资报酬。

前款规定的折算方法为：（当年度在本单位已过日历天数÷365天）×职工本人全年应当享受的年休假天数-当年度已安排年休假天数。

用人单位当年已安排职工年休假的，多于折算应休年休假的天数不再扣回。

第四节
绩效改进合规指引

◆ 相关概念

绩效改进计划

是指管理者针对绩效存在问题的员工开展一系列针对性辅导、面谈、培训和改进的管理活动。绩效改进一般针对下列员工：（1）已被评定不胜任的员工；（2）员工绩效存在问题经提醒仍未改善。

◆ 典型案例

员工未通过绩效改进计划，公司能否解除劳动合同？

陈某在某公司担任销售经理职位，2021年2月28日，公司通过微信群公布了对销售经理的全年任务额：全年任务额为销售200万元，将任务额按季度划分好，按月、按季度进行考核，第一季度任务额不能低于全年的四分之一，陈某在微信群中回复“收到”。

2021 年 8 月 10 日，公司人力资源部门向陈某发送邮件告知其截至第二季度末预算完成率为 0，予以业绩警告。根据绩效结果及公司《绩效管理程序》，经沟通制定《绩效问题改进计划》，绩效改进周期为一个月（2021 年 8 月 10 日至 2021 年 9 月 9 日），同时安排在岗培训，要求陈某准时参加培训，绩效改进周期结束后将对绩效改进结果进行评估，如未能达成绩效目标（仍不能胜任工作），公司将依据相关规定进行处理。陈某于当日发送邮件回复人力资源部门及公司领导，承认今年业绩确实不尽如人意，并表示会认真参加培训，尽快提升自己各方面能力，期待早日改善业绩。2021 年 8 月 11 日，陈某签署了《绩效问题改进计划》，其中载明：改进周期为 2021 年 8 月 10 日至 9 月 9 日，改进期内达成年初制定的任务指标：根据公司对销售考核指标，8 月底至少完成全年业绩任务的 40%，达到上半年的业绩考核完成比例，每天晚上八点前以邮件发送当天的工作总结及第二天工作目标，考核期内完成所辖区域内客户资源地图，保证信息真实有效；未完成绩效改进周期内目标可能采取的人事决策为：解除劳动合同。

2021 年 8 月 13 日、20 日、27 日，9 月 3 日，公司对陈某进行了 4 次关于产品和销售技能的相关培训，陈某均在培训签到表中签到，但陈某并未按照整改计划提交日报及工作计划，亦未完成辖区内客户资源地图。

2021 年 9 月 9 日，陈某上级主管发送邮件，告知陈某《绩效问题改进计划》已到期，经部门综合评定，此次绩效问题改进考核结果为不达标，如果对上述考核结果有异议，在 2021 年 9 月 14 日 12：00 前提供充分有效证据逐级申诉，如在上述规定期限内未提出异议，视为对考核结果没有异议。收到邮件后，陈某未进行申诉。

公司于 2021 年 9 月 15 日以陈某不能胜任工作，且经培训仍不能胜任工作为由解除与原告的劳动合同。陈某随后申请仲裁要求公司支付违法解除劳动合同赔偿金。

专家分析

本案中，陈某在公司担任资深分销经理，其主要工作职责就是完成相应的产品销售。2021 年 2 月 28 日，公司在陈某的参与下制定了全年销售目标 200 万元，并将任务额按季度划分好。因为陈某远未达到公司规定的第二季度完成全年业绩任务 40%的销售任务，2021 年 8 月 10 日，人力资源部门向陈某发送邮件告知同期预算完成率为 0，予以业绩警告，据此认定陈某不胜任工作并无不妥。在陈某存在不胜任工作的情况下，双方签订了《绩效问题改进计划》，公司按照计划对陈某进行了培训，经过一个月的绩效改进期，陈某的销售指标没有任何变动，且未按照《绩效问题改进计划》中的约定每天提交日报。公司于 2021 年 9 月 9 日告知陈某绩效改进考核结果为不达标并给予陈某申诉机会，陈某并未申诉。故公司以《劳动合同法》第四十条与陈某解除劳动关系并无不当之处，法院最终判决陈某败诉。

◆ 合规指引

第一步：对员工的绩效进行回顾

操作说明

对员工的绩效产出进行周期性回顾，确定员工当前的工作产出状态是启动绩效改进计划的重要前提，管理者需要和员工对前期的目标设定、完成情况等进行沟通回顾，确认业绩考核结果。

注意事项

1. 通常，企业需要通过规章制度等方式明确绩效改进计划的适用前提，如被评定为不胜任工作或者员工存在绩效问题，经提醒仍未改善。此可以为用人单位实施绩效改进提供制度依据。

2. 绩效改进的起点是对员工的绩效问题进行回顾，此有赖于公司与员工确定考核目标和考核标准，考核目标的设定通常应当满足合理性和公平性原则，有些地方甚至要求考核目标的设定也需要履行民主程序①。建议用人单位在考核目标设定上鼓励员工参与讨论，如双方能够就考核目标达成一致，有利于减少绩效评估产生的争议。

---

① （2022）鲁 06 民终 5043 号判决。

3. 管理者需要和员工就绩效产出情况进行面谈沟通，确定绩效问题的具体表现以及性质，并通过面案记录、电子邮件、系统数据等方式进行确认或告知，保留必要的痕迹。在绩效回顾沟通中管理者应当主动沟通的内容包括：（1）员工的工作职责和工作目标；（2）管理者过去执行过的绩效反馈；（3）来自同事、客户或第三方的反馈；（4）管理者对目前绩效的评估和判断结果，如是否已经不胜任工作。

示范文本

绩效回顾面谈的谈话提纲

1. 过去一段时间您的工作职责有哪些？有无变化？
2. 具体从事哪些项目？完成情况如何？
3. 与绩效目标仍然存在差距的原因有哪些？
4. 如果重新开始，您会调整做法吗？
5. 哪些方面还需要改进？
6. 您从其他同事处有无获得关于您本人绩效的反馈？
7. 您认为在诸多目标中对您挑战最大的是什么？
8. 您在工作中最有信心的部分是哪个？
9. 有什么经验和教训？
10. 您对下一步安排有什么考虑？

相关法规

《劳动部办公厅关于〈劳动法〉若干条文的说明》（劳办发〔1994〕289号）

第二十六条第三款 本条第（二）项中“不能胜任工作”，是指不能按要求完成劳动合同中约定的任务或者同工种，同岗位人员的工作量。用人单位不得故意提高定额标准，使劳动者无法完成。

第二步：制订绩效改进计划

操作说明

在与员工就绩效问题进行充分回顾的基础上，管理者如果认为员工不能依赖于自身努力来达成目标，则需要为下属量身定做绩效改进计划。绩效改进计划一般包括对过去绩效的回顾、对现状的判断、拟采取的培训措施、设定合理的考核周期、明确考核结果运用、回顾机制等。

注意事项

1. 绩效改进计划可能用于劳动合同解除，存在较大的法律风险，一般应由管理者草拟相应的文档并交由人力资源和法律部门审核，以确保相关内容完全符合法律规定，程序设置合理。

2. 绩效改进计划一般需要由管理者与员工进行充分沟通，以达成一致为基本原则，特殊情况下如果绩效改进计划的内容和程序设定并无违法之处，员工有义务服从与绩效改进计划有关的指令。

3. 绩效改进计划的内容应当清晰明确、可操作性强，以便于事后评判。绩效改进计划的终极目的并非解除劳动合同，而系培养和帮助员工，此意味着在具体培训计划的内容设定上，管理者应当与员工充分沟通，寻找最佳的改进路径。

示范文本

<table>
<tr><th colspan="5">员工绩效培训及改进计划</th></tr>
<tr><td colspan="3">员工姓名：</td><td colspan="2">职位：</td></tr>
<tr><td colspan="3">部门：</td><td colspan="2">直属上级：</td></tr>
<tr><td colspan="3">入职日期：</td><td colspan="2">在岗时间：</td></tr>
<tr><td colspan="5">主要岗位职责：</td></tr>
<tr><th colspan="5">绩效回顾</th></tr>
<tr><td colspan="5">工作改进原因说明（描述员工绩效存在问题/不胜任的主要表现）
1.
2.
3.
直属上级签名：　　　　　　　　员工签名：</td></tr>
<tr><th colspan="5">绩效培训</th></tr>
<tr><td>培训内容</td><td>培训周期</td><td>执行人</td><td>完成时间</td><td>完成情况</td></tr>
<tr><td></td><td></td><td></td><td></td><td></td></tr>
<tr><td></td><td></td><td></td><td></td><td></td></tr>
</table>

续表

<table>
<tr><th colspan="2">改进目标及方法（直属上级填写）</th></tr>
<tr><td colspan="2">1.
2.
3.
考核周期：××××年×月×日至××××年×月×日，进度审查总计四周，累计两周不达标则视为未能通过本计划。
结果运用：在改进周期内未改善，则：
□视为员工无法胜任现有工作岗位；
□安排岗位调整；
□按不胜任解除劳动合同。
如通过改进计划，则在原岗位上继续履行劳动合同。
员工签名：　　　　　　　　　　　　日期：</td></tr>
<tr><th colspan="2">进度审查</th></tr>
<tr><td>第1周：改进情况（达标/未达标）</td><td></td></tr>
<tr><td>第2周：改进情况（达标/未达标）</td><td></td></tr>
<tr><td>第3周：改进情况（达标/未达标）</td><td></td></tr>
<tr><td>第4周：改进情况（达标/未达标）</td><td></td></tr>
<tr><td colspan="2">最终绩效评估：
员工签名：　　　　　　　　　　　　日期：</td></tr>
</table>

相关法规

《中华人民共和国劳动合同法》（2012年12月28日修正）

第四十条　有下列情形之一的，用人单位提前三十日以书面形式通知劳动者本人或者额外支付劳动者一个月工资后，可以解除劳动合同：

……

（二）劳动者不能胜任工作，经过培训或者调整工作岗位，仍不能胜任工作的；

……

第三步：设定培训计划并留存痕迹

操作说明

如果一项绩效改进计划完全依赖于员工的自觉发挥，则一般难以实现改进的目标，也无法体现管理者已经承担相应的管理职责。故而对员工的问题进行沟通、提醒和培训，是绩效改进计划成功的关键所在，如果要同步实现绩效不达标即解除劳动合同，实施培训是强制性的法定义务。

注意事项

1. 培训计划的设定首先应考虑先后顺序，一般设置在改进计划之初，如果在改进周期快结束时再安排培训，则明显缺乏合理性。培训的目的是尽快提升员工的能力和认知，从而更好地实现改进目标。

2. 培训内容一般应具有针对性，虽然也可适度涵盖一些日常业务培训，但应聚焦员工的薄弱环节，并且培训的频率和期间应保持一定的合理性，如至少安排四次，跨度不低于两周。

3. 考虑到在职培训往往是工作和培训交叉进行，较容易产生是工作还是培训的争议，管理者宜事先明确活动性质（如邮件告知某日下午的面谈属于绩效改进培训），并且以一定的成果输出（如提交培训小结）来印证培训的客观事实。

4. 培训的资源既可以来自内部，也可以来自外部，既可以限管理者参与，也可以包括其他员工（如优秀的同事），核心目的是确保与改进目标相符。

示范文本

绩效改进培训邮件通知

______（员工姓名），按照之前公司与您沟通的绩效改进计划，拟决定对您实施有针对性的培训，具体培训计划包括以下内容：

1. 公司业务流程和产品知识再培训（自学），时间：______。结束后3日内提交培训小结。

2. 营销策略面对面辅导，时间：______；地点：______。结束后3日内提交培训心得。

3. 时间管理，时间：______；地点：______。结束后3日内提交培训心得。

4. 优秀同事拜访，时间：______；地点：______；访谈人：______。结束后3日内提交书面培训心得。

以上培训内容请知悉，如有合理建议请于2日内书面反馈。

×××公司

年　月　日

相关法规

《中华人民共和国劳动法》（2018年12月29日修正）

第六十八条　用人单位应当建立职业培训制度，按照国家规定提取和使用职业培训经费，根据本单位实际，有计划地对劳动者进行职业培训。

从事技术工种的劳动者，上岗前必须经过培训。

第四步：合理界定改进目标进行阶段性回顾

操作说明

绩效改进计划的目标设定直接影响员工的切身利益，也关乎绩效改进的成效。通常，在1~6个月的改进周期内，管理者需要合理平衡结果性目标和过程性目标、产出类目标和行为类指标，只有将最终结果和阶段性反馈结果相结合，才能确保改进计划的成功落地。

注意事项

1. 绩效改进目标通常与改进周期相关，故而合理设定考核周期是题中之义，大多数企业一般设定1~3个月的改进目标，具体可以结合公司制度规定、员工岗位性质综合判断，需要较长时间输出的岗位一般需要设置更长的改进周期。

2. 改进目标一般尽可能客观量化，如完成率、投诉率、及时性等。对于一些行为和价值观层面的考核，则更多应侧重于事件和满意度调查。

3. 从有助于完成目标的角度来看，管理者和员工应当在改进计划中设置达成目标所需要行动的表述，即具体工作任务和事项的布置，比如要提升时间管理水平，管理者要求员工就时间消耗进行实时记录以便于实施回归分析就是最常见的做法。

4. 目标设定之后，管理者并非放任员工自觉发挥，还需要通过一定周期的回顾、对标来检测员工的进展是否与计划相符，该周期可以是月、两周、周，通过阶段性回顾沟通来进一步确保改进计划落到实处。每一步回顾应当保留相关的沟通记录或邮件反馈记录。

示范文本

绩效改进计划实施邮件通知

______（员工姓名），为了更好地了解您的工作饱和程度，提升时间管理水平，基于之前设定的绩效改进计划，对您日常工作提出如下明确要求：

1. 每日 10：00 前，提交当日工作计划。内容包括：任务、计划、时间、预计完成节点（通过邮件以 EXCEL 形式汇报）。

2. 每日 18：00 前，提交当日工作总结。内容包括：任务、完成进度、产出、所用工作时间（通过邮件以 EXCEL 形式汇报）。

3. 每周五 17：00 前，提交当周工作总结。内容包括：任务、计划、完成进度、下周工作计划（通过邮件以 PPT 形式汇报）。

×××公司

年 月 日

第五步：根据改进结果合理确定下一步的行动计划

操作说明

改进计划的结果主要包括未通过和通过两种：对于通过改进计划的员工，一般可在原岗位继续履行劳动合同；对于未通过改进计划的员工，一般选择转岗、再实施一次改进计划或协商解除等措施，如果满足单方解除条件，亦可以选择单方解除劳动合同。

注意事项

1. 未通过改进计划的后果一般需要在制订改进计划初始进行明确，以避免双方对结果的运用产生较大的分歧。一般而言，如改进计划系针对不胜任员工而开展，则未通过改进计划将导致劳动合同协商或单方解除，反之则一般只能认定员工不胜任工作，而无法单方解除劳动合同。

2. 在员工未通过改进计划之后，管理者仍然需要和员工进行面谈，告知考核结果，询问员工的打算，亦不排除员工自行选择辞职。如果员工无意进行转岗或再次实施改进计划，那么企业可优先选择与员工协商解除劳动合同。

3. 如企业欲单方解除劳动合同，应全方位梳理证据和评估法律风险，确定是否满足单方解除劳动合同的条件。

示范文本

绩效改进计划通过通知

致：______（员工姓名）

时间：______年____月____日

主题：______绩效改进计划完成

您成功地完成了我们于______年____月____日启动的绩效改进计划的目标。因此，我们将结束对您的绩效改进计划。我对您通过工作表现（和/或成长价值观）解决这些问题的努力表示感谢。我也希望您将来不再出现此类问题。

尽管对您的绩效改进计划已经结束，您仍然需要确保在工作表现（和/或成长价值观）方面一直符合公司要求。若您在此方面出现问题，我们将对您采取进一步的绩效管理和/或其他处理措施，包括立即解除劳动合同。

感谢您的继续努力。

经理姓名：

职务：

相关法规

《中华人民共和国劳动法》（2018年12月29日修正）

第二十六条　有下列情形之一的，用人单位可以解除劳动合同，但是应当提前三十日以书面形式通知劳动者本人：

……

（二）劳动者不能胜任工作，经过培训或者调整工作岗位，仍不能胜任工作的；

……

第五节
调岗合规指引

◆ 相关概念

调岗

是指在相当长的一段时间内变更劳动者的职务内容与工作场所的情形。《劳动法》对于企业如何调岗缺乏明确规定，理论界、司法实践对于“调岗”“调动”的法律性质、运行机制亦存在诸多争议。以下单一的调整和变化一般不属于“调岗”范畴：调整的员工的工序、工位；调整员工的工作汇报关系；调整员工的归属部门；调整员工的负责客户、管辖区域；工作内容、工作职责的适度调整；临时性工作安排。对于用人单位单方调岗权如何行使，现行劳动法律法规并无明确规定。一般认为，用人单位有正当理由，根据生产经营需要，合理地调整劳动者工作岗位，此属于用人单位自主用工行为，应予以尊重。判断用人单位的调岗行为是否合理应参考以下因素：用人单位经营必要性、目的正当性、调整后的岗位为劳动者所能胜任、工资待遇等劳动条件无不利变更。

◆ 典型案例

开发工程师调岗到技术支持是否需要员工同意?

武某于 2011 年 12 月 20 日入职某科技公司，双方签订了自 2019 年 5 月 8 日起的无固定期限劳动合同，其中第六条约定甲方可根据生产经营状况并依据公司规章制度以及乙方的能力、表现安排和调整乙方的工作岗位、工作内容及工作地点，乙方保证服从甲方的管理和安排，按时完成规定的工作任务。2021年3月16日，科技公司向武某发送岗位调整通知书邮件一份，载明：“因公司生产经营需要，公司将您的工作岗位调整为产品中心策略和用户分析部/技术支持组部门技术支持工程师岗位。调岗后，您的薪酬、工作地点、工作时长保持不变，工作内容相近。请您配合现部门办理工作交接手续……”武某于2021年3月18日回复如下：“公司单方面要求本人由高级开发工程师降级调岗为技术支持岗位，工作时间由固定时间变更为排班制，本人不同意调整岗位。”由于武某多次拒绝调岗，科技公司于2021年4月7日通知解除劳动合同。案件审理中，科技公司主张其公司主要经营业务为在线教育，2020年起业务量迅速增加，课程授课方式由录播课程改为以直播授课形式为主。但在直播课程中，会出现因自主研发的直播软件、互动系统等发生故障导致的课程直播事故，而现有技术支持团队在发生系统故障时，无论系统故障的复杂程度如何，都须先行联系系统开发的同事进行处理，无法做到及时、有效修复一般性系统故障，需要了解公司业务、有系统开发或维护经验的人员加入团队，帮助建立处理系统故障的规范流程、协助处理一般性技术故障。就上述事实，科技公司并未提供证据。

专家分析

用人单位与劳动者约定可根据生产经营情况调整劳动者工作岗位，用人单位应证明生产经营情况已经发生变化，根据生产经营需要，合理地调整劳动者工作岗位属于用人单位自主用工行为。而判断合理性应参考以下因素：用人单位经营必要性、目的正当性、调整后的岗位为劳动者所能胜任、工资待遇等劳动条件无不利变更。具体到本案，双方签订的劳动合同书中明确约定，科技公司有权根据生产经营的需要，合理调整武某的工作岗位，故本案中对于调岗的审查包括：一是生产经营情况是否发生变化；二是调岗是否合理。然而科技公司并未就第一点进行举证，退而言之，即使存在上述经营情况变化，科技公司以2020年存在的经营变化，于2021年3月对武某进行调岗，亦缺乏相应的时效性。此外，武某的工作时间从固定的早9点到晚6点，变更为早、中、晚三个班次排班，亦存在劳动条件的不利变更，调岗亦缺乏合理性。最终法院判决科技公司违法解除并需向武某支付赔偿金418000元。

◆ 合规指引

第一步：确定调岗原因

操作说明

不同类型的调岗对用人单位的要求不尽一致，在具体操作程序上也会有很大差异，企业需要厘清不同类型调岗之间的差异并合理确定调岗的沟通策略和实施策略。根据类型的不同，调岗主要包括：（1）经营发生变化，基于经营需要调岗；（2）因员工不胜任工作岗位调岗；（3）员工存在职业禁忌；（4）协商一致调岗；（5）因员工医疗期不能从事原工作调岗；（6）因其他基于合同约定或制度规定的合理理由调岗。

表 2-3　不同类型调岗的审查标准

调岗类型	常见情形	审查标准	注意事项
经营需要	组织架构的调整；经营方式的调整；生产、销售模式的变革；技术的升级等	需举证经营变化的客观事实；确保调岗具有合理性，包括薪资、工作地点、工作时间等无不利变更；需充分履行沟通义务	充分履行沟通义务
不胜任工作	员工不胜任现有工作岗位	客观证明员工不胜任工作岗位	调整后的岗位仍需具备合理性
职业禁忌	员工从事职业危害岗位经职业健康体检确认存在职业禁忌证或者员工存在女职工劳动禁忌或“三期”禁忌	存在职业健康体检结论或者员工属于女职工禁忌或“三期”禁忌范围	调岗仍需满足合理性
协商一致	经员工或公司任何一方提出动议	双方协商一致	签署变更协议
医疗期满	因病长期缺勤，在法律规定的医疗期届满后返工，但其身体条件已无法适应原岗位工作或者医嘱明确已不适合在原岗位工作	员工医疗期满经医嘱不能从事原岗位	需满足医疗期满条件

续表

调岗类型	常见情形	审查标准	注意事项
其他情形	如执行脱密期；利益冲突；违纪失职、执行竞聘上岗；末位排序等	相关事项的证据	需要以相关制度或合同作为依据

注意事项

1. 企业执行调岗通常需要有明确的理由并据此提前审核相关的理由是否成立以及是否有证据证明。除了协商一致调岗之外，其余调岗的理由均需准备相关的证据加以证明，特别是以员工不胜任工作岗位为由调岗。

2. 除了因经营需要、员工不胜任岗位、职业禁忌、医疗期满调岗之外，目前司法实践中对于企业执行脱密期调岗①、利益冲突调岗②、违纪失职调岗（属惩戒式调岗）、末位排序调岗③（多适用于管理人员），在相关制度明确、事实清楚的情况下，也可视为属于企业的自主权范畴。

3. 上述调岗情形中，如属于职业禁忌类调岗，系用人单位的法定义务，双方不能约定其他替代方式（如继续在原岗位上履职）。

相关法规

《中华人民共和国劳动合同法》（2012 年 12 月 28 日修正）

第三十五条 用人单位与劳动者协商一致，可以变更劳动合同约定的内容。变更劳动合同，应当采用书面形式。

变更后的劳动合同文本由用人单位和劳动者各执一份。

---

① 《劳动部关于企业职工流动若干问题的通知》（劳部发〔1996〕355 号）第二条规定，用人单位与掌握商业秘密的职工在劳动合同中约定保守商业秘密有关事项时，可以约定在劳动合同终止前或该职工提出解除劳动合同后的一定时间内（不超过六个月），调整其工作岗位，变更劳动合同中相关内容。

② 如上下级关系的员工成为夫妻，根据公司制度需回避利益冲突进行岗位调整。

③ 参考《最高人民法院公报》2021 年第 2 期“戴某军与台玻长江玻璃有限公司追索劳动报酬纠纷案”，法院认为，劳动者排名末位与劳动者不能胜任工作岗位之间并无必然联系，故用人单位根据末位淘汰制解除劳动关系违反法律规定。但在解除劳动关系情形之外，末位淘汰制并非当然违法。根据本案查明的事实，戴某军调岗前担任的职务为台玻长江玻璃有限公司包装股课长，该岗位具有一定的管理性质，要求劳动者具备更优秀、全面的职业技能。用人单位根据劳动者的工作业绩、安排相对更为优秀的劳动者担任该职务既符合用人单位对于保证和提高产品质量的要求，亦能较大程度激发劳动者的工作积极性，故用人单位依据末位淘汰制调整劳动者工作岗位在一定条件下应予以支持。

第二步：确定调岗安排并与员工进行沟通

操作说明

无论是何种原因的调岗，或多或少会对员工产生不同程度的影响，因此用人单位就调岗承担沟通义务，不仅有助于缓解员工的消极情绪，更有助于降低企业的法律风险，用人单位应当就调岗沟通的过程进行证据固定。

注意事项

1. 公司设置的调岗方案通常应事先明确新岗位的名称、主要工作职责、工作地点、工作汇报关系，尤其包括新岗位的培训和考核安排等。应当注意的是，单纯地调整工作区域、工作地点，调整部分工作内容或者降级不能视为调岗，如发生不胜任解雇纠纷，该类调岗争议可能导致公司败诉。

2. 调岗沟通原则上应由员工的直属上级和员工进行，在沟通中明确调岗的原因、拟调整岗位的名称、汇报关系、工作地点、工作时间、薪资地点有无变化、公司有无阶段性安排（如工作交接、培训等），同时给予员工提问的机会。

3. 调岗沟通应当以当面沟通为原则，对员工的合理关切进行回应或记录，避免直接通过邮件、电话方式沟通调岗事宜。

示范文本

关于调岗的制度条款

发生以下情形之一，雇员的岗位可能会被免除或调整：(1) 雇主组织架构发生变化导致岗位撤销、合并或精简的；(2) 雇员不胜任现有工作岗位的；(3) 雇员因违纪或失职等原因被免除职位的；(4) 雇员作为高级管理人员被管理层免除职位的；(5) 雇员长期因病缺勤实际无法履行岗位职责的；(6) 员工继续担任职位将导致利益冲突的；(7) 其他基于雇主经营需要等合理情形。

相关法规

《中华人民共和国劳动合同法》（2012 年 12 月 28 日修正）

第二十九条　用人单位与劳动者应当按照劳动合同的约定，全面履行各自的义务。

第三步：发送调岗通知书

操作说明

在履行完初步沟通程序后，为了更加清晰地界定调岗的性质以及具体的后续安排，用人单位应当通过管理者向员工送达正式的《调岗通知书》，如果调岗事项经事先判断需员工同意，则应签署《劳动合同变更协议》或《岗位调整协议》。

注意事项

1. 如果用人单位事先判断所执行的调岗属于企业自主权，无需征得员工同意，则一般避免与员工签署变更劳动合同协议，因安排签署协议反而会产生“是否需要员工签字才生效”的争议。

2. 调岗通知书由于涉及员工的切身利益，一般应单独发送给员工并建议通过当面签收、电子邮件、短信、微信和快递等方式同步送达，避免证据风险。

3. 调岗通知书应当具备相应的必备条款，包括调岗生效时间、原因、新岗位的具体安排、薪资待遇等，避免员工对调岗安排本身产生误解。

4. 员工调岗应具有及时性，即在相应的条件具备时立即安排调岗，如长期未执行将可能导致公司的违法风险（如违反《职业病防治法》《女职工劳动保护特别规定》等）。

示范文本

岗位调整通知书

致______（员工姓名）：

您曾与本公司签订有《劳动合同》。但因下列原因：

□公司经营需要；

□员工不胜任工作岗位；

□其他：

根据相关规定，公司通知您于______年____月____日前往__________岗位报到。汇报关系□不变；□调整为__________。工资待遇□不变；□调整为______元/月。工作职责见附件。请及时到岗工作，逾期未到岗公司将按相关制度处理。

备注：此通知书通过□面交；□快递；□电子邮件；□手机短信；□微信 任意一种或多种方式同步送达，以最先收到的为准。

×××公司（盖章）

年 月 日

签收回执

本人已收到《岗位调整通知书》原件一份。

签收人：

日期：

相关法规

《中华人民共和国劳动法》（2018年12月29日修正）

第二十六条 有下列情形之一的，用人单位可以解除劳动合同，但是应当提前三十日以书面形式通知劳动者本人：

（一）劳动者患病或者非因工负伤，医疗期满后，不能从事原工作也不能从事由用人单位另行安排的工作的；

（二）劳动者不能胜任工作，经过培训或者调整工作岗位，仍不能胜任工作的；

（三）劳动合同订立时所依据的客观情况发生重大变化，致使原劳动合同无法履行，经当事人协商不能就变更劳动合同达成协议的。

第四步：对员工提出的异议进行合理解释

操作说明

在调岗执行过程中，员工就调岗提出异议较为常见，此时作为管理者应积极回应员工关切，通过书面或邮件等方式对员工提出的异议进行解释。

注意事项

1. 员工拒绝调岗的理由多种多样，主要包括：（1）主张调岗在法律上需协商一致；（2）主张公司调岗缺乏必要性；（3）主张薪资待遇可能会发生变化；（4）主张不符合个人职业规划；（5）主张无法胜任新岗位；（6）主张调岗缺乏公平性，为什么调我不调别人；（7）主张公司应当加薪等。

2. 面对员工提出的理由，管理者应及时书面记录并与员工确认该理由，之后再正式回复员工，避免管理人员当场作出的口头解释被员工误解。

3. 在个别情形下，企业可以安排工会、法律部门等一并与员工进行沟通解释，消除员工的疑虑。

示范文本

关于调岗的回复函

______（员工姓名），公司曾于××××年×月×日与您就调岗进行沟通并送达了调岗通知，您对本次调岗提出异议，认为公司之前已经安排过一次调岗，且导致本人错过原岗位的升职加薪机会。公司对您的顾虑表示理解，但基于本次调岗确因业务萎缩导致，公司承诺您工资待遇不变，新岗位的工作内容也在您的能力范围之内，公司承诺会给您同步的培训和辅导，希望您克服困难，服从公司的调岗决定，在新的岗位上为公司作出贡献。鉴于原岗位已经撤销，您如果不前往新岗位履行职责，按照公司规章制度规定将属于“不服从公司合理工作安排”的行为，为了避免违纪所导致的不利后果，希望您慎重对待。

×××公司（盖章）

年　月　日

第五步：循序渐进实施纪律处分或保留实际履行调岗的相关证据

操作说明

在公司充分履行诚信沟通义务的前提下，如果员工仍然拒绝到岗，则公司应循序渐进地处理。相反如果员工虽然未签署调岗文件，但在新岗位上正常履职，则公司应保留员工在新岗位上实际提供劳动的证据。

注意事项

1. 对员工拒绝服从调岗的情形，用人单位应事先考虑除了违纪处分外，是否还有其他替代选择，如劝退（询问员工是否愿意辞职）、协商解除劳动合同或再安排其他岗位。一般情形下，如果员工反对调岗，即使其到新岗位工作，也很难产出绩效，无法实现用人单位与劳动者共赢的目的。

2. 如果用人单位决定对员工拒绝调岗实施纪律处分，则应事先与员工面谈沟通并固定员工不执行调岗的理由，之后作出纪律处分，一般不建议直接解除劳动合同，而应给予员工改正的机会，如先给予书面警告，而后升级至严重警告，最后过渡到因严重违纪解除劳动合同。

3. 如劳动者不愿意在调岗文件上签名，一般不宜视为员工违纪，如员工正常到岗，则保留相关证据，如工作报告、交接文件、培训记录、考核表等，以此印证员工实际服从了公司的调岗决定。

相关法规

《最高人民法院关于审理劳动争议案件适用法律问题的解释（一）》（法释〔2020〕26号）

第四十三条　用人单位与劳动者协商一致变更劳动合同，虽未采用书面形式，但已经实际履行了口头变更的劳动合同超过一个月，变更后的劳动合同内容不违反法律、行政法规且不违背公序良俗，当事人以未采用书面形式为由主张劳动合同变更无效的，人民法院不予支持。

第六节
调薪合规指引

◆ 相关概念

1. 调薪

是指在相当长的一段时间内变更劳动者的薪酬结构或薪酬标准的情形。除了双方劳动合同明确约定的调整机制外，用人单位事后调整员工的薪酬结果或薪酬标准，一般理解为变更劳动合同，应以协商一致或履行法定民主程序为原则。

2. 工资

是指用人单位依据国家有关规定或劳动合同的约定，以货币形式直接支付给本单位劳动者的劳动报酬，一般包括计时工资、计件工资、奖金、津贴和补贴、延长工作时间的工资报酬以及特殊情况下支付的工资等。与工资有关的概念包括劳动报酬①、工资总额②、工资性收入③、工资薪金所得④，指因任职或者受雇而取得的工资、薪金、奖金、劳动分红、津贴、补贴以及与任职或者受雇有关的其他所得等。工资的内涵重点在于“约定性”“货币性”“职务相关性”，非货币形式或劳动合同约定以外的支付，用人单位享有更大的自主权，一般难以认定工资。此外，股票、期权、红利等与投资相关的收入不作为工资处理。

◆ 典型案例

公司集体调薪需要员工同意吗？

李某就职于某信息技术公司，担任技术岗位。双方于某年1月1日签订了无固定期限劳动合同，劳动合同约定李某月薪为18000元，公司可基于经营需要合理调整员工的薪资水平。1月底，公司人力资源经理告知李某，因其所在部门业务萎缩经营发生严重困难，故决定调减其工资，即月薪从18000元降到11500元。此后，信息技术公司发布了降薪公告，李某则通过邮件、微信等方式提出异议。4月16日，李某以公司拖欠工资为由提出离职，嗣后申请仲裁要求公司支付2月1日至4月16日的工资差额以及解除劳动合同的经济补偿金。信息技术公司则主张该调薪并非针对李某一

---

① 《最高人民法院关于审理拒不支付劳动报酬刑事案件适用法律若干问题的解释》（法释〔2013〕3号）第一条明确，劳动者依照《劳动法》和《劳动合同法》等法律的规定应得的劳动报酬，包括工资、奖金、津贴、补贴、延长工作时间的工资报酬及特殊情况下支付的工资等，应当认定为《刑法》第二百七十六条之一第一款规定的“劳动者的劳动报酬”。

② 详见《全民所有制企业工资总额管理暂行规定》（劳部发〔1993〕138号）、《国家统计局关于工资总额组成的规定》（1990年1月1日公布）。

③ 《最低生活保障审核确认办法》（民发〔2021〕57号）第十三条规定，工资性收入指就业人员通过各种途径得到的全部劳动报酬和各种福利并扣除必要的就业成本，包括因任职或者受雇而取得的工资、薪金、奖金、劳动分红、津贴、补贴以及与任职或者受雇有关的其他所得等。

④ 《个人所得税法实施条例》（2018年12月18日发布）第六条规定，工资、薪金所得，是指个人因任职或者受雇取得的工资、薪金、奖金、年终加薪、劳动分红、津贴、补贴以及与任职或者受雇有关的其他所得。

人，且系公司业务萎缩导致。但信息技术公司并未就公司经营发生严重困提供证据。

专家分析

用人单位降低劳动者工资涉及员工的切身利益，按照《劳动合同法》的规定应履行民主协商或协商一致的程序。对于因经营困难采取降薪措施的，一般应充分举证其必要性，同时就降薪方案与员工、职工代表或工会达成一致，履行法定民主程序。本案中，信息技术公司虽主张公司经营困难、对部分员工降薪，但并未就公司亏损等情况提供证据证明，亦未举证证明其公司决定集体降薪经过民主程序。据此，信息技术公司降低薪酬标准支付李某于某年2月1日至4月16日期间的工资，缺乏依据。最终法院判决信息技术公司补发工资差额并向李某支付解除劳动合同经济补偿金。

◆ 合规指引

第一步：确定调薪原因

操作说明

调薪主要包括以下几种：（1）基于公司经营出现困难进行集体调薪；（2）员工的岗位发生变化，基于合同约定或同工同酬原则需进行薪资调整；（3）因员工违纪被降低薪资标准①。无论基于何种理由，用人单位需事先确定调薪的依据以及相应的事实理由。

注意事项

1. 如公司采取集体调薪，同时需提前了解公司的经营状况，包括盈利与否、现金流、业务和内部架构情况等。

2. 对于个别调薪，除了增加薪资以外，一般的薪酬结构调整特别是薪资标准的下降，原则上应和员工取得一致。考虑薪资是员工赖以生存的来源，司法实践对薪资的保护力度远大于岗位调整，故而劳动合同或规章制度中宽泛的薪资调整约定往往难以作为调薪的依据。

---

① 《上海市企业工资支付办法》（沪人社综发〔2016〕29号）第十七条规定，劳动者违反劳动纪律或规章制度，企业降低其工资的，降低后的工资不得低于本市规定的最低工资标准。

3. 用人单位应提前构建完善的薪酬制度，避免在劳动合同中约定过于刚性的薪资标准，一般对于可能浮动发放的绩效工资、奖金等，宜通过制度进行规定，最大限度避免劳动合同条款需协商一致的障碍。

相关法规

《中华人民共和国劳动法》（2018年12月29日修订）

第四十七条 用人单位根据本单位的生产经营特点和经济效益，依法自主确定本单位的工资分配方式和工资水平。

第二步：确定调薪方案

操作说明

无论是个别调薪还是集体调薪，用人单位均需明确方案，如果系集体降薪，则应事先明确降薪的人员范围、实施起始和截止时间、薪资调整的变化点，集体降薪同时应当遵循公平性原则，如高级管理人员降薪幅度应大于普通员工，并且首先考虑调整奖金而非基本工资，同时调薪后仍需满足员工的基本生活保障，将对员工的负面影响降到最低。

注意事项

1. 个别调薪需要明确调薪的事由，调整后的薪资组成、相关标准是否100%发放、是否需要考核、发放的时间和条件等。对于阶段性调薪，则需要明确阶段性调薪结束后是否恢复原薪，减少降薪方案到期后的争议和风险。

2. 集体调薪应充分研判必要性，合理确定调薪的幅度和人员范围，在研判阶段公司可以预先采集工会、法律部门以及外部律师的意见，收集同行业其他企业的调薪信息，做好充分的外部调研。

3. 调薪方案应提前考虑沟通计划（如涉及工会、政府、媒体的沟通计划）、具体实施时间和实施步骤（如是否需签署调薪协议）以及可能存在的争议预防方案。

相关法规

《中华人民共和国劳动合同法》（2012年12月28日修正）

第三十五条 用人单位与劳动者协商一致，可以变更劳动合同约定的内容。变更劳动合同，应当采用书面形式。

变更后的劳动合同文本由用人单位和劳动者各执一份。

第三步：与员工进行沟通或履行民主程序

操作说明

薪资调整涉及员工的核心利益，缺失沟通程序很容易导致各方矛盾激化，轻则导致劳动争议，重则引发公司的声誉危机，急需管理者引起重视。如个别调薪，应争取与员工达成一致；如集体调薪，则应按照法律规定履行民主程序。

注意事项

1. 涉及个别调薪的，一般伴随着岗位调整而进行，用人单位需合理解释薪资标准设定的逻辑，如同类岗位的薪资范围区间等。

2. 涉及集体调薪的，用人单位需严格按照《劳动合同法》第四条履行民主程序，考虑到薪资调整的敏感性，应当尽可能征求每一个受影响员工的意见，而不只是通过工会、职工代表听取意见，通过员工的广泛参与和宣传，最大限度凝聚共识。

3. 用人单位履行协商沟通或民主协商程序，需保留相关的证据，如会议通知、会议签到表，相关的决议和意见反馈等。

相关法规

《中华人民共和国劳动合同法》（2012年12月28日修正）

第四条　用人单位应当依法建立和完善劳动规章制度，保障劳动者享有劳动权利、履行劳动义务。

用人单位在制定、修改或者决定有关劳动报酬、工作时间、休息休假、劳动安全卫生、保险福利、职工培训、劳动纪律以及劳动定额管理等直接涉及劳动者切身利益的规章制度或者重大事项时，应当经职工代表大会或者全体职工讨论，提出方案和意见，与工会或者职工代表平等协商确定。

在规章制度和重大事项决定实施过程中，工会或者职工认为不适当的，有权向用人单位提出，通过协商予以修改完善。

用人单位应当将直接涉及劳动者切身利益的规章制度和重大事项决定公示，或者告知劳动者。

第四步：公示调薪方案并送达薪资调整通知书

操作说明

在履行完必要沟通程序后，用人单位应当送达调薪通知书，涉及集体调薪的，除了公示调薪方案外，仍建议用人单位与劳动者签署薪酬调整确认书。

注意事项

1. 用人单位调整薪资应当向员工履行告知程序，列明调薪的原因，调整后的薪资标准等事项，尽可能避免文字表述上可能产生的歧义。

2. 用人单位执行集体调薪，仍需要收集员工签字同意的文件，在个别员工就调薪提出异议的案件中，用人单位可以以此举证绝大多数员工同意调薪事项，从而增加企业胜诉的概率。

3. 用人单位调整薪资后，应注意保留实际履行的证据，如及时向员工发送调整后的工资单，员工收到工资单后对工资数额和结构未提出异议的，若事后产生争议，用人单位亦可据此主张已实际履行来进行抗辩。

示范文本

薪酬调整通知

尊敬的______女士/先生：

根据公司依法制定的《薪资调整方案》，公司正式通知您，从______年______月______日起，您的薪金将作以下调整：

基本工资调整为：________________

津贴调整为：________________

其他：____________________

再次感谢您选择与公司共渡难关！

公司提示：薪金属于公司高度保密的资料，切记不可向他人泄露自己的薪资及打探他人的薪资情况。请严格遵守。

公司人力资源部（盖章）

员工确认并签名：

日期：

第七节
变更工作地点合规指引

◆ 相关概念

工作地点

是指员工提供劳动的物理位置或区域。员工的工作地点属于劳动合同的必备条款，但在实际履行过程中发生变动较为常见，且员工可能在不同的工作地点提供劳动。工作地点不仅是劳动者的工作场所，亦是劳动者家庭生活和社会交往的依托，因此，在调整工作地点时，应从适当性以及必要性的角度去衡量企业经营利益与造成劳动者的家庭以及社会关系不利变更之间的关系，兼顾双方的利益而达到共赢。

◆ 典型案例

合同约定员工接受变更工作地点有效吗?

李某于2018年8月入职某集团公司，劳动合同约定："乙方的工作地点为集团公司业务所涉及区域及下属分、子公司、参股公司所在地及其业务所涉区域。根据工作需要和乙方的身体状况、技术业务能力与工作表现，在甲方及甲方下属分、子公司、参股公司范围内调整乙方的工作岗位和工作地点，乙方的报酬随着工作岗位及职务的调整而变动。乙方不接受岗位和职务调整的，视同乙方作出单方解除劳动合同的意思表示，双方劳动合同于乙方不接受岗位和工作地点调整之日起五日内正式解除，甲方无需支付乙方任何补偿或赔偿。"2021年3月28日，集团公司通知李某从成都项目组调至盐城项目组担任管理职务。由于李某明确拒绝变更工作地点，集团公司以严重违纪为由解除了李某的劳动合同。庭审中李某主张变更工作地点应协商一致，集团公司则以合同约定条款抗辩。

专家分析

《劳动合同法》第二十六条规定："下列劳动合同无效或者部分无效：……（二）用人单位免除自己的法定责任、排除劳动者权利的……"本案中，双方签订的劳动合同对于李某工作地点的约定为"集团公司业务所涉及区域及下属分、子公司、参股公司所在地及其业务所涉区域"。由于相关公司分布于全国多个城市，上述约定条款过于宽泛，变相剥夺了劳动者在工作地点上的协商谈判权利，应属于无效条款。法院认为集团公司对李某的调岗，构成重大不利变更，超出合理范围，据此判决公司败诉。

◆ 合规指引

第一步：作出搬迁或变更工作地点的决定

操作说明

公司搬迁或变更员工工作地点主要包括以下几种原因：(1) 公司因经营需要整体或部分搬迁；(2) 员工的工作项目、服务客户或工作岗位发生变化；(3) 变更劳动合同主体。如系公司整体搬迁，通常应由董事会或管理层作出有效决议；如系员工所在的项目结束、岗位变动所带来的工作地点变化，则需要事先固定产生工作地点变化的事实理由；如需变更劳动合同主体则应当以协商一致为原则。

注意事项

1. 公司整体搬迁属于公司重大经营事项，一般应按照公司章程规定，由股东会、董事会或总经理等管理者作出相应的决策，并就相关决策形成证据。

2. 如涉及员工工作内容、工作项目的变动，应提前收集相关业务发生变化的证据，如客户终止合作的通知、项目移交等。

3. 如涉及员工需要被安排至合作方或关联公司而引发工作地点变动，应事先考虑是否需同时变更劳动合同主体。一般而言，变更劳动合同主体应以员工同意为原则，其他情形则需要判断对劳动者是否造成重大不便，以此确定员工是否应配合调整。

示范文本

关于×××有限公司执行异地搬迁的股东决议

×××作为×××有限公司（以下简称公司）的唯一股东，根据《公司法》的有关规定，作出以下决议：

1. 公司自______年____月____日起启动异地搬迁至×××的进程，根据业务交接等需求，具体搬迁计划如下：

批次	起始时间	涉及部门和人员
第一批次	年 月 日	人力资源部（ ）；管理部（ ）；采购部（ ）；财务部（ ）
第二批次	年 月 日	行政服务部（ ）；销售部（ ）；设计部（ ）

2. 公司股东指示公司董事会、管理团队积极做好员工安置和沟通工作。

法定代表人签名：

×××公司（盖章）

年 月 日

相关法规

《中华人民共和国劳动合同法》（2012 年 12 月 28 日修正）

第十七条 劳动合同应当具备以下条款：

……

（四）工作内容和工作地点；

……

第二步：确定搬迁方案

操作说明

搬迁涉及员工的切身利益，除了确定搬迁的具体时间之外，用人单位一般应就搬迁对员工所造成的影响进行评估，草拟涉及人员激励留用的具体方案。

注意事项

1. 在设计搬迁方案之前，用人单位需要研判工作地点变更是否导致原劳动合同无法继续履行。如跨省市搬迁则通常理解为对员工利益产生重大影响，属于变更劳动合同范畴。但如涉及同一城市的搬迁，则结合距离远近、公司提供的救济措施（如是否提供班车接送、增加交通补贴、增加居家办公时间等）等综合判断，用人单位可根据当地平均通勤时间判断变更地的合理性。

2. 搬迁方案一般涉及以下内容：（1）留用激励，如是否增加奖金、优化现有薪酬福利等；（2）困难解决，如班车投放、增设或增加交通补贴、给予搬迁假期、一次性租房补贴等；（3）员工拒绝随迁的处理；（4）搬迁方案，如涉及需要支付补偿金的，则需要在搬迁方案中一并列明。

示范文本

员工安置方案公告（征求意见稿）

鉴于公司董事会已决议公司进入异地搬迁程序，公司管理层拟发布员工安置方案，具体说明如下：

一、劳动合同变更方案

对于同意调整工作地点的员工，公司将安排签署《劳动合同变更协议》，公司将确保劳动合同期限、工作岗位、工资报酬不变，工龄将连续计算，公司不额外支付经济补偿金。

二、劳动合同解除方案

协商解除劳动关系补偿=法定经济补偿金（N+1）+额外补偿金（1个月工资）。具体如下：

1. 法定经济补偿金：N+1，其中“N”是指在本公司每工作满1年支付1个月工资，满“N”年服务年限则支付“N”个月的补偿金，其中月工资按照员工离职前12个月月平均工资计算。对2008年以前入职的员工，其在2008年以前的工作年限不受本市上年度职工社会月平均工资3倍的限制，2008年以后的工作年限，月工资基数不得超过本市上年度社会月平均工资3倍。“1”为代通知金，按照离职前12个月平均工资确定，不受上年度社会月平均工资3倍限制。

备注：如果员工工作年限经核算存在不满1年的情况，则2008年以后的工龄，满6个月的，按照1年计算，不满6个月的，按照0.5个月计算；2008年以前的工龄，不满1年的，一律按照1个月计算。

2. 额外补偿金：1个月工资，按照离职前12个月平均工资确定，不受上年度社会月平均工资3倍限制（下同），员工需正常履行工作职责至协议约定的离职日期。

三、其他事项

1. 未休年休假补偿：对于本年度年休假，可安排使用完毕，确实无法安排的，按照日工资200%据实计算。

2. 工资和福利：工资、社保、公积金及各项福利一律支付或缴纳至协商解除协议约定的离职日（但应扣除个人承担的社保和公积金部分）。

3. 其他：离职交接等以《协商解除劳动合同协议书》为准。

四、签约安排及其他

如员工愿意按本方案与公司协商解除合同，则公司将安排签署《协商解除劳动合同协议书》，具体数额以协商解除协议为准。签约地点：________；联系人：________；电话：________。

五、咨询和投诉渠道

如员工有任何反馈意见，可通过以下渠道反馈：

1. 涉及法律规定内容（如补偿计算标准），请咨询公司现场律师或外聘律师顾问。

2. 涉及公司人事政策和签约细节事宜，请咨询本地人力资源部门，姓名：××××；联系电话：×××；邮箱：×××。

3. 涉及管理人员投诉和管理层决定事宜，投诉渠道（投诉邮箱）：×××。

请注意，如果员工在公司指定期限内未与公司签订《协商解除劳动合同协议书》或《劳动合同变更协议》的，则本方案自动失效。

特此公告！

×××公司管理团队

年 月 日

第三步：与员工进行沟通或履行民主程序

操作说明

工作地点的变化，无论远近或多或少会对员工造成影响，无论是集体搬迁还是个别工作地点调整，用人单位均应履行沟通程序，涉及集体搬迁的，需按照《劳动合同法》第四条规定履行民主程序，即听取全体职工或工会代表的意见，考虑到搬迁的重要性，除听取工会或职工代表意见外，用人单位应向全部受影响的员工征询意见并固定证据。

注意事项

1. 如涉及国有企业，搬迁方案一般还需职代会审议通过。其他企业则履行听取意见的程序。

2. 员工拒绝搬迁的，宜固定员工拒绝变更工作地点的理由以便于公司灵活调整搬迁方案。

3. 考虑搬迁工作的复杂性，用人单位可以提前考虑媒体传播计划，特别是上市企业应主动向社会公众披露。

示范文本

员工意愿调查表

亲爱的同事：

公司异地搬迁是一项巨大的工程，牵涉到方方面面。员工一直是公司最宝贵的财富和资源，在面临这个重大战略调整之际，为了更好地应对搬迁带来的各项变化特别是对员工个人的影响，公司希望借助问卷调查再次确认员工的真实反馈并在此基础上完善各项方案。

1. 个人信息

姓名：________部门：________籍贯：________

家庭地址：______________________

婚姻状况：□已婚　□未婚

住房情况：□本地已购房　□租房

2. 个人意愿调查

本人很愿意跟随公司一起前往______发展。

是否有子女就读需求：☐有 ☐无

需求阶段：☐幼儿园 ☐小学 ☐初中 ☐高中

由于家庭或个人原因无法跟随公司一起前往______发展。

其他（请具体说明）：____________________

3. 个人关心的其他问题

请再次留言，公司管理层非常重视大家的反馈，后续会在充分听取意见的基础上进行讨论，并就共性问题尽快给出统一答复。

×××公司（盖章）

年 月 日

相关法规

《中华人民共和国劳动合同法》（2012年12月28日修正）

第三十五条 用人单位与劳动者协商一致，可以变更劳动合同约定的内容。变更劳动合同，应当采用书面形式。

变更后的劳动合同文本由用人单位和劳动者各执一份。

第四步：公示并执行搬迁方案

操作说明

在履行完必要沟通程序后，用人单位应当公示或告知搬迁方案，并逐一与员工确定最终的解决方案。

注意事项

1. 对于无需员工同意的搬迁事项（如距离较近，搬迁对继续履行合同未造成明显障碍），用人单位一般可发出工作地点调整通知书，并安排员工签收确认，拒绝签收确认的，则通过快递、邮件等方式送达，并告知拒绝到岗的处理（如旷工）。

2. 对于需要员工同意的搬迁事项（如跨省市异地搬迁），则安排与员工签署《变更劳动合同协议》，员工同意的，则签署协议后归档。拒绝签署协议的，则尝试与员工协商解除并依法支付经济补偿金，如无法就协商解除达成一致，则可考虑按照《劳动合同法》第四十条第三项规定解除劳动合同，解除劳动合同前应依法通知工会。

3. 如涉及拒绝随迁员工系“三期”女职工，或者属于《劳动合同法》第四十二条所规定的解雇保护范围，则用人单位不得依据《劳动合同法》第四十条第三项与劳动者解除劳动合同。用人单位宜适当提高补偿标准以尽可能促成协商解除，或者做其他调岗、待岗等合理安排。在用人单位制定方案之初，应就在劳动合同无法履行且双方无法就变更工作地点达成一致的情形下工资如何发放作出规定。

示范文本

劳动合同变更协议

甲方：____________有限公司

乙方：________（员工姓名）（身份证号码：____________）

经甲、乙双方平等自愿、协商一致，就甲乙双方原签署劳动合同的部分条款变更如下：

1. 乙方的工作地点自______年______月______日起调整至______。

2. 甲方承诺乙方的社会保险、住房公积金和个人所得税继续由甲方或甲方关联公司在__________缴纳，除工作地点变更外，劳动合同其他条款保持不变。

3. 乙方同意在社会保险需缴纳至甲方关联公司的情况下，乙方将配合同步与甲方关联公司签署劳动合同或劳动合同转移协议。

4. 本协议系在平等、自愿的基础上签署，本协议的内容均系各方的真实意思表示，不存在任何欺诈、胁迫、乘人之危的情形。

5. 本协议一式两份，甲乙各持一份。本协议自双方签字后盖章之日起生效。

甲方（盖章）：　　　　乙方（签字）：

授权代表（签字）：

日期：　　　　日期：

相关法规

《中华人民共和国劳动合同法》（2012 年 12 月 28 日修正）

第四十条　有下列情形之一的，用人单位提前三十日以书面形式通知劳动者本人或者额外支付劳动者一个月工资后，可以解除劳动合同：

……

（三）劳动合同订立时所依据的客观情况发生重大变化，致使劳动合同无法履行，经用人单位与劳动者协商，未能就变更劳动合同内容达成协议的。

《劳动部办公厅关于〈劳动法〉若干条文的说明》（劳办发〔1994〕289号）

第二十六条第四款　本条中的“客观情况”指：发生不可抗力或出现致使劳动合同全部或部分条款无法履行的其他情况，如企业迁移、被兼并、企业资产转移等，并且排除本法第二十七条所列的客观情况。

第八节
竞聘上岗合规指引

◆ 相关概念

1. 竞聘上岗

是指用人单位就全部或部分岗位采取自我举荐、面试、民主评议、任期管理等多种方式实施竞争上岗的人力资源举措。竞聘上岗被广泛运用于国家机关、事业单位、国有企业的岗位招聘和劳动人事改革工作之中，目的是建立有效的人力资源评选和退出机制。

2. 三项制度改革

是指国务院针对国有企业的三项制度改革，包括：劳动、人事、分配制度。具体内容包括：（1）建立管理人员竞聘上岗、能上能下的人事制度；（2）建立职工择优录用、能进能出的用工制度；（3）建立收入能增能减、有效激励的分配制度。

◆ 典型案例

员工竞聘上岗落聘后如何处理？

苗某于 2007 年 9 月入职某贸易公司。2018 年 11 月 26 日，贸易公司作出《关于开展员工竞聘上岗工作的通知》，载明，“根据组织机构调整和人力资源配置优化工作的安排，为进一步提高人岗匹配程度和劳动生产率，落实和推动年度工作任务的开展，经公司办公会讨论研究，确定了各部门的岗位编制，并决定于近期开展员工岗位选聘工作”，公布选聘原则与选聘岗位，并载明“此次应聘不成功的员工，进入岗位待定状态，根据岗位设置情况，进行再次选聘”。2018 年 11 月 27 日、11 月 28 日，2019 年 4 月 1 日苗某三次竞聘均失败。

后贸易公司向苗某出具的《岗位调整期间有关事项说明书》载明：“根据公司 2018 年 11 月员工双向选聘结果，您从 2018 年 12 月 7 日进入岗位调整期，至公司出现适合岗位再次上岗之日止，最长不超过 6 个月。本人同意公司安排，并已接收到本说明书及《岗位调整期间待遇标准及管理规定》，下方显示苗某签字，下附《岗位调整期间待遇标准及管理规定》载明：一、岗位调整期限。岗位调整期从 2018 年 12 月 7 日起算，最长不超过 6 个月。岗位调整期限届满，安排上岗仍不能胜任的，应协商解除劳动合同……二、岗位调整期间待遇。1. 岗位调整期间第一个月按照上一个月正常工资标准发放生活费；第二个月按照基本工资+供暖补贴+交通补贴的标准发放生活费；第三个月按照上一年度北京市社会平均工资 40%的标准发放生活费（若税后工资达不到北京市最低工资标准的按照北京市最低工资标准发放）；第四个月起按照北京市最低工资标准（税后）发放生活费……5. 岗位调整期间员工不参加季度及年度绩效考核，不享受奖金。三、岗位调整期间管理规定……综合管理部将努力寻找机会安排岗位调整人员再次上岗，用人部门出现新的岗位需求时，综合管理部将优先考虑岗位调整人员；用人部门需为上岗人员提供必要的上岗培训，相关人员应积极参加……”前述规定中并未载明岗位调整期满后贸易公司未安排上岗时应如何处理。苗某则正常工作至 2018 年 12 月 6 日，此后贸易公司未为苗某安排工作岗位，自 2019 年 2

月起贸易公司每月向苗某支付2120元。2019年7月9日，贸易公司向苗某作出《待岗通知书》，载明："……经公司研究决定，通知您自2019年7月10日起回家待岗，请您按照公司规定完成相关交接手续，待岗期间的福利待遇将按照法律法规和公司规定执行……告知说明：待岗期间工龄连续计算，各项待遇按照《岗位调整期间待遇标准及管理规定》执行……"后苗某申请仲裁，要求贸易公司按原工资标准补发工资。

专家分析

关于竞聘上岗，其一，双方未在劳动合同中进行约定；其二，贸易公司主张苗某的岗位级别、工作经验、考核结果、工作表现不如其他员工，所以竞聘失败，但就该主张，贸易公司未提供充足的证据予以佐证；其三，竞聘上岗属于直接涉及劳动者切身利益的重大事项，故应当依据《劳动合同法》第四条规定的民主程序作出，但贸易公司并未提举有效证据对此进行证明。此外，《劳动合同法》第四十条第三项规定，劳动合同订立时所依据的客观情况发生重大变化，致使劳动合同无法履行的，用人单位应当先与劳动者协商变更劳动合同的内容，协商不成的，可以依法解除劳动合同；用人单位也可以根据《劳动合同法》第四十一条的相关规定，按照法定程序进行经济性裁员。换言之，法律并未赋予用人单位在出现客观情况发生重大变化等情形时，享有不与劳动者协商一致即单方变更劳动合同内容的权利。综上，在双方未对劳动合同约定的岗位协商变更的情况下，贸易公司在岗位调整期满后未按照劳动合同约定向苗某提供岗位，属于对劳动合同约定内容的违反，最终法院支持了苗某关于补发工资的诉请。

◆ 合规指引

第一步：研判竞聘上岗实施的必要性和可行性

操作说明

虽然说竞聘上岗有助于提升人力资源管理的灵活性，但是竞聘上岗本身也会对企业内部的劳动用工制度产生明显冲击，特别是竞聘落榜后的员工个人利益会受到严重影响，同时竞聘上岗对企业后续岗位管理提出了更高要求

（针对落聘人员的处理），因此企业必须充分研判实施竞聘上岗的必要性和可行性。

注意事项

1. 用人单位实施竞聘上岗是否具备基础条件应当综合研判现有的劳动合同制度、岗位制度、薪酬福利制度，通常如系国有企业为了执行上级主管单位的要求（如国家推进的“三项制度改革”），则实施竞聘上岗具有合法性和必要性，相反如系外资或民营企业，往往是企业自主选择实施竞聘上岗，则需要充分论证现有人力资源配置机制的缺陷和问题，通常适用于人多事少、人浮于事、管理人员工作懈怠等特殊情形。

2. 从可执行性角度来看，如果企业之前未推进竞聘上岗，宜分步推进，避免一开始就实施全员竞聘上岗，企业可以在一定层级的管理人员（如高级管理人员、部门正副职等）实施试点，积累经验之后再扩大适用群体。

3. 实施竞聘上岗需要进行前期调研，在员工中进行必要的宣传和动员，如大多数员工能够就实施竞聘上岗的必要性达成共识，则有利于后续推进。

相关法规

《国家经济贸易委员会、人事部、劳动和社会保障部关于深化国有企业内部人事、劳动、分配制度改革的意见》（国经贸企改〔2001〕230号）

二、建立管理人员竞聘上岗、能上能下的人事制度

……

（三）实行管理人员竞聘上岗。管理人员是指企业内部担任各级行政领导职务的人员、各职能管理机构的工作人员以及各生产经营单位中专职从事管理工作的人员。除应由出资人管理和应由法定程序产生或更换的企业管理人员外，对所有管理人员都应实行公开竞争、择优聘用，也可以面向社会招聘。企业对管理人员竞聘的岗位和条件，要根据需要在尽可能大的范围内提前公布，对应聘人员严格考试或测试，公开答辩、公正评价、公示测评结果，按企业制定的竞聘办法决定聘用人员。实行领导人员亲属回避制度，企业财务、购销、人事等重要部门的负责人，原则上不得聘用企业领导人员的近亲属。

三、建立职工择优录用、能进能出的用工制度

……

（四）推行职工竞争上岗制度。企业中凡具备竞争条件的岗位都应实行竞争上岗。对在岗职工进行岗位动态考核，依据考核结果实行内部淘汰办法；对不胜任工作的人员及未竞争到岗位的人员，企业应对其进行转岗或培训；对不服从转岗分配或经培训仍不能胜任工作的职工，企业可依法与其解除劳动关系。

第二步：制定竞聘上岗实施方案

操作说明

通常竞聘上岗机制往往会与现有的岗位职级体系产生冲突，用人单位需根据现有的组织架构和人员编制合理确定竞聘上岗实施方案，确保与公司现有的组织管理体系适配。

注意事项

1. 竞聘上岗方案一般由公司管理层作出相应决策，合理确定所执行的部门和岗位清单。通常对新增岗位实施竞聘上岗阻力较小，但是对存量岗位进行竞聘上岗往往阻力较大。

2. 如果企业对存量岗位进行竞聘上岗，通常应当将组织管理和竞聘上岗结合起来，比如撤销所有的岗位和编制设计，重新编制岗位名称和目录，同时免除现有人员所担任的职务，如果不能在组织架构上与竞聘上岗机制匹配，则无法做到有序衔接。

3. 竞聘上岗方案主要内容包括：（1）实施竞聘上岗的原因和必要性说明；（2）竞聘上岗的岗位范围和任期；（3）竞聘上岗的实施程序，主要涉及管理机构、报名条件、面试、民主评议、公示、签署聘任书等程序性安排；（4）竞聘上岗的实体方案，包括应聘后的岗位待遇、任期、考核办法；拒绝或放弃竞聘人员的处理方案（如转岗或待岗培训，相关待遇）；参加竞聘但落聘人员的处理方案。

示范文本

××××年部门负责人竞聘上岗实施方案

一、目的

为进一步优化人力资源配置，有效建立人力资源退出机制，经管理层讨论研究决定，实行部门负责人竞聘上岗，特制订本方案。

二、工作组织机构

（一）竞聘上岗领导小组

组长：

组员：

（二）竞聘考核小组

成员：

三、竞聘岗位、方式与范围

（一）竞聘岗位

……

（二）竞聘任期

本次竞聘任期为______年。

（三）竞聘方式

1. 报名竞聘人员根据竞聘任职要求选择竞聘岗位，自愿报名，通过公开竞争方式择优上岗，每人只能报名竞聘 1 个岗位。现有部门负责人须全部参加此次竞聘，不参加者视为主动放弃任职资格。

2. 此次竞聘岗位必须有两人以上（含两人）竞聘者报名，如同一岗位无两人（含两人）以上报名，则此岗位竞聘工作取消，此岗位的任职人选暂缺，由竞聘领导小组另行研究。

3. 若参与岗位竞聘者均未通过考核，此岗位的任职人选暂缺，由竞聘领导小组另行研究。

4. 资格审查贯穿竞聘全过程，竞聘者须对所提交材料的真实性负责，凡弄虚作假者，一经查实，即取消竞聘资格或聘任资格。

5. 竞聘会现场工作严格按照相关规定执行，全程视频记录并接受职工代表监督。

（四）竞聘范围

面向公司内部和社会市场化选聘。

四、竞聘原则

（一）坚持德才兼备、以德为先、任人唯贤的原则。

（二）坚持群众公认、注重工作实绩的原则。

（三）坚持“公开、公平、公正、择优”的原则。

（四）坚持民主集中制和依法办事，程序合规原则。

五、各岗位的竞聘条件

……

六、竞聘流程

（一）发布公告

公布选拔职位、任职条件及有关要求，全部面向公司全体员工，做到信息公开、过程公开和结果公开。

（二）报名与资格审查

1. 报名安排：

2. 资格审查：

（三）提出参加竞聘人选

在资格审查的基础上，竞聘领导小组提出竞聘人选，所有报名竞聘人员均需参加竞聘会议并进行竞聘陈述，各竞聘岗位报名人数≥2 人即可实行竞聘上岗。

（四）召开竞聘会

经竞聘领导小组确定的参加竞聘人员，在竞聘会议上做限时 10 分钟内的竞聘陈述并进行现场答辩。

（五）综合考评分析

由竞聘考核工作小组核实后确定竞聘人员综合得分。

（六）公示

确定名单后进行公示。

七、聘任及退出办法

1. 聘任办法

竞聘上岗人员应签署岗位协议和目标责任书，作为后续管理依据。如管理人员拒绝签署岗位相关目标责任书、责任状等，或在任期内距离年度考评要求差距过大，或严重违反公司各项规章制度，公司有权不予续聘或解聘原职位。

2. 退出办法

报名竞聘人员未被聘任的，公司进行统筹安排进行转岗调整或者待岗或者双方协商解决（服从转岗调整另行确定薪酬待遇；不服从转岗调整的，安排待岗，待岗第一个月工资按前一个月执行，第二个月起按上海市最低工资标准发放；或者本人提出申请，协商解决）。

八、聘任

本方案经职代会讨论通过，报备上级集团后实施。

相关法规

《中华人民共和国劳动合同法》（2012年12月28日修正）

第三十五条 用人单位与劳动者协商一致，可以变更劳动合同约定的内容。变更劳动合同，应当采用书面形式。

变更后的劳动合同文本由用人单位和劳动者各执一份。

第三步：充分履行民主程序或与员工协商一致

操作说明

用人单位如初次实施竞聘上岗制度，由于涉及员工切身利益，需要严格按照《劳动合同法》第四条规定履行民主程序。然而，实践中即便公司通过民主程序制定规章制度或作出重大事项决议，在与原劳动合同约定冲突的情况下，仍然存在一定的法律风险。但一般而言，用人单位通过职工代表大会审议通过形成职代会决议的方式，显然要比一般意义上的规章制度效力更高。

注意事项

1. 从履行沟通程序的效力等级角度来看，实施竞聘上岗的沟通程序优先顺序如下：（1）与员工协商一致；（2）通过职工代表大会审议通过①；（3）通过民主程序（如听取工会、职工代表或全体职工意见）制定规章制度。

2. 用人单位需要考虑如无法与员工协商一致，竞聘上岗规章制度与劳动

① 参考（2019）沪01民终15561号判决，法院认为，2016年11月，上海华谊工程有限公司因公司经营需要而制定发布的改革办法及相关附件，系经职代会审议通过，区别于用人单位单方制定的一般规章制度，依据《上海市职工代表大会条例》规定，对包括晏某在内的全体职工均具有约束力。

合同有约定冲突时将如何处理。司法实践中部分观点认为，在规章制度与劳动合同冲突的情况下，如劳动者又拒绝变更合同，则可援引《劳动合同法》第十四条第三项规定解除劳动合同①，笔者持赞同观点。如果企业必须按照原合同继续履行，则势必将导致公司内部管理秩序无法统一，如强制员工必须接受待岗或转岗，又有违平等协商原则，此时通过无过错解除支付经济补偿的方式退出能够较好地平衡双方利益。从实操角度来看，用人单位在劳动合同中明确约定该等条款更有利于减少争议。

3. 为了减少竞聘上岗的阻力，用人单位在确定落聘待遇问题上应尽可能满足合理性，避免“一刀切”直接按照最低工资来发放待岗期间待遇。

示范文本

劳动合同示范条款

乙方（劳动者）初始工作岗位为×××，但在甲方执行组织架构调整、竞聘上岗或出台相关规章制度时，乙方的工作岗位或劳动合同需要进行调整或变更处理。如双方无法就变更劳动合同达成协议，则乙方同意甲方按照《劳动合同法》第四十条第三项规定与乙方解除劳动合同并依法支付经济补偿金。

相关法规

《最高人民法院关于审理劳动争议案件适用法律若干问题的解释（一）》（法释〔2020〕26号）

第五十条　用人单位根据劳动合同法第四条规定，通过民主程序制定的规章制度，不违反国家法律、行政法规及政策规定，并已向劳动者公示的，可以作为确定双方权利义务的依据。

用人单位制定的内部规章制度与集体合同或者劳动合同约定的内容不一致，劳动者请求优先适用合同约定的，人民法院应予支持。

第四步：公示并执行竞聘上岗方案

操作说明

在履行必要沟通程序后，用人单位应当公示或告知竞聘上岗实施方案，

① 《规章制度与劳动合同约定冲突的适用规则 | 案例精选》，载微信公众号“上海一中法院”，2020年1月6日。

确保员工知晓相关方案。而后与上岗员工和下岗员工分别确定具体的处理方案。

注意事项

1. 用人单位最终确定的竞聘上岗方案应充分考虑对不同人员的处理方案，尤其是对拒绝竞聘和竞聘后落选人员的处理。对于拒绝竞聘的，一般设定待岗培训的安排，对于落聘的，则需要重新安排工作岗位，如双方协商一致则按新岗位履行劳动合同，如果无法达成一致，则转入待岗培训或协商一致解除劳动合同。

2. 对于成功竞聘上岗的员工，用人单位一般应当安排签署岗位聘任协议，约定岗位期限、考核标准以及终止聘用的条件等，特别需要对终止聘用后的安排进行约定，如进行转岗或待岗并明确相应的待遇标准。

3. 对于落聘的员工，如存在合理岗位安排（如薪资未变，工作内容能够胜任），则员工有义务服从公司安排，如拒绝执行可按违纪处理。如无法落实合理岗位安排，则根据事先确定的竞聘方案确定待岗培训期间的待遇，例如停止发放任何奖金，首月工资正常发放，次月起按80%支付，第三个月按照70%支付。

示范文本1

待岗人员管理方案

一、适用对象

公司××××年通知应参加待岗轮训的人员。

二、政策依据

《劳动合同法》《劳动合同法实施条例》等相关法律法规。

三、方案实施

基于公司经营现状，结合本轮培训情况，确定相关工作要求及方案如下：

1. 公司根据业务灵活安排待岗人员从事相关辅助性工作（待岗实操培训）等，员工应服从公司的合理安排（经劳动能力鉴定丧失劳动能力的除外），若员工认为自身情况与公司目前提供的工作内容不适应，可在本次提供的工作内容中选择调剂，若员工认为自身情况与公司现有工作内容均不适应，且不愿服从安排，视为协商不一致。

2. 对工作安排协商一致的，公司根据员工个人实际出勤天数，按月发放薪资，经认定符合上岗条件的安排上岗。

3. 员工因协商不一致或个人原因不能到岗的，执行待岗期职级调整规则：待岗期前三个月，职级保持不变；待岗满三个月仍未重新上岗的，职级下降一级；待岗期满九个月仍未重新上岗的，职级再下降一级；以后每六个月，职级下降一级，直至一职级。待岗三个月以内的，岗位工资和综合补贴按照退出岗位前的标准、结合考勤结果发放，绩效工资结合员工参与实际工作程度，按照应发绩效的0~50%比例发放；待岗超过三个月的，岗位工资和综合补贴按照职级薪档调整后的标准、结合考勤结果发放，不发放绩效工资。待岗期薪酬水平不得低于所在地区最低工资标准。

4. 公司对执行实际工作安排的员工进行考核，若发生考核不合格且经培训后仍考核不合格，则与其解除劳动合同。

5. 本方案实施期间，员工如自愿与公司协商解除劳动合同，具体按公司现有的人员分流安置方案执行。

×××公司（盖章）

年 月 日

示范文本2

待岗轮训通知书

致______先生/女士：

由于您未参加竞聘，根据公司职代会审议通过的《竞聘上岗实施方案》以及公司的经营现状，公司特通知您自______年____月____日起参加待岗轮训，具体事项如下：

一、请于______年____月____日8：00前到达公司（详细地址：×××）参加待岗轮休，具体安排和注意事项详见公司一并送达的《员工待岗轮训方案》。

二、请务必避免缺席，严格遵守公司相关制度规定，如未办理准假手续又缺席者按旷工处理，公司此前制定的《员工考勤管理办法》将一并送达。

备注：此通知书通过□EMS 快递；□手机短信；□微信　同步送达，以最先收到的为准。

×××公司（盖章）
年　月　日

相关法规

《中华人民共和国劳动合同法》（2012 年 12 月 28 日修正）

第四十条　有下列情形之一的，用人单位提前三十日以书面形式通知劳动者本人或者额外支付劳动者一个月工资后，可以解除劳动合同：

……

（三）劳动合同订立时所依据的客观情况发生重大变化，致使劳动合同无法履行，经用人单位与劳动者协商，未能就变更劳动合同内容达成协议的。

《劳动部办公厅关于〈劳动法〉若干条文的说明》（劳办发〔1994〕289 号）

第二十六条第四款　本条中的“客观情况”指：发生不可抗力或出现致使劳动合同全部或部分条款无法履行的其他情况，如企业迁移、被兼并、企业资产转移等，并且排除本法第二十七条所列的客观情况。

第九节
违纪调查合规指引

◆ 相关概念

违纪调查

是指用人单位通过建立事实梳理和调查，以确定员工不当行为是否已经发生、正在发生或可能发生及其发生程度的系统的、独立的和记录在案的过程。违纪调查是企业合规体系建设的重要组成部分。

◆ 典型案例

药品销售数据造假如何解雇？

张某于某医药公司担任大区经理一职。2020 年 7 月 26 日，医药公司向张某发出解除劳动合同通知书。该通知书载明，张某对所管辖团队的伪造销售数据的严重违纪行为未按公司管理程序进行处理，导致公司基于虚假销售数据发放奖金，该行为严重违反公司的相关规章制度和政策，故解除双方劳动关系。后张某申请仲裁要求医药公司支付违法解除劳动合同赔偿金。诉讼中，医药公司提供了张某下属发送的举报邮件打印件，团队同事李某、程某某以及某医院药库主管、某医院药库药师等人的对话录音。张某对上述证据均不予认可，并主张医药公司未对事件进行全面调查，张某在完全不知情的情况下被解除劳动合同，无论是实体还是程序上都属于违法解除。

专家分析

本案涉及张某所辖团队是否参与药品数据造假事宜，医药公司并未开展规范的合规调查，在诉讼中也未将相关举报电子邮件进行公证或当庭演示，相关录音资料中的当事人亦未申请证人出庭作证，证据形式难以满足法定要求。法院审理后认为，医药公司既未提供有效证据证明其接到相关人员对张某的举报邮件，也未提供有效证据证明其围绕举报事件进行相应调查，更未提交有效证据证明张某存在医药公司所称的违规行为，故法院认定医药公司系违法解除劳动合同，需向张某支付违法解除劳动合同的赔偿金。

◆ 合规指引

第一步：建立公司合规调查体系

操作说明

建立合规调查体系，既是用人单位违纪调查的程序规范性也是践行合规义务的重要体现，建立合规调查相关制度、流程、分配合规调查的职责、权限有助于减少调查中的不确定性风险，提升证据固定能力，减少因程序失范、操作失误导致的风险。用人单位亦可通过明确的制度规定员工接受和配合违纪调查的义务，以及违反义务所导致的责任，如可能导致纪律处分乃至解除劳动合同。

注意事项

1. 用人单位宜明确关于合规调查的组织机构设置，任命相应的调查人员、分配权利和责任，为企业合规调查体系提供组织保障。

2. 就合规调查事项，用人单位应当制定相关的制度矩阵，具体包括：（1）举报制度，即员工、供应商或其他第三方可以通过合理途径了解举报流程、方式和途径，如通过员工手册、公司官网、供应商合同等方式广而告之，扩大违纪行为的发现途径。举报制度一般包括以下内容：介绍举报发起、接收和调查流程；禁止恶意举报并明确后果；强调举报的机密性、个人隐私保护和数据安全等。（2）调查制度，明确合规调查的主体、人员、范围，特别是明确规定员工配合调查的基本义务以及公司可采取的措施（如公司可要求员工在被调查期间暂停工作并带薪休假、办理工作移交等），同时对拒绝配合调查、调查中虚假陈述等设置违纪责任。（3）报告和记录制度，即通过制度建立调查报告机制，包括向谁报告、如何报告、报告内容、谁能获取报告等内容，报告的方式可根据实际情况选用书面调查报告、口头调查报告、证明、非正式报告等形式。（4）保密和反报复制度，即基于合规调查的重要性，建立保密和禁止报复机制，在调查结果确定之前应对调查的进展情况保密，合理确定调查内容的告知范围。

3. 如涉及外部供应商或合作方，则通过商务合同条款明确规定配合调查和提供证据的义务，如供应商有义务保存财务记录及资料；公司享有查阅上述文件、进行反腐败审计等权利；供应商具有配合反腐败审计与调查、接受公司及其委托的第三方专业机构访谈等义务；以及违反上述义务的罚则或违约责任。

4. 用人单位应当建立与调查相关的其他配套政策，如 IT 政策（对于侵犯个人信息权益的主张形成有效的抗辩）、商业行为准则、奖惩条例、个人信息保护政策等，以兼顾个人信息与隐私保护、违纪处分的类型界定等。

示范文本1

合规调查相关制度条款

所有员工（包括但不限于举报人、被举报人、证人、涉案员工的直属上级等）具有配合合规调查以及就调查事项进行保密的义务，拒绝配合调查，或者在调查过程中存在欺骗或隐瞒行为，或者违反调查保密义务的，将按照严重违纪行为处分。以下行为将被视为拒绝配合调查的行为并导致纪律处分：拒不参加或无故缺席公司安排的调查会议或调查面谈；在调查面谈过程中拒绝签署书面文件（如保密承诺书、配合调查承诺书、访谈记录）；在调查或面谈过程中拒绝就有关事项进行回答或解释的；就调查过程中的个人陈述或公司有待查明事项，未按要求提供相关证据材料的；未按公司要求前往指定地点实地查验的；在公司明确承担保密义务的前提下，拒绝提供有关个人信息（如银行流水、通话记录、聊天记录等）的；未经批准对调查内容擅自进行录音或录像的；拒绝返还公司电脑、移动存储设备或其他公司财产的；将公司电脑数据、手机终端数据进行删除或格式化的。

公司调查应当遵循保密原则，参与调查人员对所接触的个人信息承担严格的保密义务，任何员工包括调查人员违反保密义务将导致纪律处分。在涉及敏感个人信息的场景，调查人员可以要求被调查人提供有关保密信息的载体（如手机等）以供核验，但不保留复制件，最大限度降低个人信息外泄的风险。

对合规调查中的任何泄密行为，任何员工均可通过公司既定的举报程序进行举报。

示范文本2

IT政策条款

公司配发的工作电脑、手机或者移动存储设备及存储的信息均归公司所有；公司基于管理、安全等需求会持续远程监测上述电子设备并抓取数据；禁止员工在上述电子设备中存储与工作无关的信息，包括但不限于个人信息。

示范文本3

个人信息保护条款

员工同意就其使用的电子设备，公司可以安装监控软件、制作镜像以及将上述设备储存的信息用于内部调查及政府调查；员工同意将该等信息传输给第三方并用于数据处理；员工知悉并确认公司就实现目的而检查、删除、传送的内容可能包括调查范围外的其他个人信息。

涉及个人信息的合规调查，合规人员应向员工解释，收集的微信记录、电子邮件等仅为调查目的使用；公司原则上仅会审阅关键词命中的文件而非查看所有通信记录；公司会合理使用相关信息，无关的信息会在调查结束后被删除。

如若员工仍不同意公司检视其个人信息，公司可以在不复制副本的前提下当着员工的面用关键词搜索微信、电子邮件中的相关记录；或者让员工自行导出与工作相关的微信、电子邮件等记录。

特殊情况下，公司可以聘请第三方专业机构对电子设备中的员工个人信息制作镜像并通过关键词检索证据。我们建议公司聘请第三方专业机构提取并检视员工的个人信息，并要求第三方专业机构签署保密协议。

相关法规

《中央企业合规管理办法》（2022 年 8 月 23 日发布）

第二十四条 中央企业应当设立违规举报平台，公布举报电话、邮箱或者信箱，相关部门按照职责权限受理违规举报，并就举报问题进行调查和处理，对造成资产损失或者严重不良后果的，移交责任追究部门；对涉嫌违纪违法的，按照规定移交纪检监察等相关部门或者机构。

中央企业应当对举报人的身份和举报事项严格保密，对举报属实的举报人可以给予适当奖励。任何单位和个人不得以任何形式对举报人进行打击报复。

第二十五条 中央企业应当完善违规行为追责问责机制，明确责任范围，细化问责标准，针对问题和线索及时开展调查，按照有关规定严肃追究违规人员责任。

中央企业应当建立所属单位经营管理和员工履职违规行为记录制度，将违规行为性质、发生次数、危害程度等作为考核评价、职级评定等工作的重要依据。

《中华人民共和国民法典》（2020 年 5 月 28 日发布）

第一千零一十条第二款 机关、企业、学校等单位应当采取合理的预防、受理投诉、调查处置等措施，防止和制止利用职权、从属关系等实施性骚扰。

《中华人民共和国妇女权益保障法》（2022 年 10 月 30 日修订）

第二十五条　用人单位应当采取下列措施预防和制止对妇女的性骚扰：

（一）制定禁止性骚扰的规章制度；

（二）明确负责机构或者人员；

（三）开展预防和制止性骚扰的教育培训活动；

（四）采取必要的安全保卫措施；

（五）设置投诉电话、信箱等，畅通投诉渠道；

（六）建立和完善调查处置程序，及时处置纠纷并保护当事人隐私和个人信息；

……

《中华人民共和国个人信息保护法》（2021 年 8 月 20 日发布）

第十三条　符合下列情形之一的，个人信息处理者方可处理个人信息：

（一）取得个人的同意；

（二）为订立、履行个人作为一方当事人的合同所必需，或者按照依法制定的劳动规章制度和依法签订的集体合同实施人力资源管理所必需；

……

第二步：确定违纪线索，制定调查方案

操作说明

劳动者的违纪行为通常通过一定的方式获得初步线索，这些线索具体包括：（1）内部同事举报；（2）外部人员如供应商举报；（3）公司例行财务审计或专项审计；（4）员工上级主管发现；（5）其他案件牵连（如与其他刑事案件、行政处罚案件关联）。用人单位应当根据违纪案件线索来源的不同，确定合理的调查范围、调查对象和调查路径。

注意事项

1. 考虑到员工不当行为类型的多元化，企业应当合理区分哪些案件应当由合规部门主导调查，哪些则在人力资源、合规或业务部门层面进行调

查，做好明确的分工。根据大多数公司的实践，合规部门一般主导下列案件的调查，包括：（1）商业贿赂；（2）利益输送或利益冲突；（3）职务侵占；（4）虚假报销；（5）利用职权或职务之便损害公司利益或虚假的业绩报告等；（6）泄露公司商业秘密；（7）性骚扰案件；（8）反人权或就业歧视案件。人力资源和业务部门则主导下列案件的调查，包括：（1）迟到早退；（2）旷工、旷职、擅离职守；（3）打架斗殴；（4）违反日常业务规范或程序；（5）虚假病假等。

2. 用人单位一般应当对违纪线索进行信息来源核实，确定举报人身份，有无可能接触或面谈；对于举报线索本身也应进行证据固定。举报人电话举报的，应进行录音或要求举报人通过邮件再次详述；主管人员口头汇报的，应尽可能转化为书面报告。违纪线索的证据固定有助于评判是否启动调查，同时也为下一步调查做好铺垫。

3. 用人单位获悉违纪线索之后，应确定是否满足调查条件，如启动调查，则应确定调查的主体（如是否委托第三方进行调查）、制定具体且周密的方案，通常调查方案包括：（1）确定调查方向；（2）明确人员配备和分工；（3）落实时间日程安排；（4）制定应急预案。如涉及商业秘密泄露，应考虑采取申请诉前禁令等措施，防止损失的进一步扩大。

示范文本

调查计划的五个阶段

阶段	重要性	要点
预测	起点	已知情况下任何可能形成的证据都应被视为手头有证据
证明或反驳的要素	路线图	需要哪些证据，如何获取证据，每种调查方法必要的资源的潜在问题和困难
调查步骤	规则	文件收集、分析、采访、通讯汇报路线、草稿、报告保留或销毁等所有程序团队分工
成功概率	评估	注明案件的优缺点并分析原因
预计完成日期	重点	评估预测

第三步：实施外围调查并固定证据

操作说明

违纪调查的核心是根据已有的证据线索执行外围调查，对事件的背景、各方的关系、事件的起因经过结果等进行调查核实并固定证据。调查的基本原则是：先秘密，后公开；先外围，后中心；先实物，后言辞。

注意事项

1. 外围调查应当严格保密，避免信息外泄导致涉案员工阻挠调查的进行。由于调查不可避免地涉及与涉案人员关系密切的同事、供应商或近亲属等，故原则上考虑泄密的可能性，调查应分析关系的亲疏远近，优先从与利益无关的相关方入手。

2. 调查的对象无外乎人和相关证据（书证、物证、电子数据等），如涉及对证据的分析调查，应合理确定取得的途径，要避免侵权，同时也要注意调查信息外泄的可能性；如涉及对人的访谈，应当与调查对象签署保密协议，并提前准备访谈提纲。访谈人员通常应安排二人以上（注意访谈人和记录人分离），访谈人员应当熟悉调查情况并具备必要的专业知识。可以采取公司各部门人员结合、内外部人员结合的方式。同时，也要考虑到女性作为被访谈对象的特殊性。与调查目标访谈尽量安排在文件审阅、第三方调查之后，充分的材料准备是访谈取得良好效果的前提，将访谈作为最后一个调查环节。同时也可以就访谈内容制作访谈笔录，在制作笔录时应注意记录访谈的基本信息，例如开始及结束时间、地点、访谈人员、被访谈对象及其所属部门、职务等，要求被访谈的对象确认访谈内容并在每一页的页脚处签名。

3. 调查过程中，如需获取证据和查阅资料，应获取原件并加以妥善保管；对于视听材料或电子数据，则应妥善留存原始载体，必要时做好公证保全。在收集过程中，还应关注证据之间的相互印证关系，就待证明事实形成完整的证据链。

示范文本

访谈记录

访谈时间：______年____月____日____时____分至____时____分

地点：________________________________

访谈人：______（职务：__________；工作单位：__________）

被访谈人：______（职务：__________；工作单位：__________）

见证人：______（职务：__________；工作单位：__________）

记录人：______（职务：__________；工作单位：__________）

问：您好，我是公司的合规调查人员______，代表公司有一些问题需要告知和询问您。同时在场的还有我的同事______。根据公司规定，员工有义务配合公司任何关于商业道德方面的调查，不得隐瞒实情，不得提供虚假或不完全属实的信息。违反本条规定将导致纪律处分，包括但不限于解除劳动合同。您清楚吗？

答：清楚。

问：我们的访谈过程将被记录，访谈完毕您可以阅读访谈记录。如果您对记录的准确性没有疑问，您有义务签署确认，您同意吗？

答：同意。

问：今天的访谈内容全部信息您均有义务保密，不得向任何第三人泄露，您清楚并且能做到吗？

答：清楚，能。

问：您是什么时候入职的？担任什么职位，具体负责哪些工作内容？平时向谁汇报工作？

答：……

问：您能讲讲公司正常的采购流程是什么吗？您主要负责哪些部分的工作内容？

答：……

相关法规

《最高人民法院关于审理劳动争议案件适用法律若干问题的解释（一）》（法释〔2020〕26号）

第五十条　用人单位根据劳动合同法第四条规定，通过民主程序制定的规章制度，不违反国家法律、行政法规及政策规定，并已向劳动者公示的，可以作为确定双方权利义务的依据。

用人单位制定的内部规章制度与集体合同或者劳动合同约定的内容不一致，劳动者请求优先适用合同约定的，人民法院应予支持。

第四步：与员工本人进行面谈

操作说明

如果违纪调查绕过与当事人沟通这一环节，不仅调查本身是不完整的，而且在法律上也剥夺了劳动者对违纪事项的知情权和申辩权，可直接导致公司实施违纪处分的风险。有些地方法院直接据此认定公司违法解除劳动合同。①

注意事项

1. 与当事人访谈往往是调查的最后一关，需要做好相应的准备，包括：（1）提前准备所有已获悉的证据材料备用（包括原件）；（2）准备好访谈提纲；（3）选择合适的沟通时机。

2. 对于一些特殊的案件，员工继续在工作场所提供劳动不利于开展调查，用人单位可以事先安排停职接受调查，停职期间按带薪休假处理并协助办理工作移交。员工移交的电脑、通讯设备本身也是调查的重要对象。

3. 通常，与当事人的访谈不宜提前透露访谈的主题，且应当以当面沟通为原则，只有个别情况下，如员工持续病假方可考虑电话访谈。

4. 访谈是否录音录像应根据案情重大程度而异，对于群体性集体舞弊案件或者当主要通过调查对象的言辞获取证据时，则一般建议进行录音录像。而录音录像是否要提前告知对方或获得当事人同意，司法实践中存在一定争议，按照《民事诉讼法》相关规定，视听资料未以当事人同意作为有效要件，但视听资料应当内容完整，保存好母本，且能够和其他证据相互印证(如面谈记录)。

5. 访谈的主要内容应当涵盖所需要调查的相关事实，包括但不限于员工

---

① 《苏州市中级人民法院、苏州市劳动争议仲裁委员会劳动争议研讨会纪要（一）》（2010年4月29日发布）指出，用人单位以劳动者严重违反规章制度等解除劳动合同，应给予劳动者申辩机会以符合基本的正当程序要求；用人单位不能证明已给予劳动者申辩机会，劳动者主张用人单位违法解除劳动合同的，应予支持。用人单位是否已给予劳动者申辩机会，应根据劳动者过错行为是否处于持续状态，综合判断。

是否知悉公司的相关制度、流程、惯例等。事实部分的基本要素有：何时、何地、何人、何物、何原因、何行为、何结果，简称“七要素”。（1）“时”是指事件发生时间，一般要具体到日期，如果是特定日期的事件，还应精确到钟点，日期统一使用公历，钟点有 12 小时制与 24 小时制之别；（2）“地”是指事件发生的具体地点与空间，一般需要明确门牌号和楼层、办公室位置，而不是笼统说“公司办公室”；（3）“人”是指与事件有关系的人员，需要询问具体姓名、职务、身份、与当事人的关系；（4）“物”是指涉及案件的作案工具和被侵害财物，一般需要询问物的来源、位置、保管人等信息；（5）“原因”是指引发案件的起因；（6）“行为”是指当事人实施行为的具体步骤、动作等；（7）“结果”是指因具体行为造成的危害程度或其他人在案件中的具体行为形成的某种后果。问题的顺序一般以开放式问题为先，而后追加询问细节，比如在虚假报销案件中，可以询问当事人整个出差的经过，从提议出差、审批、行程到报销，而后询问一些细节，比如用餐时间，通过什么平台预定，乘坐何种交通工具，用何种软件订车，能否提供消费或交易信息；共同用餐人如何联络，如使用微信沟通可进一步能否提供联络信息等。访谈的问题应当尽可能详细并穷尽，避免遗漏提问的细节。

6. 访谈结束前可以询问员工对事件的整体看法，有无需要补充的信息，或者有无需要向公司举报或投诉的其他内容（可能成为其他案件的线索）等。访谈结束应当由各方共同签名。

示范文本

离岗停职调查通知书

致______先生/女士（身份证号码/护照号：__________）：

鉴于您涉嫌违纪，公司决定对您进行离岗调查。为妥善处理您的停职事宜，公司现正式通知您：

1. 自______年____月____日起安排您离岗停职并在家休假（如存在剩余年休假，冲抵相应天数的法定年休假）直至公司发出进一步的书面通知；请立即配合办理工作交接，包括返还电脑、各类电子数据等，如拒绝交接或交接不完整将按规章制度处理。

2. 在您停职休假期间公司将正常支付您薪资，并按照员工手册规定确定停工期间待遇。您除需配合公司就有关问题的调查外，还将暂停履行任何工作职责，包括但不限于不得代表公司对内管理和沟通、对外业务联络等，如有违反将按规章制度进行处理。

3. 鉴于公司已启动调查，在您未收到公司进一步的书面通知前，未经公司许可，您暂不得进入公司工作区域。

感谢您的配合！

×××公司（盖章）

年 月 日

签收回执

本人已收到《离岗停职调查通知书》原件一份，对上述安排无异议。

签收人：

日期：

第五步：形成调查报告

操作说明

调查部门对员工违纪事件开展调查，应在合理的时间内形成调查报告，调查时限一般控制在5个月以内[①]，调查报告作为公司开展合规管理的重要档案文件应予以留存，同时对涉案员工提出处理建议，以供管理层决策。

注意事项

1. 调查报告应在合理的时间内完成，过长的调查周期将直接导致在发生争议时，劳动者主张用人单位已明知违纪事实而长期不处理，故而引发用人单位的违法解除风险[②]。

---

① 参考《浙江省高级人民法院民事审判第一庭、浙江省劳动人事争议仲裁院关于审理劳动争议案件若干问题的解答（二）》（浙高法民一〔2014〕7号）第八条："劳动者违反用人单位规章制度，符合用人单位与其解除劳动合同的条件，用人单位一般应在知道或者应当知道之日起5个月内行使劳动合同解除权。"

② 如在（2020）浙01民终3305号案件中，用人单位于2017年10月20日启动违纪调查，于2018年12月25日解除员工劳动合同。法院认为公司行使解除权已经超过了合理期限，属违法解除。公司关于调查一直未结束的意见未获得法院采纳。

2. 调查报告不仅应描述调查的背景、调查的主要发现还应包括调查的过程记载，并附上相关的证据材料。调查报告还应提出具体建议以及相关具体行动的风险评估。

3. 调查报告应当严格控制保密范围，标识保密标记，减少报告外泄的风险。

4. 涉及特殊行业、企业的，如金融行业、上市企业，还应根据监管要求确定是否需要进行对外披露或报告。

示范文本

调查报告的结构

起草人：　　　　　呈送对象：

概要：（介绍调查的背景、目标和任务）

已发现结论：

调查过程：（调查人员、过程、时间、调查方法）

合规建议：（如作出警告/解雇处理，是否向监管部门报告、向公安机关提起控告等）

风险评估：（违法解除的风险评估、对公司声誉影响等）

相关附件：（相关证据或证据保管的位置）

第六步：作出处理决定

操作说明

根据调查部门出具的调查报告，管理层对涉案员工作出最终的处理决定，处理决定一般包括警告、记过、解除劳动合同。个别情形下也可能存在让员工引咎辞职。但各类处分决定应当按照公司既定的制度和程序执行，并履行相应的审批手续。

注意事项

1. 对员工的处理决定，如涉及解雇的，还应依法通知工会，征求工会意见。

2. 对员工的处理决定，应再次和员工进行沟通，要求员工确认违纪处分，如员工拒绝签收的，则通过邮寄、邮件等方式同步送达并保留送达凭证。

3. 对于涉及损失赔偿的案件，还需要同时对员工的赔偿责任进行界定，如涉及需提起仲裁或诉讼，应及时发起相关的法律程序。

4. 考虑到个人信息侵权的风险，将处理决定通过公司内网、公告栏、社交媒体等进行公示时一般要谨慎操作，如有必要应隐藏敏感个人信息（如身份证号码）。

示范文本

纪律处罚通知书

员工姓名：　　　　　　　　　　　　　　职位：

部　　门：　　　　　　　　　　　　　　日期：

先生/女士：

经查，您存在下列违纪行为：

……

上述行为违反了公司《员工手册》第×章第×条规定。

经过____________部门和人力资源部门批准，决定给予您：

□书面警告

希望您能认识到自己的错误，认真检讨，努力改正，争取在自己的工作岗位上取得优异的成绩。

×××公司（盖章）

员工知悉、认可上述事实并接受上述处罚。

员工签名：　　　　　　　　　　　　　　日期：

(此通知书一式两份，一份由被处罚人留存，一份由人力资源部存档)

相关法规

《中华人民共和国劳动合同法》（2012年12月28日修正）

第四十三条　用人单位单方解除劳动合同，应当事先将理由通知工会。用人单位违反法律、行政法规规定或者劳动合同约定的，工会有权要求用人单位纠正。用人单位应当研究工会的意见，并将处理结果书面通知工会。

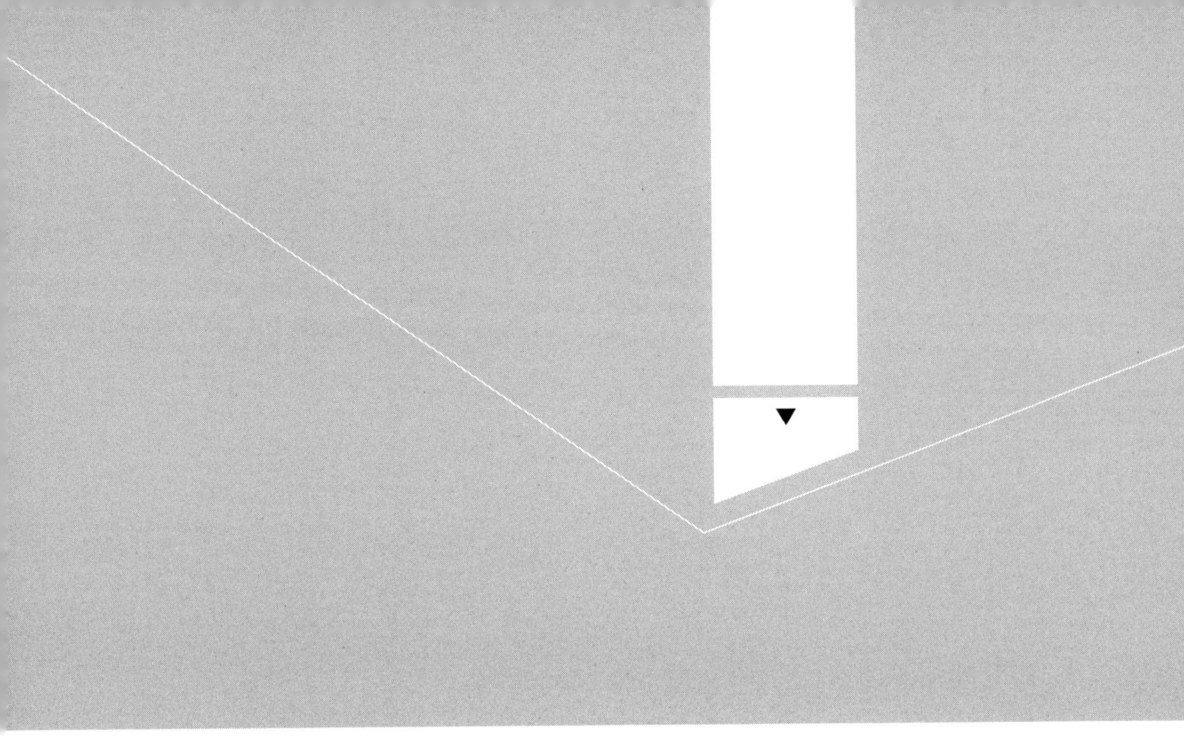

第三章
离 职 篇

第一节
辞职合规指引

◆ 相关概念

辞职

是指劳动者因个人原因向用人单位提出解除劳动合同的情形。劳动者提出辞职无需征得用人单位同意，但应履行提前通知义务，其中试用期员工提前 3 日通知；转正以后的员工提前 30 日书面通知。该 3 日（或 30 日）又被称为“辞职预告期”。对于辞职预告期的性质以及在该预告期内用人单位可否提前结束劳动关系，司法实践中存在一定争议①。笔者倾向于认为辞职预

① （2022）津 02 民终 6789 号案件中，法院认为，根据《劳动合同法》第三十七条的规定，劳动者提前 30 日以书面形式通知用人单位，可以解除劳动合同。该条规定一方面保障了劳动者单方辞职的权利，即劳动者只要作出辞职的意思表示，无需得到用人单位的批准或者同意，通知期满后劳动关系即告解除；另一方面为劳动者的单方解除权设置了 30 日的预告期，约束劳动者的辞职权，给予用人单位一定的时间寻找替代的人力资源，避免用人单位因为劳动者突然离职导致其工作无法交接而影响其正常用工秩序。但是，法律并不禁止用人单位放弃或改短时间的权利，同意劳动者即时离职。如果用人单位未等 30 日期满即作出同意劳动者离职的意思表示，那么双方的劳动关系于用人单位作出同意的意思表示时即告解除。（2017）粤 01 民终 18980 号案件中，法院认为，履行提前 30 日以书面形式通知用人单位的义务，以便用人单位有充分的时间弥补由于劳动者辞职而造成的岗位空缺。该条及现有的法律法规并未规定用人单位必须等到劳动者通知辞职 30 日以后才能同意劳动者离职。（2020）苏 01 民终 926 号案件中，法院亦认为，法律规定劳动者行使辞职权需履行提前 30 日预告期主要是为了保障用人单位利益而设置，其立法目的就是追求和实现劳动关系双方的利益平衡。因此，可以认为“预告”主要表现为用人单位的一种权利诉求，相反对劳动者而言则体现为其应承担的一种义务。提前 30 日对用人单位而言是权利，自然用人单位可以采用“批准”等方式作出放弃权利的意思表示，即允许劳动者不提前通知而辞职，或在 30 日内终结劳动关系。（2019）云 0114 民初 6563 号案件，法院则认为，30 日预告期属于法律的强制性规定，不允许劳动合同当事人通过约定方式予以变更。劳动者提出辞职即行使解除权，但意思表示到达单位时，解除尚未生效，而应在 30 日预告期届满时解除才生效。若劳动者 30 日预告期未满即离职，属于劳动者违法解除劳动合同，则解除时间为劳动者实际离职之时。用人单位不予认可的，可要求劳动者赔偿因违法不预告解除劳动合同造成的损失。

告期并非辞职权行使的条件，而只是程序，故劳动者提出辞职后，用人单位可以选择提前终止劳动关系，该提前终止应理解为放弃辞职预告期利益而非作出新的解除行为。

◆ 典型案例

公司对员工的辞职申请审批晚了是否构成违法解除劳动合同？

尚某于2017年入职某计算机公司担任软件工程师一职，双方签订了期限为2017年4月24日至2020年4月23日的劳动合同。2018年10月25日，尚某向公司递交一份《辞职申请书》，其中载明的辞职事由为“个人原因”，预定离职日期为“预计12月31日离职正常交接”，人事部意见处负责人签名，落款日期为“2018.10.30”，总经理意见处为“同意”，落款日期为“2018.12”。尚某称辞职申请书上只有姓名、部门、入职日期为其本人所写，其他均非其本人所写。

2019年1月2日，公司向尚某发出一份《离职到期通知》，通知载明：“您于2018年10月25日提交的离职已获公司批准，现批准您离职，因您的工作性质及岗位的特殊性，工作交接的特殊性，限于2018年12月29日工作交接完毕，请您在接到本通知后即日来人力行政部办理离职手续，您本人在此期间发生的任何情况均与公司无关。”尚某于2019年1月3日在该份通知上备注：“自己没有辞职，不接受以上说法，是公司违法解雇。”后尚某申请仲裁，主张公司系违法解除劳动合同。计算机公司则以尚某曾提交辞职报告抗辩。

庭审中，尚某称，其递交辞职申请书后，公司对其进行了挽留，本人因此继续留下工作，该份辞职申请已失效，尚某为此提交了录音及文字记录证明，主张系其本人与公司人力资源经理武某、行政经理张某之间的对话，对话内容包括“其实我们经常好好沟通，还是想要你好好地在这干，谁知道会这样呢?”“要不你再让一步，一个月?”“那是10月份，你现在突然让我现在走，不是很搞笑吗？我那个时候有个项目总监的职位的”……

专家分析

根据我国《劳动合同法》第三十七条关于“劳动者提前三十日以书面形

式通知用人单位，可以解除劳动合同”的规定，因此，劳动者提出辞职应当提前30日以书面形式通知用人单位，无需征得用人单位同意。劳动者提出辞职后，用人单位没有在一个月后与其办理离职手续，亦未明确答复劳动者，辞职申请作废，劳动者继续为用人单位提供劳动，用人单位继续支付其劳动报酬的，应当视为双方继续履行原劳动合同。本案中，尚某向公司提出辞职申请后，公司至少要在30日内作出明确答复，鉴于双方在30日后仍继续维持劳动关系，最终法院认为本案的情形应当视为辞职申请作废，双方就继续履行原劳动合同已协商一致，公司于2019年1月2日无正当理由解除合同，构成违法解除。

◆ 合规指引

第一步：合理约定辞职预告期

操作说明

劳动者辞职，依照法律规定应履行相应的提前通知义务。其中转正后的员工应履行提前30日的通知义务。但实践中用人单位如与劳动者就延长提前通知期（如约定6个月的提前通知期）事先达成一致的，需要结合地方性法规判断是否合理和有效。

注意事项

1. 用人单位与劳动者在劳动合同中约定辞职预告期，一般以法定期限为主，即试用期提前3日，转正后提前30日。

2. 用人单位如需操作长于30日的辞职预告期，则一般应当通过合同或协议的方式约定，而非通过规章制度规定的方式。即便约定，也需尽可能满足合理性和必要性，如用人单位基于脱密期管理的需要，设置不超过6个月的辞职预告期。一些省市（如北京①、江苏②、安徽、上海等）支持用人单

① 《北京市劳动合同规定》（2021年12月30日修订）第十八条规定，用人单位在与按照岗位要求需要保守用人单位商业秘密的劳动者订立劳动合同时，可以协商约定解除劳动合同的提前通知期。提前通知期最长不得超过6个月，在此期间，用人单位可以采取相应的脱密措施。

② 如《江苏省劳动合同条例》（2013年1月15日修订）第二十七条第二款规定，对负有保密义务的劳动者，用人单位可以与其在劳动合同或者保密协议中，就劳动者要求解除劳动合同的提前通知期以及提前通知期内的岗位调整、劳动报酬作出约定。提前通知期不得超过6个月。

位基于合理理由约定不超过6个月的提前通知期。个别地区如深圳则禁止约定长于30日的辞职预告期。①

3. 用人单位不得就劳动者未履行提前通知义务设置违约责任，但可以在员工违约时要求其承担损失赔偿责任。

4. 用人单位可以通过劳动合同、规章制度等方式对缩短员工辞职预告期进行约定以增强辞职手续办理的灵活性。

示范文本

劳动合同的辞职条款

乙方基于乙方掌握公司的商业秘密，甲方需对负有保密义务的人员实施脱密期管理，故乙方提出辞职的，应提前3个月向甲方提出，此后甲方可在脱密期范围内安排岗位调整、带薪休假等措施。

乙方提出辞职后，甲方可根据经营需要缩短乙方的辞职预告期，在双方约定的辞职预告期范围内甲方可要求乙方提前办理离职手续，具体日期以甲方书面通知为准。但若甲方需要乙方工作至预告期满后的时间，则需乙方同意。

相关法规

《中华人民共和国劳动合同法》（2012年12月28日修正）

第三十七条 劳动者提前三十日以书面形式通知用人单位，可以解除劳动合同。劳动者在试用期内提前三日通知用人单位，可以解除劳动合同。

第二步：确定员工的辞职意向

操作说明

员工辞职，往往由劳动者发起，相关语义表述往往由劳动者掌握，故而确定员工是否作出辞职的真实意思表示至关重要。如果劳动者表达语焉不详，则用人单位应通过进一步的沟通确定员工的真实意思表示。

---

① 《深圳市中级人民法院关于审理劳动争议案件的裁判指引》（2015年9月2日发布）第七十四条规定，劳动者提前三十日以书面形式通知用人单位，可以解除劳动合同，用人单位不得以特别约定排除或限制劳动者的解除权。但由于劳动者未提前三十日通知解除劳动合同而给用人单位造成损失的，劳动者应当承担赔偿责任。

注意事项

1. 员工辞职申请应当承载具体内容，有些员工发送的邮件并未注明“辞职”二字，诸如“感谢公司的帮助”“不想干了”“公司重新招人吧”“我会站好最后一班岗”“我有离开的想法”，这些表述较容易引发歧义，此时作为管理者应当与员工进一步沟通，通过其是否辞职、是否愿意配合办理工作移交等进一步明确员工的真实想法。如员工同意辞职的，应要求其撰写正式的辞职申请并提交公司。

2. 虽然实践中劳动者手写辞职申请的较为常见；如果劳动者直接提交打印版的辞职信，应安排员工签字确认；如果劳动者通过微信、短信等方式辞职的，应通过离职移交表、邮件等方式再次确认。

3. 员工通过书面形式提出辞职后如又反悔的，用人单位可以不同意员工撤销辞职的表示。

示范文本

规章制度示范条款

员工通过书面、邮件、微信、公司网络系统等电子数据方式提出辞职，具有同等法律效力。员工辞职表示已经作出即具有法律效力，未经公司同意不得撤销。

相关法规

《中华人民共和国民法典》（2020 年 5 月 28 日发布）

第四百六十九条 当事人订立合同，可以采用书面形式、口头形式或者其他形式。

书面形式是合同书、信件、电报、电传、传真等可以有形地表现所载内容的形式。

以电子数据交换、电子邮件等方式能够有形地表现所载内容，并可以随时调取查用的数据电文，视为书面形式。

第三步：对员工的辞职申请进行书面回复

操作说明

员工正式提出辞职后，用人单位负有管理义务，应对员工的辞职邮件进行及时回复并尽快确定最后工作日，落实后续工作移交事宜。

注意事项

1. 员工向管理者或人力资源部门工作人员提出辞职后，很多管理者往往通过电话或口头方式与员工就离职日期等达成一致，但缺乏后续管理痕迹，即便有过口头沟通，管理者仍然需要通过书面方式回复员工的辞职申请，如“公司同意您提出的辞职申请，按照之前的沟通，确定您最后工作日为××××年×月×日，请按照公司要求配合后续工作交接”。

2. 通常员工辞职后，用人单位对确定离职日期拥有一定的自主权，但仍然建议与员工尽可能达成一致并通过辞职申请表等文件进行书面确认。特别是当离职日期可能晚于双方事先约定的辞职预告期时，则更应当进行邮件或书面确认。

3. 用人单位一般至少在 30 日内回复员工的辞职申请。

示范文本

辞职信

本人______，身份证号码：________________，担任______职位，因________________（原因），正式向公司提出辞职。本人同人力资源部门及直线经理确定的最后工作日为______年______月______日，将在离职前根据业务需要及公司制度进行工作交接，联系人力资源部门办理财务清算手续并返还所有公司财物。

员工签名：

日期：

相关法规

《中华人民共和国民法典》（2020 年 5 月 28 日发布）

第五百零九条　当事人应当按照约定全面履行自己的义务。

当事人应当遵循诚信原则，根据合同的性质、目的和交易习惯履行通知、协助、保密等义务。

当事人在履行合同过程中，应当避免浪费资源、污染环境和破坏生态。

第四步：办理离职手续

详见第三章第十三节“离职手续办理合规指引”。

第二节
试用期解除合规指引

◆ 相关概念

1. 试用期

是指劳动关系当事人双方依照法律规定，在劳动合同期限内特别约定的一个供当事人双方相互考察、了解的期间。试用期根据劳动合同类型不同存在不同的限制，用人单位与同一劳动者只能约定一次试用期[①]。此外，在试用期内出现员工病假、工伤等特殊情形的，个别地区允许中止试用期计算，待相应情形消失时恢复计算。[②]

2. 录用条件

是指用人单位针对不同岗位所聘用的劳动者自行制订的用于考核劳动者是否合格的标准。与招聘条件用于确定招录标准不同，录用条件实为“转正条件”，如劳动者不符合录用条件，用人单位可以在试用期内向劳动者说明理由后单方解除劳动合同。用人单位一般应当与劳动者书面约定录用条件。录用条件应当符合劳动合同目的，与工作岗位、工作能力相联系，不存在设定明显不能完成的、超过一般劳动者平均水平的条件，不存在歧视性条件，

---

① 在司法实践中，对离职后重新入职且工作岗位发生变化的劳动者能否重新设置试用期仍然存在争论。

② 如《江苏省劳动合同条例》（2013 年 1 月 15 日修订）、《浙江省高级人民法院民事审判第一庭、浙江省劳动人事争议仲裁院关于审理劳动争议案件若干问题的解答（四）》（浙高法民一〔2016〕3 号）、《天津法院劳动争议案件审理指南》（津高法〔2017〕246 号）。

不违反法律法规的规定。

◆ 典型案例

约定 6 个月试用期，在第四个月解雇是否合法?

孙某与某技术公司签订期限为 2021 年 2 月 23 日至 2024 年 2 月 22 日的劳动合同，其中 2021 年 2 月 23 日至 8 月 22 日为试用期。孙某的工作岗位约定为互联网数据中心（IDC）事业部大客户经理。入职后孙某签署《岗位说明书》一份，其中约定半年业务目标为 250 万元合同额，每季度 125 万元。2021 年 6 月 22 日，技术公司向孙某发出的解除通知，记载："至 2021 年 6 月 22 日，已满 4 个月。作为销售人员，入职当天，公司就你所处的岗位性质与你沟通了相应的岗位职责和考核要求：半年业务目标为 250 万元合同额，季度业务目标为 125 万元合同额，任务目标完成率不低于 80%。迄今为止，你个人完成业绩目标总额尚不足 1 千元。因你在试用期内不符合公司录用条件，公司决定于 2021 年 6 月 22 日与你解除劳动关系。"后孙某申请仲裁，要求技术公司支付违法解除赔偿金 22000 元。经查，技术公司提交的《IDC 销售考核激励制度》"试用期销售考核细则"部分载明："……新员工入职在第三个月结束后一周，完成《销售人员试用期考核表》，一周内完成评估；同时新员工入职第三个月，公司对新人掌握产品知识的情况进行一次全面考核，分数须达到 80 分，作为转正的必备条件之一；未达到 80 分的，可在一个月后给一次补考机会，如仍未达到 80 分，则视为试用期不符合录用条件，解除劳动关系……"

专家分析

本案中，技术公司举证的《岗位说明书》仅载明孙某在试用期应达到半年业务目标 250 万元合同额的标准，可量化的衡量标准为按合同金额核算（125 万元/季度），并未明确具体的考核周期、时间及次数。按照公司《IDC 销售考核激励制度》，新员工在入职第三个月完成考核且需要补考后才能认定不符合录用条件，而技术岗位并未按上述流程对孙某进行考核并在其考核不达标时给予补考机会。最终法院判决技术公司败诉。

◆ 合规指引

第一步：书面约定录用条件

操作说明

鉴于法律未明确规定录用条件的内涵和外延，因此用人单位如以不符合录用条件为由解雇试用期内的员工，则应当与劳动者在入职之初明确约定录用条件，并将之作为试用期考评的重要依据之一。

注意事项

1. 用人单位与劳动者约定录用条件应仅针对试用期内的员工，即用人单位与劳动者应事先签订书面劳动合同，并在劳动合同中明确约定合法有效的试用期间。

2. 录用条件可以通过劳动合同附件、试用期考核表、告知书等方式呈现，为规范期间，仍建议用人单位与劳动者单独签订《录用条件确认书》。

3. 录用条件一般与岗位相关，不同的岗位一般设置不同的录用条件，相同的岗位所设置的录用条件应基本一致，避免存在歧视性对待；考虑到录用条件的个性化特点，很难通过制定规章制度的方式对员工设置录用条件。

4. 关于录用条件的内容，法律并无特别规定，极个别地区司法实践中认为录用条件与招聘条件相关，但大多数地区司法实践中将录用条件理解为“转正条件”，即用人单位可以将劳动纪律、团队沟通、业绩目标、违纪违规等内容放入录用条件之中。为了匹配试用期考核，用人单位还应通过制度或协议明确试用期的考核程序要求，包括考核主体、考核周期、考核的节点安排等。

示范文本

录用条件确认书

编号：

<table>
<tr><td>工作岗位：</td><td>所属部门：</td></tr>
<tr><td colspan="2">录用条件：
1. 身心健康，无影响工作的身体或精神缺陷；
2. 具备较强的事业心和责任感，良好的职业道德与团队合作精神；
3. 工作态度积极，工作时间安排合理有效，与同事相处和谐融洽；
4. 服从公司工作安排或上级正当合理的工作指令；
5. 能够完成同工种、同岗位人员工作量；
6. 达到公司制定的考核标准；
7. 遵守公司《员工手册》及各项管理制度；
8. 具有符合岗位要求的知识技能及资历要求，详见《职责描述》；
9. 员工在被公司录用前，应主动出示其与原雇主签订的任何带有限制竞争或类似的限制性条款的协议；
10. 在工作期间将其能力和精力全心全意投入到工作中，达到最佳的工作表现。不应从事兼职工作，在接受其他公司及机构的任何职务前应向其直属上级汇报并获得公司批准。</td></tr>
<tr><td colspan="2">除上述规定内容，员工具备下述情形之一的，视为不符合录用条件：
1. 被判处有期徒刑，尚在服刑者；被剥夺公民权利者；通缉在案者；酗酒、吸毒者；因个人原因拖欠公款尚未清偿者。
2. 未满16周岁者。
3. 未能完成入职培训的。
4. 试用期有任何违纪或失职行为。
5. 未通过试用期评估的。
6. 有欺骗、隐瞒或任何不诚实行为者。
7. 不能完成规定的工作任务或者任意一个月因病或非因工伤出勤率不足80%；或工作存在多次差错。
8. 工作能力不符合要求，未通过试用期考核者。
9. 被客户投诉或同事投诉的。
10. 不能充分融入团队，影响团队合作及工作效率者。
11. 没有按照公司要求提交全部证明材料的。
12. 其他不具备政府规定的就业手续者。
13. 试用期患精神病的。
14. 其他违法行为或者不当行为影响工作或者公司声誉、利益者。
……</td></tr>
</table>

续表

特别提醒： 1. 上述各项要求将被视为员工的录用条件。在试用期内，如果员工被证明不符合上述录用条件的任一要求，公司有权随时解除劳动合同，并不作任何赔偿。 2. 公司将于　　年　月　日前进行试用期评估。
员工承诺：本人已阅读理解并愿意遵守上述要求。 签名：　　　日期：

相关法规

《中华人民共和国劳动合同法》（2012 年 12 月 28 日修正）

第三十九条　劳动者有下列情形之一的，用人单位可以解除劳动合同：

（一）在试用期间被证明不符合录用条件的；

……

第二步：管理者对员工试用期内的表现进行反馈

操作说明

在双方明确约定录用条件的前提下，作为员工的上级管理者仍然需要承担管理职责，即对员工日常工作表现进行必要的监督、提醒、指导、指正或培训，用人单位可以设置定期反馈机制，如 6 个月试用期，管理者应当在第一个月、第三个月和第六个月结束前进行一次正式的面谈反馈。

注意事项

1. 现代企业管理中员工岗位各异，并非所有岗位都能事先明确制定清晰的考核要求和考核标准，由管理者对员工进行阶段性反馈是减少双方认知差异的重要方式，如果管理者不承担管理职责，放任员工自觉发挥，则在试用期届满前，双方由于缺乏沟通很容易产生争议。

2. 阶段性反馈的形式可以多种多样，如签署面谈记录、培训指导记录、试用期改进建议、月度考核表等，无论何种形式都应当保留必要的证据以备未来进行回顾，同时应对可能发生的劳动争议。

3. 从有效提升员工绩效角度来看，管理者可以将定期的绩效反馈和不定期的反馈结合起来，后者包括重大项目的结束、临时出现的问题（如被客户投诉)，管理者与员工通过面谈沟通澄清公司对岗位的产出要求、修正员工的不良工作表现等。

示范文本

试用期阶段性反馈表

姓名		岗位	
入职时间		试用期届满时间	
记录人	□员工 □直接上级	面谈时间	
记录人姓名		记录人岗位	
现阶段绩效指标、部门工作完成情况及分析			
工作中存在的问题及需要改进的方面			
下一步措施及计划（含面谈安排）			
希望接到的工作任务及希望调整的绩效指标			
个人的能力及优势、薄弱环节			
需要的资源支持和帮助			
对公司工作及部门工作的意见或建议			
上级的期望及寄语			
面谈记录签署			
员工签名：		日期：	
主管签名：		日期：	

相关法规

《中华人民共和国劳动法》（2018 年 12 月 29 日修正）

第六十八条 用人单位应当建立职业培训制度，按照国家规定提取和使用职业培训经费，根据本单位实际，有计划地对劳动者进行职业培训。

从事技术工种的劳动者，上岗前必须经过培训。

第三步：按照公司既定流程对员工进行试用期评估

操作说明

大多数用人单位系通过试用期评估或考核来确定员工是否符合录用条

件，故用人单位应当严格按照公司既定的考核周期、考核方法等对员工进行规范的试用期评估，在评估中确保员工的知情权、申辩权。

注意事项

1. 试用期评估往往涉及评估的主体、评估内容、评估时点、评估的必要步骤等安排，管理者应当事先掌握公司对上述问题是否有清晰的规定，如有则应当严格按照规定执行，如公司规定试用期提前一周进行评估，则管理者应当安排准确的时间进行，既不能过早也不能过晚。

2. 通常评估往往包含事先的录用审核、过往的业绩产出核对、与员工当面沟通、签署评估文件，管理者如安排员工面谈的，应提前安排相应的时间以及要求员工准备的事项，管理者则应提前准备相关证据、罗列谈话提纲，确保试用期评估面谈内容不遗漏、准备充分。

3. 试用期评估面谈的内容应当严格按照事先确定的录用条件进行，可以先逐项询问员工的完成度、实际产出结果与目标差距等内容，然后由管理者进行逐项反馈，双方沟通的重点仍然是员工的产出与组织预期之间是否存在差距，哪些关键事例可以体现等内容，管理者应当避免直接评价员工的个性、主观态度或者绕过事实发表过多的个人观点和评论性意见。

4. 试用期评估应当在试用期满之前进行，否则可能导致“自动转正”的风险，评估文件应当由管理者和员工共同签署，如员工拒绝签署则应通过书面或电子数据方式送达员工。

示范文本

试用期评估表

姓名		岗位	
职位		直属上级	
评估人		评估时间	
评估项目		完成情况/实际情况	评估结果
1.			
2.			
3.			
4.			

续表

5.		
最终评估结果		
员工意见：□认可上述评估结果 □对部分评估结果有异议，具体为：		
评估表签署		
员工签名：	日期：	
主管签名：	日期：	

相关法规

《劳动部办公厅对〈关于如何确定试用期内不符合录用条件可以解除劳动合同的请示〉的复函》（劳办发〔1995〕16号）

……对试用期内不符合录用条件的劳动者，企业可以解除劳动合同；若超过试用期，则企业不能以试用期内不符合录用条件为由解除劳动合同。

第四步：通知工会及通知解除劳动合同

操作说明

如员工经试用期评估确实不符合录用条件的，用人单位可先尝试劝退，即员工是否接受自行辞职，如果员工拒绝辞职，则公司应将解除事项依法通知工会，之后于试用期满前向员工送达解除劳动合同通知书。

注意事项

1. 对于试用期不符合录用条件的员工，用人单位首先应尝试劝退，即在员工充分同意的情况下按辞职办理手续，此举有助于减少员工未来再就业的阻力。

2. 用人单位如要单方解除劳动合同，按照法律规定应提前通知工会并保留通知工会的凭证。对于未成立工会的企业，应根据地方性法规确定是否应通知地区行政工会①。

① 如《江苏省劳动合同条例》（2013年1月15日修订）第三十一条第二款规定，用人单位单方解除劳动合同，应当事先将理由通知工会；用人单位尚未建立工会的，通知用人单位所在地工会。最高人民法院民事审判第一庭认为，“即使用人单位尚未建立基层工会，也应当通过告知并听取职工代表的意见的方式或者向当地总工会征求意见的变通方式来履行告知义务这一法定程序”。参见最高人民法院民事审判第一庭编著：《最高人民法院新劳动争议司法解释（一）理解与适用》，人民法院出版社2021年版，第587页。

3. 用人单位通知员工解除时，应确保解除通知在试用期届满前送达员工，用人单位可以通过短信、微信、快递和邮件等方式同步送达并明确以最先送达的时间为准。此外，解除通知书应说明试用期不符合录用条件的理由。

示范文本

试用期内解除劳动合同通知书

______先生/女士：

您的劳动合同起始日期为______年______月______日。鉴于您在试用期内被证明不符合录用条件，具体表现：

1. ______________________________；

2. ______________________________；

3. ______________________________。

根据《劳动合同法》第三十九条第一项的规定，公司通知您即日解除劳动合同关系。您的最后工作日为______年______月______日，请按公司要求在离职前办结离职交接手续。

特此通知。

×××公司（盖章）

年　月　日

相关法规

《中华人民共和国劳动合同法》（2012 年 12 月 28 日修正）

第二十一条　在试用期中，除劳动者有本法第三十九条和第四十条第一项、第二项规定的情形外，用人单位不得解除劳动合同。用人单位在试用期解除劳动合同的，应当向劳动者说明理由。

第四十三条　用人单位单方解除劳动合同，应当事先将理由通知工会。用人单位违反法律、行政法规规定或者劳动合同约定的，工会有权要求用人单位纠正。用人单位应当研究工会的意见，并将处理结果书面通知工会。

第五步：办理离职手续

详见第三章第十三节“离职手续办理合规指引”。

第三节
严重违纪解除合规指引

◆ 相关概念

1. 劳动纪律

是指劳动者在劳动过程中应当遵守的基本行为准则，如遵守上下班时间、不迟到、早退、旷工、消极怠工、利用上班时间做与本职工作无关的事情、妨碍他人工作等。

2. 职业道德

是指劳动者在职业活动中应该遵循的基本行为准则，涵盖了从业人员与服务对象、职业与职工、职业与职业之间的关系，主要内容包括忠实履职、诚实守信、不得利用职务之便损害公司利益或谋取私利等。

3. 社会公德

是指全体公民在社会生活和交往过程中应遵循的基本行为准则，主要内容包括文明礼貌、助人为乐、爱护公物、保护环境、遵纪守法等。

4. 公序良俗

是指民事主体的行为应当遵守公共秩序，符合善良风俗，不得违反国家的公共秩序和社会的一般道德准则。

5. 忠实义务

是指劳动者在职期间通过勤勉、谨慎、善意履行工作职责等方式自觉维护、增进或不减损公司利益的义务。违反忠实义务一般会导致双方信任关系破裂或用人单位的信赖利益落空，常见的行为包括泄密、在职期间从事竞业活动、发表对用人单位不利的言论等。虽然劳动法并未明确规定劳动者负有忠实义务，但基于劳动关系的人身性和继续性特点，对劳动者科以忠实义务更有利于维系劳动关系的和谐稳定。

◆ 典型案例

违反工作指示是否构成违纪?

周某于2011年4月11日进入M公司，双方签订了自2015年4月10日起的无固定期限劳动合同。2017年4月27日午后，周某的上级吴某通过电子邮件要求周某于当日更新简历，简历需侧重于协作工作及培训计划。次日，吴某再次通过邮件告知周某未收到其简历。2017年5月3日，M公司向周某发送书面警告，载明：人力资源部收到周某直线经理反映称其未根据4月27日和28日邮件要求更新项目简历，且未收到回复或解释；人力资源部在2017年5月2日下午亦通过电子邮件追问周某为何拒绝执行直线经理的工作安排，也未收到邮件答复；直至5月2日17:00人力资源部找周某面谈时，周某称未登录邮箱查看。经提醒后，周某于5月2日17:40回复电子邮件。因此，周某错失了被推荐至新项目的机会，也导致M公司失去一次增加项目收益的机会。

2017年5月4日，周某与M公司人力资源部对话过程中曾表示公司给自己发送书面警告而故意不打电话联系是给自己下套，该行为“恶心、无耻”。当日，M公司再次发出书面警告，载明：鉴于周某在2017年5月4日于办公室大声喧哗，并在众同事面前使用污言秽语侮辱人力资源经理，故M公司按《员工手册》第2.2.6条规定，给予书面警告。同日公司发出解除劳动合同通知书。经查，M公司《员工手册》规定，一年累计收到两次书面警告视为严重违纪。

后周某申请仲裁要求单位支付违法解除劳动合同的赔偿金。M公司认为，周某作为外资IT企业的工程师，本应经常查收工作邮箱，接收工作指令，但周某长期无正当理由在长达数天时间内不查收工作邮件，在直线经理批评教育后仍然不改正，导致直线经理通过工作邮件下达的更新简历和其他工作指令均未按时执行，属于无正当理由拒不执行合理工作安排或指令的严重违纪行为。M 公司依据《员工手册》第 2.3 条、第 2.3.4 条可以直接作出单方解除劳动合同的处罚，但考虑到周某的实际情况及涉案行为性质，M 公司降格给予周某书面警告，是用人单位对劳动者行使管理权的正当行为，也是 M 公司行使用人管理权的正当方式。因此，第一次书面警告具有充分合法性及合理性；且周某收到上述第一封警告信后，前往处于开放式办公区域高声辱骂人力资源部同事，对全体员工造成了极坏的影响。周某则认为自己之前未查收到邮件且事后获悉后立即提交了简历，不存在故意违反工作指令。

专家分析

本案的争议焦点为周某未及时查看邮箱、未及时提交更新后的简历的行为是否属于拒不服从合理的工作安排或工作指令。认定员工属于“拒不服从合理的工作安排或工作指令”应具备以下要件：第一，工作安排或指令具有合理性；第二，员工明确知晓该工作安排或指令；第三，员工确有拒不服从的主观故意。关于第一项要件，就本案而言，M 公司要求周某更新简历的工作指令系合理工作安排。关于第二项要件，根据查明的事实，周某的直线经理吴某于 2017 年 4 月 27 日午后通过邮箱要求周某于当日提供更新的简历，但双方确认周某于 5 月 2 日前未登录邮箱，故该指令于 5 月 2 日人力资源部与周某面谈前并未到达周某。关于第三项要件，周某未及时查看邮件，能否据此认定其具有主观故意？M 公司称每日查看工作邮箱系常识，周某未及时查看邮箱系对工作的懈怠，但 M 公司并未提供其要求员工每日必须查看工作邮箱以及每日查看工作邮箱具体时间的相关规定，故员工未每天查看工作邮箱并不违反相关规定；此外，M 公司确认其使用的工作邮箱并无短信通知等提醒员工及时查收邮件的功能。从常理而言，在此情况下员工亦无法保证每时每刻都能查收新邮件，且工作邮箱亦非唯一的工作沟通方式。且，如确有周某未在不足半天的时间内完成更新简历的工作任务，即将对公司业务造成重大影响的情况，吴某亦可通过微信、短信、电话等方式向周某下达该工作指令，而非仅仅等待周某自行查看邮箱。其次，从周某知晓该工作指令后的完成时间来看，其于 5 月 2 日当天即提交了更新后的简历，可见其并无拒绝合理工作安排的故意。最终法院审理后认为，M 公司就此认定周某拒不服从合理的工作安排或工作指令过于严苛，该次警告处分缺乏合理性，最终法院判决 M 公司系违法解除劳动合同。

◆ 合规指引

第一步：审核规章制度规定

操作说明

关于何种违纪行为可达到解除劳动合同的程度，法律并未明确规定。除了一些严重违反职业道德的行为外，用人单位就员工不当行为进行惩戒乃至解除必须以规章制度的明确规定为前提。通常规章制度要作为解除劳动合同依据需要同时满足制定主体与劳动合同主体一致、制度内容明确无歧义、规章制度制定程序符合法律规定这三个条件。

注意事项

1. 规章制度一般应对劳动者的常见不当行为进行罗列，并就不同的违纪行为设置程度不同的处罚措施，如警告、严重警告、记过、解除劳动合同等，以确保规章制度的纪律处分条款符合比例原则，即违纪处分与违纪形式和情节相适应，轻过轻罚、重过重罚。

2. 用人单位在指定纪律处分条款时常发生如下错误：（1）对同一行为设置不同的处罚措施；（2）部分处分内容过于苛刻，如迟到 3 次解除劳动合同；（3）内容存在歧义，如一年内两次书面警告视为严重违纪，此处的“一年内”会存在两种理解。

3. 用人单位可以大致划分违纪行为的类型，包括：涉及违反劳动者基本劳动纪律的，如迟到、早退、旷工、旷职、消极怠工、打架斗殴等；涉及基本职业道德的，如虚假学历、商业贿赂、利益冲突、泄露公司商业秘密、侵害公司财产等；涉及违反社会公德或公序良俗的，如赌博、吸毒、性骚扰等；涉及违反管理指示的，如拒绝调岗、培训、绩效改进、工作安排、违纪调查等；涉及违反公司业务规范和单行制度的，如工作场所规范、各类资源使用规范、权限规定、休假规定、考勤规定等。

4. 用人单位如以员工严重违纪为由解除劳动合同，还应审查：（1）员工知晓规章制度的证据，如员工手册签名页、培训签到表、群发制度的邮件等；（2）员工的违纪行为是否发生在规章制度公布以后。

示范文本

员工手册违纪处罚细则

1. 员工有下列行为之一者，为一般违纪行为，公司可予以书面警告处分：

（1）一个考勤月内存在迟到/早退或单日工作不满 8 小时累计达到两次。

（2）工作时间内擅离工作岗位或外出。

（3）参加公司或部门会议、培训课程，擅自迟到、缺席、早退的。

（4）在工作时间内从事与工作无关的事情，如吃零食、打瞌睡、玩手机、接打私人电话、炒股、玩游戏、看电影或碟片等。

（5）在工作场所喧闹、吵闹或妨碍他人工作者。

（6）未遵守公司政策、标准、流程及要求（影响较轻的，如有关办公室礼仪、着装规范、办公室工作场所规定、各类资源使用规定等），尚未造成损害后果。以下是一些典型例子：……

（7）导致公司经济损失不足 1000 元的。

（8）本手册、劳动合同或其他管理文件中规定的可给予书面警告的不当行为。

（9）其他情节类似或性质相近的一般不当行为。

2. 员工有下列行为之一者，为中度违纪行为，予以严重书面警告处分：

（1）旷工一次或一天。

（2）无正当理由累计一次不服从公司或上级合理的指挥、调遣或管理指令，管理指令的来源包括工作布置、培训、内外部沟通的指令、会议、参加面谈、提供工作报告和成果、提交工作目标或改进计划、提交个人信息或资料（如病假资料）、工作交接、劳动能力鉴定、合理的工作职责/工作内容/工作岗位调整、工作调动、就有关问题进行解释说明、休假、暂停职务、暂时停止进入工作场所等。

（3）消极怠工的。消极怠工是指员工虽然按照直属上级或工作职责的要求完成了部分工作任务，但工作产出/绩效显著不合理且不能归因于员工能力问题，员工亦未能作出合理解释的。

(4) 未能遵守公司现行的政策、标准、流程及要求，如安保规定、信息安全规定；工作时间规定；请假流程；采购流程、销售流程、合同签约流程、财物处置流程、业务流程等；或者未能遵守相关政策、标准，已经造成一定损害后果，如影响本部门业务运作包括时间的增加、业务的暂时中断、成本的增加、未能完成工作任务等。以下是一些典型例子：……

(5) 一年内（自第一次违纪行为发生之日起算，下同）犯有两次一般违纪行为的。

(6) 受到书面警告处分一年内又出现可给予书面警告的行为。

(7) 本手册、劳动合同或其他管理文件中规定的可给予严重书面警告的不当行为。

(8) 其他具有同等情节或性质的中度不当行为。

3. 员工有下列行为之一者，为严重违纪行为，公司将与之解除劳动合同（辞退），不支付经济补偿金，员工应赔偿其所造成的一切经济损失：

(1) 任何违反公司商业行为准则规定的行为，包括：盗用、挪用、越权使用、侵占或故意损害公司财产、客户财产（包括公司、客户信息等无形资产）或员工财物。

(2) 任何形式的不诚实或欺骗行为，包括但不仅限于：受雇时（包括入职前）向公司提供虚假个人证明文件；提供虚假的请假、财务报销文件以及加班、奖金证明；伪造或冒充他人签字；委托他人代打卡或接受他人委托代打卡；串通供应商、客户或其他员工伪造合同、发票等文件或资料。

(3) 利用业务关系，与客户发生私人性质的财务往来的；收受客户不正当招待；行贿、受贿等任何腐败行为。

(4) 利用公司资源或职务之便损害公司利益或为自己/他人谋取个人利益。

(5) 违反公司出勤政策的行为，包括：连续旷工达到 3 日或 3 次的；累计旷工达到 5 天或 5 次的；旷工行为发生后经催告仍未上班的。

(6) 严重不服从管理的行为，包括：无正当理由累计两次不服从公司或直属上级合理的管理指令的；员工不胜任工作但拒不接受公司进行的调岗、培训或绩效改进安排的；员工利用休假时间从事与公司存在利益冲突的兼职或自营业务。

(7) 侵害公司、员工及相关人员人身安全或扰乱秩序，包括：

在工作时间内或在公司经营场所打架或指使、教唆、怂恿公司以外的人（如家人、朋友、其他社会人员等）打架、滋事或其他扰乱工作场所秩序的行为。

对公司员工、客户或其他与公司业务往来的个人进行言语或暴力威胁、恐吓、敲诈的，或指使他人采取以上行为的。

任何形式的性骚扰行为。

不当使用公司、员工及相关人员的信息和资源或损害公司、员工及相关人员利益的行为，如制作、发表、散播任何虚假信息或对公司、公司客户或员工不利的言论。

煽动、组织或参与非法罢工、怠工、停工，或以其他方式影响公司的正常生产经营秩序的。

怂恿、引诱、招揽任何公司员工从公司离职或现有合作伙伴与本公司终止合作。

拒绝工作交接、拒绝返还公司财物或拒绝向公司赔偿（给公司造成损失的情形）。

从事未经公司授权的业务，如未经批准擅自对内、对外签订合同。

违反公共道德或政策的行为，如在公司内携带、服用或向他人提供麻醉品或其他违禁药品；未经批准携带易燃或易爆品、危险或管制武器/刀具或危险化学品进入公司；在工作时间内或公司场所内参与赌博的；被判决认定构成刑事犯罪的（无论是否与工作有关，无论是否被免予刑事处罚）；私藏管制刀具、炸药等危害性物品；被刑事拘留或行政处罚并导致缺勤的。

(8) 从重行为，包括：受到严重书面警告处分后一年内又出现可给予书面或严重警告的行为；受到书面警告处分后一年又出现可给予严重书面警告的行为。

(9) 其他：劳动合同及其他管理文件规定的可给予解除劳动合同处分的行为；具有同等情节或性质的严重不当行为。

相关法规

《中华人民共和国劳动法》（2018 年 12 月 29 日修正）

第三条第二款 劳动者应当完成劳动任务，提高职业技能，执行劳动安全卫生规程，遵守劳动纪律和职业道德。

第二十五条 劳动者有下列情形之一的，用人单位可以解除劳动合同：

……

（二）严重违反劳动纪律或者用人单位规章制度的；

……

第二步：根据违纪线索，对违纪行为进行核实、调查并固定证据

操作说明

有的员工违纪行为具有偶发性，因此需要用人单位根据员工违纪行为发现的线索（如员工投诉、员工上级主管主动报告等），及时进行调查、核实并固定相关外围证据，为与员工直接沟通做好充分的准备。

注意事项

1. 通常一部分违纪行为系通过直接证据证明，如员工在工厂场所与他人发生肢体冲突，公司安装了监控，则相应的监控录像即是直接证据，但在多数情况下直接证明员工违纪的证据并不易获得，如员工被举报与供应商围标，则需要进行相应的调查、核实。

2. 用人单位采集和固定证据应当严格依照程序进行，并且固定调查过程的证据时，如有客户投诉，一般建议客户再次发送邮件描述事件过程以形成证据，再如安排与其他员工访谈，应制作面谈记录，又如就员工的违纪行为进行讨论，也应形成相应的会议记录，印证公司对违纪行为进行民主评议的过程。

3. 从形成有效证据角度，就违纪行为获取证据的关键是对员工的不当行为作出及时、多角度、有痕迹的反应。如员工违反作业流程导致产品报废，管理者在下班前立即安排班组培训，指出张三违反流程导致产品报废，正确的流程是什么，培训签到表和会议记录即是对违纪行为作出反应所形成的证据。除了培训以外，管理者立即邮件通知质量部门形成质量事故报告，此时，邮件和事故报告又是一组对员工违纪行为作出反应的证据。此外，管理者安排员工在下班前进行一次面谈，并要求员工自行制作面谈记录，询问员工事故发生的原因以及未来将如何改进，此时员工自行撰写的面谈记录也是

证据。如此，培训签到表、会议记录、邮件、事故报告、面谈记录形成完整的证据链，即使事发时没有监控，法院也可以通过上述相互印证的证据，依据高度盖然性原则认定员工的违纪行为成立。

示范文本

缺勤通知书（适用于请假未批准）

致______先生/女士：

经查，您于______年______月______日至今处于缺勤状态且未办理准假手续，请于收到本通知次日 17：00 前向公司提交书面解释，逾期未提交或解释理由不被公司认可的，上述期间将按无故缺勤处理，公司将依据相关规章制度作出最终处理决定，请慎重对待！

备注：此通知书通过□面交；□快递；□电子邮件；□手机短信；□微信 任意一种或多种方式同步送达，以最先收到的为准。

×××公司（盖章）

年　月　日

相关法规

《最高人民法院关于民事诉讼证据的若干规定》（法释〔2019〕19 号）

第八十七条 审判人员对单一证据可以从下列方面进行审核认定：

（一）证据是否为原件、原物，复制件、复制品与原件、原物是否相符；

（二）证据与本案事实是否相关；

（三）证据的形式、来源是否符合法律规定；

（四）证据的内容是否真实；

（五）证人或者提供证据的人与当事人有无利害关系。

第八十八条 审判人员对案件的全部证据，应当从各证据与案件事实的关联程度、各证据之间的联系等方面进行综合审查判断。

第三步：与员工本人进行沟通，固定员工的申辩意见

操作说明

较为简单的违纪案件，如涉及员工旷工，管理者可以直接询问员工为何没有请假也没有上班，通过询问、邮件或短信催告来获得证据，但是较为复

杂的案件，如商业贿赂、性骚扰、虚假报销等，则一般先固定外围证据之后与员工进行最后的沟通。

注意事项

1. 任何违纪案件都应当给予员工申辩的机会。有些所谓“直接证据”并非一定能够达到证明目的，比如某公司发现员工的简历撰写的工作经历虚假，故而直接解除员工的劳动合同，但在开庭审理时，员工否认该简历系其本人提交，由于简历系打印件，无法证明是否为员工本人提交，最终法院判决公司败诉。

2. 与邮件、短信、微信等方式要求员工对不当行为进行解释相比，当面沟通更容易获得更准确的信息，除非员工因病假缺勤，否则就违纪行为的沟通应当以当面沟通为原则。通常，管理人员应当：（1）告知员工已查明的违纪事实；（2）询问员工对违纪事实的反馈；（3）出示员工违纪的相关证据；（4）如实记录员工提出的异议并给予反馈；（5）必要时允许员工举证进行反驳；（6）必要时邀请证人出席会议接受询问；（7）安排员工签署会议纪要。

3. 员工对违纪行为的申辩意见，一般建议通过书面等方式予以记录，或由谈话人记录，或由员工自行记录，必要时可以要求员工对申辩意见提供相应的证据加以证明，比如员工对缺勤主张其在家办公得到了主管的批准，则要求其限期提供获得批准的证据，如员工无法举证，则可以视为其申辩理由不能成立。

示范文本

要求对相关违纪/失职行为予以书面解释的函

______先生/女士：

经公司初步调查，您在履行职务过程中存在重大瑕疵，涉嫌损害公司利益，违反公司相关政策，对相关问题梳理如下：

1. 存在虚假报销行为。具体事实如下：……

2. ……

3. ……

鉴于上述问题的严重性，为了保障您的申辩权，请您自收到本函后3日内（______年______月______日17：00点前）向公司送达《书面申辩意见》

及相关证据材料，如果逾期未申辩，视为放弃申辩权并认可公司相关陈述。如果申辩的理由不被公司认可，公司将按照严重违纪处理并保留追究相关法律责任的权利，请您慎重对待。

备注：此通知书通过□面交；□快递；□电子邮件；□手机短信；□微信 任意一种或多种方式同步送达，以最先收到的为准。

附：《书面申辩意见》请快递至公司人力资源部收。

×××公司（盖章）

年 月 日

相关法规

《中华人民共和国劳动合同法》（2012 年 12 月 28 日修正）

第三十九条 劳动者有下列情形之一的，用人单位可以解除劳动合同：

……

（二）严重违反用人单位的规章制度的；

……

第四步：评估违纪解除的相关法律风险，履行相应审批程序

操作说明

因违纪解除劳动合同不仅涉及劳动者的经济利益而且影响员工的职业声誉，必须全面审核案件事实和相关证据并判断可能导致的违法解除的风险，之后由用人单位的指定部门或人员履行相应的审批手续以规范解除权的行使。

注意事项

1. 通常用人单位应当自行或委托第三方对涉案违纪解除事项进行风险评估，其中风险评估应当结合案件已有证据进行，不能脱离证据进行风险评估。

2. 风险评估的重点是梳理如下证据材料，具体包括：（1）违纪行为直接发生的证据，例如伪造的病假单、向供应商透露报价的电子邮件、报警记录、员工签字确认的过失证据、悔过书、认可违纪事实的录音录像资料等。需要提醒注意的是，公司在职员工作出的证人证言，其证明效力极低，只能

作为辅助证据；单独的证人证言通常难以作为认定违纪/失职事实的依据。（2）对违纪行为进行调查的证据，包括当事员工面谈记录（应有员工签字或录音录像等辅助证明材料）、其他员工访谈记录、会议通知、各项会议纪要、审计报告、违纪调查报告、工商登记查询（如利益冲突）、涉案合同或文件等。（3）违纪行为产生负面影响的证据，包括证明经济损失的证据、媒体负面报道、客户投诉、取消订单等；在严重失职解雇案件中，还必须证明失职行为已经给公司造成重大损害。（4）对违纪行为进行管理的证据，包括书面警告信、严重警告信、停职反省通知、降职降薪通知、通告批评、要求给予书面解释的函、员工提出的书面异议、对异议的回复、要求限期提交的材料的通知、工资发放记录（扣发工资奖金）等。（5）违纪处分决定送达员工的证据，包括电子邮件、快件底单（重要的案件应向快递公司索要员工签收的回单或证明）、签收查询记录、员工签名等。

3. 评估解除劳动合同风险可以考虑如下因素：（1）违纪事实的处理依据是否明确（是否存有歧义）；（2）违纪事实的相关证据是否充分（是否有其他可能性）；（3）违纪事实对公司造成负面影响（是否造成重大损失）；（4）相同或类似案件的处理结论。

第五步：就最终解除决定与员工进行沟通、履行送达程序

操作说明

违纪调查终结，用人单位往往会作出相应的处理决定，包括解除劳动合同或者给予员工辞职的机会，为体现对员工的尊重，仍建议用人单位就解除决定与员工进行沟通。如果员工决定自行辞职，一般可批准员工辞职；如果员工拒绝辞职，则用人单位可依法送达解除劳动合同决定。

注意事项

1. 用人单位之所以需要就违纪处分决定事项与员工进行沟通，是因为处分沟通本身也是获取证据的机会之一，而用人单位对处分决定予以解释，能澄清员工的疑惑，减少劳动争议发生的概率。

2. 除解除决定事项沟通外，用人单位还可以听取员工对公司管理上的建议、其他合理诉求等，在不违反法律规定的情况下尽可能减少过于对立的处

理方式。

3. 用人单位如单方解除劳动合同，按照法律规定应提前通知工会并保留通知工会的凭证。对于未成立工会的企业，应根据地方性法规确定是否应通知地区行政工会①。

示范文本

解除劳动合同通知书

致______先生/女士：

鉴于：您在职期间存在________________等严重违纪行为，公司根据《劳动合同法》第三十九条第二项规定，通知您自______年______月______日起解除劳动合同。就其他相关事项告知如下：

一、双方劳动合同于______年______月______日解除。______年______月______日作为最后工作日，公司将正常支付薪资至劳动合同解除日。自劳动合同解除日起，公司对您不再承担用人单位的任何义务。

1.1 公司为您缴纳社保、公积金至______年______月。

1.2 公司安排您于______年______月______日至______年______月______日使用带薪年休假。

二、请您于______年______月______日 17：00 之前向公司指定的人员办理离职交接包括返还公司财物、交接工作文档及任务进度、清结债权债务等。

三、您离职以后□择业自由，无需履行竞业限制义务（如有）；□需按照有关竞业限制约定履行竞业限制义务。

四、您离职以后应继续履行劳动合同或保密协议约定的保密义务，不得通过任何渠道、形式披露甲方的商业秘密、秘密信息（含本通知内容）；不从事任何损害甲方、甲方关联公司/客户/供应商及其雇员利益的活动，包括

---

① 如《江苏省劳动合同条例》（2013 年 1 月 15 日修订）第三十一条第二款规定，用人单位单方解除劳动合同，应当事先将理由通知工会；用人单位尚未建立工会的，通知用人单位所在地工会。最高人民法院民事审判第一庭认为，即使用人单位尚未建立基层工会，也应当通过告知并听取职工代表的意见的方式或者向当地总工会征求意见的变通方式来履行告知义务这一法定程序。参见最高人民法院民事审判第一庭编著：《最高人民法院新劳动争议司法解释（一）理解与适用》，人民法院出版社 2021 年版，第 587 页。

不招揽甲方已有客户或劝诱甲方员工离职。如有违反，公司有权追究您的法律责任。

备注：此通知书通过□面交；□快递；□电子邮件；□手机短信；□微信　同步送达，以最先收到的为准。

×××公司（盖章）

年　月　日

签收回执

本人已收到《解除劳动合同通知书》原件一份。

签收人：

日期：

相关法规

《中华人民共和国劳动合同法》（2012 年 12 月 28 日修正）

第四十三条　用人单位单方解除劳动合同，应当事先将理由通知工会。用人单位违反法律、行政法规规定或者劳动合同约定的，工会有权要求用人单位纠正。用人单位应当研究工会的意见，并将处理结果书面通知工会。

《中华人民共和国工会法》（2021 年 12 月 24 日修正）

第二十二条　企业、事业单位、社会组织处分职工，工会认为不适当的，有权提出意见。

用人单位单方面解除职工劳动合同时，应当事先将理由通知工会，工会认为用人单位违反法律、法规和有关合同，要求重新研究处理时，用人单位应当研究工会的意见，并将处理结果书面通知工会。

职工认为用人单位侵犯其劳动权益而申请劳动争议仲裁或者向人民法院提起诉讼的，工会应当给予支持和帮助。

第六步：办理离职手续

详见第三章第十三节“离职手续办理合规指引”。

第四节
严重失职解除合规指引

◆ 相关概念

1. 失职

是指从业人员对本职工作不认真负责，未依照规定履行自己的职责，致使本单位造成利益损害的行为。员工对失职行为的主观态度通常为疏忽大意或轻信能够避免。

2. 徇私舞弊

是指从业人员利用职务上的便利和权力，不正常行使岗位职责，致使用人单位利益受损或者遭受潜在危害的行为。徇私为主观动机，舞弊则是客观行为，常包含故意违背事实和法律，伪造材料，隐瞒情况，弄虚作假的行为。

3. 因果关系

是指行为或事件与结果之间的联系。法律上的因果关系主要用于确定当事人的责任或责任比例，无论是民法还是刑法对因果关系的判断均存在较大争议。在劳动争议事件中重点审查当事人的行为是否存在可责性、行为是否为损害后果创造了条件等。

◆ 典型案例

发错报价单能否认定严重失职行为?

徐某于 2005 年 9 月 13 日进入 M 公司从事客户服务行政工作。徐某在

2020年10月21日、11月26日发给A公司的服务报价单上代替销售员"李某"签字，且将本应发给A公司的报价单错发给了B公司。2020年5月27日，M公司出具《解除劳动合同通知》，通知徐某因其在给客户报价的过程中，违规操作，擅自冒名签署报价单，还将报价单发给了错误的客户，事后也没有及时向公司汇报。鉴于徐某的严重违纪失职，M公司决定于当日解除劳动合同。经查，M公司《员工手册》规定，未按照标准工作流程工作造成公司信誉受损、不良业务影响，甚至导致客户索赔，或给公司造成恶劣影响或重大损失等严重后果的，公司可以解除劳动合同。庭审中，徐某称自己在报价单上代替李某签字系经李某授权并提供与李某的录音资料，而报价单发错并未给公司造成任何损失，B公司后来也没有下单，且报价单并非合同，最终A公司回传的也并非错误发送的报价单。M公司则主张徐某的失职行为给公司市场信誉带来负面影响，并导致订单减少，但未就此进行举证。

专家分析

根据法律规定，用人单位以劳动者严重失职解除劳动合同的，应同时证明劳动者的严重失职行为给公司造成重大损害，本案中徐某确实存在错发报价单的情况，但并无证据证明M公司因此遭受了经济损失或其他重大损害，A公司仍正常与M公司签约交易，故M公司直接以严重失职为由解除劳动合同难言合法。法院审理后认为，根据徐某提供的与李某的对话录音，可证明徐某在报价单上签名的行为确实曾征得李某的许可。虽然徐某在做报价单时由于疏忽大意，在使用原有模板时未仔细审核并修改客户的传真号码，导致报价单错发给了另一客户，但很难认定其主观上存在故意或重大过失，M公司直接解雇对于工作十多年的徐某过于严苛，据此判定M公司系违法解除劳动合同。

◆ 合规指引

第一步：审核员工的岗位职责

操作说明

员工是否存在失职行为应当结合员工的工作岗位所负担的工作职责而

定，故而用人单位以严重失职解除劳动合同，需首先证明员工知悉其所应承担的工作职责。如劳动者就涉案事项不承担管理或工作职责，则无需就相应的损害承担责任。

注意事项

1. 员工的工作职责的具体内容和大小在实践中常发生争议，究其原因是部分用人单位并未与劳动者在上岗之初就岗位具体职责进行书面约定，也未能提供对岗位职责进行培训的证据。

2. 用人单位应当在入职时、转岗时或工作职责发生变化时与员工进行沟通，明确工作职责的具体内容、重要程度以及工作职责的用途（如不仅用于是否胜任工作的判断，还将用于失职行为的界定以及损失赔偿责任的承担）。通常，岗位职责说明书或岗位职责通知等可以作为重要的证据载体。

3. 实践中，如果用人单位无法举证汇总归纳的书面化岗位职责（如岗位说明书无员工签字、相关会议明确了工作职责但缺乏会议记录加以证明），则可以从实际履行的角度尝试举证，即员工实际承担相关工作职责的证据，如绩效考核表的相关记载、员工参与项目或费用审批的记录、员工代表企业与相关方进行沟通的证据等。与书面化职责相比，通过实际履行的相关证据来证明员工应负担的工作职责往往存在较大的证据风险。

4. 除了书面化的工作职责以外，劳动者所在部门、业务单元的相关规章制度也是判定员工是否失职的重要依据之一，如采购部门的采购制度、行政部门的行政管理规定、技术部门的技术规范等，用人单位如通过相关制度、内部流程论证员工存在失职行为，仍需要就相关制度、流程已向员工履行告知义务承担举证责任。比如公司主张法务人员在执行合同签署时应进行供应商背景调查，但实际发生签约供应商已列入失信人员名单的情况，此时如主张法务人员失职，则一般需要就法务人员应履行背景调查义务进行举证。

示范文本

岗位说明书

一、岗位基本信息			
岗位名称		岗位编号	

续表

<table>
<tr><td colspan="2">所属部门</td><td></td><td>岗位编制</td><td></td></tr>
<tr><td colspan="2">岗位分类</td><td></td><td>岗位级别</td><td></td></tr>
<tr><td colspan="2">下属人员总数</td><td></td><td>直接上级岗位名称</td><td></td></tr>
<tr><td colspan="2">直接下属
岗位名称</td><td colspan="3"></td></tr>
<tr><td colspan="5">二、岗位设置目的</td></tr>
<tr><td colspan="5"></td></tr>
<tr><td colspan="5">三、主要工作职责（按重要性排序）</td></tr>
<tr><td>序号</td><td>概述</td><td colspan="3">内容描述</td></tr>
<tr><td rowspan="3">1</td><td rowspan="3"></td><td colspan="3"></td></tr>
<tr><td colspan="3"></td></tr>
<tr><td colspan="3"></td></tr>
<tr><td rowspan="3">2</td><td rowspan="3"></td><td colspan="3"></td></tr>
<tr><td colspan="3"></td></tr>
<tr><td colspan="3"></td></tr>
<tr><td colspan="5">四、主要工作权限规定</td></tr>
<tr><td colspan="2">提议权限</td><td colspan="3"></td></tr>
<tr><td colspan="2">审核权限</td><td colspan="3"></td></tr>
<tr><td colspan="2">审批权限</td><td colspan="3"></td></tr>
<tr><td colspan="5">五、主要工作关系</td></tr>
<tr><td colspan="2">沟通对象</td><td></td><td>沟通频率</td><td></td></tr>
<tr><td colspan="2">内部协调部门
或岗位</td><td colspan="3"></td></tr>
<tr><td colspan="2">外部协调单位</td><td colspan="3"></td></tr>
<tr><td colspan="5">六、工作特征</td></tr>
<tr><td colspan="2">时间要求</td><td colspan="3"></td></tr>
<tr><td colspan="2">工作设备</td><td colspan="3"></td></tr>
<tr><td colspan="2">工作环境</td><td colspan="3"></td></tr>
</table>

续表

七、任职资格			
最低学历		专业	
工作经验			
资格证书		外语要求	
岗位技能			
行为态度			
八、职业发展通道			
可晋升岗位		可轮换岗位	
备注：本人确认知晓上述工作职责，公司已对本人就岗位工作内容、工作职责等进行了充分的培训，本岗位说明书同时用于判定员工是否符合录用条件（试用期）、是否胜任工作岗位、是否存在违纪或失职行为（包括需承担损失赔偿责任）的重要依据。			
员工签名		日期	

相关法规

《中华人民共和国劳动合同法》（2012年12月28日修正）

第三十九条 劳动者有下列情形之一的，用人单位可以解除劳动合同：

……

（三）严重失职，营私舞弊，给用人单位造成重大损害的；

……

第二步：固定员工失职行为的相关证据

操作说明

在厘清员工工作职责之后，用人单位仍有义务就员工是否存在失职行为、失职行为具体表现形式进行证据固定以便于与员工进行沟通。

注意事项

1. 员工失职行为往往发生在具体的业务链条之中，用人单位应当明确员工究竟在何时、何地以何种方式参与不当行为，如公司采购未遵循三方比价流程直接进行合同签署，此时应当明确采购人员在该项目过程中扮演的角色，如参与了哪些邮件沟通、发起了哪些文件的审批手续等；如一部分员工的失职行为系消极行为而非积极行为，则此时应当明确员工应在何时执行何种行为；如公司人力资源经理在员工合同到期后未安排与员工续签劳动合同，则应根据员工合同到期日来判断人力资源经理应在何时与用人部门发起续签征询意见、应在何时与向员工交付劳动合同文本。

2. 员工失职行为应当通过具体的证据材料来证明，而非相关同事的个别陈述，如相关的邮件、会议记录、系统费用审批表、供应商录音资料等，必须从证据“能够证明什么、不能够证明什么”的视角来研判员工是否存在失职行为。

3. 有时员工的失职行为还与其他员工的行为交织在一起，比如费用审批有多名管理人员参与，则用人单位应当全面审查涉案的相关其他同事的具体行为，从整体视角判断员工的失职行为是否属实以及失职行为是否严重；比如一些部门管理者往往承担的是监督、管理的职责，但实际的过错行为则主要由下属实施，此时应当结合不当行为发生的次数、不当行为是否较为隐蔽、对公司造成的潜在危害等综合判断管理者是否存在管理失职行为。

4. 对于较为复杂的案件，用人单位还可以委托第三方进行专项审计，确定员工是否存在失职行为以及失职的严重程度。

第三步：审核公司是否已经遭受了重大损害

操作说明

即便用人单位能够举证证明员工存在严重失职行为，仍需要进一步就是否遭受重大损害以及失职行为与重大损害之间是否存在因果关系进行举证。

注意事项

1. “重大损害”一般由用人单位通过规章制度进行规定，如造成5000元以上的经济损失，发生安全生产责任事故，公司被行政机关行政处罚、被媒体负面报道、重要客户终止合作等都可以列入重大损害的范围，但若用人单位无规定，则只能依赖劳动争议仲裁机构或法院行使自由裁量权。

2. 用人单位遭受的“重大损害”必须是客观存在并有证据证明的，而非主观臆测的。以经济损失为例，往往涉及财产的报废和丢失、对外实际承担赔偿责任、被行政机关罚款等。用人单位不能将本应承担的采购费用、人工费用理解为“经济损失”，如员工不配合交接，用人单位将其他人员的工时统计表、工资统计表作为损失证明，此时其他同事的工资支付本就是用人单位的义务，无法转化为损失，但如用人单位就所涉事项额外支付了加班费，才有可能认定为损失。如事项涉及可以向第三方索赔的案件，则需要以公司向第三方索赔并被判决承担赔偿责任为前提，比如因为供应商的操作失误导致产品报废，此时用人单位尚可以提起违约之诉进行救济。实践中，劳动者的失职行为可能和案外第三人的行为交织在一起（常见于外部合作方），此时需要厘清公司是否已然遭受了经济损失。

3. 用人单位以非经济利益的损害主张"重大损害"，仍然需要就损害发生的现实可能性进行举证，比如客户订单减少未必是劳动者失职行为导致的后果，而可能是市场因素，但如果客户直接向公司投诉，明确某员工的行为已经严重影响合作并考虑减少订单，该等表述可以论证损害发生的现实可能性。涉及公司商业信誉是否受损等也需要结合行为性质、危害后果等综合判断。

示范文本

关于重大损害的制度条款

重大损害包括但不限于下列情形：

导致公司直接经济损失5000元以上或间接经济损失10000元以上，包括对外赔款、成本增加等；

发生1~6级以上的工伤或工亡事故，或重大安全生产事故；

合同或订单额×××元以上的客户终止合作或者订单额减少30%以上；

未通过客户的年度供应商资质审核的；

公司被监管部门警告或行政处罚；

导致公司相关许可资质被暂停或吊销的；

导致仲裁、诉讼案件且公司承担赔偿责任的；

被媒体负面报道的（阅读量或转发达到500以上的）；

导致10人以上的群体性争议事件的。

相关法规

《劳动部办公厅关于〈劳动法〉若干条文的说明》（劳办发〔1994〕289号）

第二十五条 劳动者有下列情形之一的，用人单位可以解除劳动合同：

……

（三）严重失职，营私舞弊，对用人单位利益造成重大损害的；

……

本条中的“重大损害”由企业内部规章来规定。因为企业类型各有不同，对重大损害的界定也千差万别，故不便对重大损害作统一解释。若由此发生劳动争议，可以通过劳动争议仲裁委员会对其规章规定的重大损害进行认定。

……

第四步：与员工本人进行沟通，合理确定因果关系

操作说明

劳动者的失职行为是否与重大损害之间存在因果关系往往是双方争议的焦点，用人单位应安排与员工进行沟通，询问事件发生的原因、员工是否履行了注意义务、是否争取履行工作职责、是否应就此承担必要的责任等。如果员工对因果关系无异议，则可以认定存在因果关系；如果员工否认，应结合员工的解释、其能否举证以及案涉其他因素综合判断。

注意事项

1. 失职案件中，用人单位一般应当安排当面沟通，首选询问员工的入职时间、担任某个具体岗位的起始时间、具体工作内容和负担的工作职责、是否知悉部门的业务流程和规章制度等。之后通过开放式问题询问员工事发的整个经过。

2. 用人单位应通过谈话和询问尽可能固化员工存在的具体的不当行为，包括员工所认为的“事件发生的其他原因”。

3. 一般而言，法律上的因果关系并非事实上的条件关系，而需要结合员工是否存在过错、行为所导致后果的现实可能性（即“相当性”）①、是否有其他免责情形等综合判断。比如财务人员遭遇QQ诈骗，让人力资源部门组建QQ群，后将公司款项转出到“假冒董事长”私人账户内，此时人力资源部门的组群行为客观上为资金转出提供了一定的便利，但是案涉的真正原

① 目前我国主流司法实践采用相当因果关系说作为因果关系的认定标准，如史尚宽先生提出的，“某一原因仅于现实情况下发生某结果时，尚不能断定有因果关系，须依社会一般观念，在同一条件下就能发生同一结果时，才能认定该条件与该结果间有因果关系”。

因仍然是财务人员对身份的错误认知以及财务执行的转账行为，难以认定组群行为与重大损害之间存在因果关系。再如员工提供伪造的病假单导致公司多发了病假工资，此时人力资源部门对病假单没有充分履行审核义务与公司多发病假工资之间也难以成立因果关系。

第五步：评估失职案件的相关因素，作出最终处理决定

操作说明

用人单位在全面审查失职行为、损害后果、因果关系等要素后，对是否解除员工劳动合同作出判断并履行相应的审批手续。需要注意的是如果案件涉及多因一果，则需要同时关注处理结果的“公平性”。

注意事项

1. 用人单位在分析失职案件中，需要全面评估各种因素并进行合理的责任划分，如下属多次参与虚假报销，上级是否应承担管理失职的责任；如果在一起涉及诸多因素的案件中，用人单位仅仅处理其中一名员工，其他涉事人员均未处理，法院亦可能从公平性角度否定用人单位的决定①。

2. 用人单位除了决定是否解除劳动合同以外，尚需要对失职员工是否应承担经济损失进行判断和选择。应当注意的是，用人单位直接享有劳动者创造的劳动成果，同时又是企业内部的管理者和监督者，对企业的人、财、物进行监督和管理。一般而言，用人单位因劳动者创造的劳动获得的收益或利润远高于其向劳动者支付的报酬，故根据权利义务相一致的原则，企业作为经营成果的享受者理应承担相应的经营风险，其应承担的风险也显著大于劳动者应承担的风险。故通常情况下，只有在劳动者具有故意或重大过失，并给用人单位造成经济损失的情况下，劳动者才负赔偿责任。如果劳动者没有过失或者仅存在轻微过失，则无需赔偿。

3. 如涉及需要对其他民事主体进行追责等，用人单位应同时保留相关责任追究和人员处理的相关证据。

---

① 如在“上海家化联合股份有限公司与王某劳动合同纠纷案”［（2015）沪二中民三（民）终字第 747 号］中，就公司主张王某对公司内控管理失职导致监管部门处理事宜，法院认为，“上海家化联合股份有限公司对《行政处罚决定书》涉及的其他责任人亦未依据上述制度进行处罚，其仅对王某一人进行处理，且作出解除劳动合同决定，有失公允。”

4. 如用人单位决定行使解除权，应依法通知工会并送达解除劳动合同通知书。

示范文本

解除劳动合同通知书

致______先生/女士：

鉴于：您在职期间存在________________等严重失职行为，业已给公司造成重大损害。公司根据《劳动合同法》第三十九条第二项规定，通知您自______年______月______日起解除劳动合同。就其他相关事项告知如下：

一、双方劳动合同于______年______月______日解除。______年______月______日作为最后工作日，公司将正常支付薪资至劳动合同解除日。自解除日起，公司对您不再承担用人单位的任何义务。

二、请您于______年______月______日 17：00 之前向公司指定的人员办理离职交接包括返还公司财物、交接工作文档及任务进度、清结债权债务等。

三、您离职以后□择业自由，无需履行竞业限制义务（如有）；□需按照有关竞业限制约定履行竞业限制义务。

四、您离职以后应继续履行劳动合同或保密协议约定的保密义务，不得通过任何渠道、形式披露甲方的商业秘密、秘密信息（含本通知内容）；不从事任何损害甲方、甲方关联公司/客户/供应商及其雇员利益的活动，包括不招揽甲方已有客户或劝诱甲方员工离职。如有违反，公司有权追究您的法律责任。

五、就您的失职行为给公司造成的经济损失，公司保留向您追究损失赔偿的权利。

备注：此通知书通过□面交；□快递；□电子邮件；□手机短信；□微信 同步送达，以最先收到的为准。

×××公司（盖章）

年 月 日

签收回执

本人已收到《解除劳动合同通知书》原件一份。

签收人：

日期：

相关法规

《工资支付暂行规定》（劳部发〔1994〕489 号）

第十六条 因劳动者本人原因给用人单位造成经济损失的，用人单位可按照劳动合同的约定要求其赔偿经济损失。经济损失的赔偿，可从劳动者本人的工资中扣除。但每月扣除的部分不得超过劳动者当月工资的20%。若扣除后的剩余工资部分低于当地月最低工资标准，则按最低工资标准支付。

《中华人民共和国民法典》（2020 年 5 月 28 日发布）

第一千一百九十一条 用人单位的工作人员因执行工作任务造成他人损害的，由用人单位承担侵权责任。用人单位承担侵权责任后，可以向有故意或者重大过失的工作人员追偿。

劳务派遣期间，被派遣的工作人员因执行工作任务造成他人损害的，由接受劳务派遣的用工单位承担侵权责任；劳务派遣单位有过错的，承担相应的责任。

第六步：办理离职手续

详见第三章第十三节“离职手续办理合规指引”。

第五节

被追究刑事责任解除合规指引

◆ 相关概念

1. 被追究刑事责任

是指按照《刑事诉讼法》相关规定，通过侦查、起诉、审判活动，查究特定当事人因实施刑事法律所禁止的行为而依法应承担的法律后果。

2. 被采取刑事强制措施

是指在刑事案件中，人民法院、人民检察院和公安机关根据案件情况，对犯罪嫌疑人、被告人采取的拘留、逮捕、拘传、取保候审或者监视居住等措施。

◆ 典型案例

员工因交通肇事被刑事拘留，可以解雇吗？

王某于2017年12月1日入职某材料公司。双方签订的最后一份劳动合同期限为自2018年12月1日至2021年11月30日。王某在材料公司实际提供劳动至2020年9月8日。双方劳动关系于2021年1月8日解除。材料公司向王某邮寄的解除劳动合同通知书载明，“王某：2020年9月8日20时55分许，你在上班期间未履行规定的请假手续，擅自脱岗开车离开公司，在××路东侧发生交通事故，造成公司另一职工袁某死亡，你负事故全部责任。你因涉嫌交通肇事罪于2020年11月6日被刑事拘留，于11月30日移送审查起诉。因你认罪态度较好、积极赔偿和犯罪情节轻微等因素，人民检察院于2020年12月25日决定对你不起诉，鉴于你存在的上述行为，公司依据我国《劳动合同法》第三十九条第六项及公司规章制度的相关规定，决定自2021年1月8日与你解除劳动合同”。天津市某区人民检察院作出的不起诉决定书认为：“被不起诉人王某虽然实施了《刑法》第一百三十三条规定的行为，但犯罪情节轻微，被不起诉人王某认罪认罚且为初犯、偶犯，到案后认罪、悔罪态度较好，赔偿被害人家属损失并取得被害人家属谅解且具有自首等情节，根据《刑法》第三十七条对于犯罪情节轻微不需要判处刑罚的，可以免予刑事处罚的规定，以及《刑事诉讼法》第一百七十七条第二款的规定，决定对王某不起诉。”后王某申请仲裁，要求材料公司支付违法解除劳动合同赔偿金。

专家分析

本案中王某虽因涉嫌交通肇事罪被刑事拘留，但因犯罪情节轻微且认罪、悔罪态度较好，赔偿被害人家属损失并取得被害人家属谅解，检察机关决定对王某不起诉，根据《刑事诉讼法》的相关规定，人民检察院决定不起诉的不属于被追究刑事责任的情形。因此，材料公司依据《劳动合同法》第三十九条第六项规定解除与王某的劳动合同系违法解除。最终法院判决材料公司败诉。

◆ 合规指引

第一步：确定员工的违法状态

操作说明

员工因违法行为被行政拘留、被采取刑事强制措施、被强制隔离戒毒等都可能导致缺勤或无法联络，此时用人单位不应急于作出解除劳动合同决定，而应尽可能了解员工目前的实际状态，必要时可以通过与家属、警方取得联系确定员工是否触犯法律以及案件的走向。

注意事项

1. 员工涉及刑事责任的案件可能与职务行为相关，有些系用人单位自行报案，故用人单位应当掌握案件的具体进展，此时如果公安机关已经启动立案侦查，应属于进入刑事侦查程序。

2. 对于非职务行为发生的违法犯罪行为，则可能是因违反《治安管理处罚法》被行政拘留，或者因交通肇事、酒驾等被刑事拘留，此时用人单位可与员工家属联络，确定具体的缺勤状态。

3. 如用人单位明知劳动者被公安机关带走或已被采取行政拘留或刑事强制措施，则一般不宜按旷工处理。

相关法规

《中华人民共和国劳动合同法》（2012 年 12 月 28 日修正）

第三十九条 劳动者有下列情形之一的，用人单位可以解除劳动合同：

……

（六）被依法追究刑事责任的。

《戒毒条例》（2018 年 9 月 18 日修订）

第十三条 对吸毒成瘾人员，县级、设区的市级人民政府公安机关可以责令其接受社区戒毒，并出具责令社区戒毒决定书，送达本人及其家属，通知本人户籍所在地或者现居住地乡（镇）人民政府、城市街道办事处。

第二十五条 吸毒成瘾人员有《中华人民共和国禁毒法》第三十八条第一款所列情形之一的，由县级、设区的市级人民政府公安机关作出强制隔离戒毒的决定。

对于吸毒成瘾严重，通过社区戒毒难以戒除毒瘾的人员，县级、设区的市级人民政府公安机关可以直接作出强制隔离戒毒的决定。

吸毒成瘾人员自愿接受强制隔离戒毒的，经强制隔离戒毒场所所在地县级、设区的市级人民政府公安机关同意，可以进入强制隔离戒毒场所戒毒。强制隔离戒毒场所应当与其就戒毒治疗期限、戒毒治疗措施等作出约定。

第二步：发出《中止劳动合同通知书》

操作说明

如用人单位无法确定员工已经构成严重违纪等其他具备解除条件的行为，则在员工被采取刑事强制措施后可以向员工联系地址送达《中止劳动合同通知》，即暂停劳动合同的履行，包括停止工资发放和五险一金的缴纳。

注意事项

1. 用人单位一般应通过多种方式如快递、短信、微信、紧急联系人地址等送达《中止劳动合同通知书》。

2. 中止劳动合同期间，用人单位无需发放工资，同时可以办理社会保险和住房公积金封存手续①，个别地区经办社会保险封存若存在障碍，亦可办理临时性社会保险减员手续。

示范文本

劳动合同中止通知书

致______先生/女士（身份证号码/护照号：__________）及家属：

鉴于公司获悉您涉嫌刑事犯罪被刑事拘留，已无法正常履行劳动合同。

---

① 《上海市人力资源和社会保障局关于实施〈上海市劳动合同条例〉若干问题的通知》（沪劳保关发〔2002〕13号）第十二条规定："按照《条例》第二十六条规定，劳动合同中止履行的，劳动合同约定的权利义务暂停履行。中止履行劳动合同期间用人单位可以办理社会保险帐户暂停结算（封存）手续，期间不应计算劳动者同一用人单位工作时间。劳动合同中止期间，合同期满的，劳动合同终止……"

在公司作出进一步处理之前，公司正式通知您如下事项：

1. 自______年______月______日起，您的劳动合同中止履行，直至公司作出进一步的处理决定。

2. 劳动合同中止期间不计入您在公司的工作年限，此期间内您无权代表公司履行任何职权，亦不享受公司的任何工资、奖金等各项薪酬福利待遇。同时公司将停止缴纳社会保险费和公积金。

3. 公司保留根据法律规定或规章制度规定作出提前解除或终止劳动合同的权利。

4. 如司法机关确定您未被追究刑事责任，则请自收到判决/裁定之日起立即通知公司并提交相关法律文书，以便公司妥善处理后续事宜。

备注：此通知书通过□快递；□电子邮件；□手机短信；□微信　同步送达，以最先收到的为准。

×××公司（盖章）

年　月　日

相关法规

《劳动部关于贯彻执行〈中华人民共和国劳动法〉若干问题的意见》（劳部发〔1995〕309号）

28. 劳动者涉嫌违法犯罪被有关机关收容审查、拘留或逮捕的，用人单位在劳动者被限制人身自由期间，可与其暂时停止劳动合同的履行。

暂时停止履行劳动合同期间，用人单位不承担劳动合同规定的相应义务。劳动者经证明被错误限制人身自由的，暂时停止履行劳动合同期间劳动者的损失，可由其依据《国家赔偿法》要求有关部门赔偿。

第三步：通知工会后依法解除劳动合同

操作说明

如经法院生效判决认定员工应承担刑事责任，则公司可在通知工会后向员工家庭地址送达《解除劳动合同通知书》并保留相关的送达凭证。

注意事项

1. 鉴于员工被追究刑事责任可能存在无法正常查阅通知文件的情况，故一般向员工在劳动合同、入职登记表记载的家庭住址、紧急联系人地址同时送达解除文件。

2. 劳动合同解除通知书应注明所适用的法律规定，即员工被追究刑事责任，而不能与严重违反企业规章制度等解除事由混用。如劳动者系职务犯罪同时违反用人单位规章制度的，用人单位亦可提前以严重违纪解除劳动合同，但应有确凿证据作为前提。

3. 劳动合同的解除日期如无法明确，可以表述为自刑事判决生效之日起解除。

4. 即便属于被追究刑事责任解除劳动合同，用人单位仍有义务提前通知工会。

示范文本

解除劳动合同通知书

致______先生/女士：

鉴于：您已经生效判决被追究刑事责任，公司根据《劳动合同法》第三十九条第六项规定，通知您自______年______月______日起解除劳动合同。就其他相关事项告知如下：

一、双方劳动合同于______年______月______日解除。

二、您离职以后□择业自由，无需履行竞业限制义务（如有）；□需按照有关竞业限制约定履行竞业限制义务。

三、您离职以后应继续履行劳动合同或保密协议约定的保密义务，不得通过任何渠道、形式披露甲方的商业秘密、秘密信息（含本通知内容）；不从事任何损害甲方、甲方关联公司/客户/供应商及其雇员利益的活动，包括不招揽甲方已有客户或劝诱甲方员工离职。如有违反，公司有权追究您的法律责任。

备注：此通知书通过□快递给本人；□快递给紧急联系人地址　同步送达，以最先收到的为准。

×××公司（盖章）

年　月　日

相关法规

《劳动部办公厅关于〈劳动法〉若干条文的说明》（劳办发〔1994〕289号）

第二十五条 劳动者有下列情形之一的，用人单位可以解除劳动合同：

……

（四）被依法追究刑事责任的。

……

本条中“被依法追究刑事责任”，具体指：（1）被人民检察院免予起诉的；（2）被人民法院判处刑罚（刑罚包括：主刑：管制、拘役、有期徒刑、无期徒刑、死刑；附加刑：罚金、剥夺政治权利、没收财产）的；（3）被人民法院依据刑法第32条免予刑事处分的。

《关于职工被人民检察院作出不予起诉决定用人单位能否据此解除劳动合同问题的复函》（劳社厅函〔2003〕367号）

……对人民检察院根据《中华人民共和国刑事诉讼法》第一百四十二条第二款规定作出不起诉决定的职工，用人单位不能依据《劳动法》第二十五条第（四）项规定解除其劳动合同。但其行为符合《劳动法》第二十五条其他情形的，用人单位可以解除劳动合同。

第四步：办理离职手续（如有）

详见第三章第十三节“离职手续办理合规指引”。

第六节
不胜任解除合规指引

◆ 相关概念

1. 不胜任

是指劳动者不能按要求完成劳动合同中约定的任务或者同工种、同岗位人员的工作量。用人单位如通过绩效考核方式认定员工不胜任的，一般在考核劳动者是否胜任工作前，应明确告知劳动者考核方式及考核标准，并将考核结果送交劳动者签字确认。

2. 末位淘汰制

是指用人单位根据考核的结果对得分靠后的员工进行淘汰的管理制度。《第八次全国法院民事商事审判工作会议（民事部分）纪要》（法〔2016〕399号）明确，用人单位在劳动合同期限内通过“末位淘汰”或“竞争上岗”等形式单方解除劳动合同，劳动者可以用人单位违法解除劳动合同为由，请求用人单位继续履行劳动合同或者支付赔偿金。但在解除劳动关系情形之外，末位淘汰制并非当然违法，如用人单位根据绩效排序实施合理岗位调整则不在此限。

◆ 典型案例

员工转岗后不胜任工作，能否解除劳动合同？

曹某2018年3月入职某电力公司担任销售代表职位，2018年至2020年，电力公司均与曹某签订《销售激励协议》（约定了年度销售计划数），其中约定了曹某的业绩标准。2019年和2020年曹某连续两年业绩未达标。电力公司于2021年3月安排曹某填写《转岗申请》和《劳动合同变更协议》（仅约定了新旧岗位名称），曹某被调整为技术工程师职位。2021年7月，电力公司以曹某不胜任工作且经转岗后仍不胜任为由解除劳动合同。后曹某申请仲裁要求电力公司支付违法解除劳动合同赔偿金，庭审中曹某主张销售激励协议并未说明可用于证明不胜任工作，业绩未达标也不能证明不胜任工作，且双方系协商一致调岗并非因不胜任工作而调岗，转岗后公司也从未设置过考核标准。

专家分析

用人单位主张依据劳动者不能胜任工作而解除劳动合同的，应举证证明劳动者工作岗位的职责、胜任标准、劳动者不符合胜任标准的事实以及培训或调整工作岗位、变更工作内容后新岗位的职责、胜任标准、劳动者不符合新岗位胜任标准等事实。本案中，电力公司提交的《内部转岗申请表》对该职位的岗位职责、工作内容无约定，亦未举证证明双方就技术工程师的具体胜任标准进行过书面约定。而双方签订的两个财年的销售激励协议，仅约定绩效完成目标，未约定未完成相应目标的其他后果及相应责任，公司提交的绩效完成情况的统计表并未经曹某签字确认，其仅以“业绩完成不佳”等描述不足以证明曹某不胜任工作的事实。最终法院判决电力公司败诉。

♦ 合规指引

第一步：证明员工第一次不胜任工作

操作说明

用人单位与劳动者通过约定工作任务或考核标准等方式确定员工在某个岗位的具体胜任标准，然后通过日常沟通反馈、收集客观证据等证明员工确无法胜任本职工作。

注意事项

1. 目前多数企业通过绩效管理、绩效考核方式认定员工不胜任工作，故用人单位一般应当事先制定绩效管理或绩效考核相关的规章制度，明确绩效考核的主体、流程、方法、周期等内容，规范用人单位正确行使对员工工作进行评价的权利；上述规章制度应履行法定民主程序和公示告知程序。

2. 除制定规章制度外，考虑到不同岗位的胜任标准并不相同，管理者还需结合部门和岗位特点，通过劳动合同、岗位说明书、业绩目标承诺等方式明确员工的胜任标准或评价标准，该标准应当包含胜任与不胜任的界限，如销售指标为 100 万元，完成率至少 70%，低于 70%视为不胜任工作，如果不能将评价结果与不胜任工作进行挂钩，则很容易就考核结果的定性产生争议。

3. 除明确胜任标准之外，管理者还应在员工完成任务或目标过程中进行必要的培训、指导、提醒和监督并留下相应的痕迹，与最终的考评结果相互印证。

4. 用人单位应当严格按照既定的程序进行评估，包括安排面谈、告知考核结果、回应员工的申诉等。如员工属于不胜任工作的情形，应明确告知员工。

示范文本

绩效管理制度

1. 绩效管理原则

实事求是：绩效评估是根据员工的实际工作情况和工作职责设定的。

开放沟通：绩效评估既是评定员工的工作行为和工作效果，也是公司与员工之间进行管理沟通的一项重要活动。

保密：评估结果只对员工本人、直属上级、人力资源部公开，任何人不得将评估结果告知无关人员。

2. 绩效管理实施

2.1 目标设定

员工应当通过书面形式或人力资源相关系统完成个人业绩目标和工作表现计划的设定，直属上级参与目标设定的沟通和讨论并完成相应的审批，作为员工个人职业发展以及直属上级执行绩效反馈和评估的依据。

2.2 评估与反馈

公司将于每个绩效年度的年底对员工的工作绩效进行正式的评估。在整个绩效年度内直属上级应对员工的工作表现计划的执行情况通过系统、电子邮件、绩效对话等方式予以及时反馈，告知员工有待改进的方向，给予必要的支持和辅导，绩效反馈将作为直属上级执行正式绩效评估的依据。公司鼓励就绩效表现开展双向反馈，员工在日常工作中遇到任何困难或挑战，也应及时向直属上级进行反馈和沟通。

2.3 绩效考核周期

年终绩效管理考核周期：1 月 1 日至 12 月 31 日

不定期考核：直属上级根据员工实际情况进行

绩效考核周期根据岗位性质可由部门灵活掌握，除年度评估外，还可以开展月度、季度或不定期评估。

2.4 考核内容

考核内容根据部门和岗位的特殊性确定，具体考核标准以公司公布信息或上级通知的内容为准。

2.5 绩效评估结果应用

绩效结果将用于以下用途：

员工晋升或职位调整；

年终奖金或绩效奖金发放依据；

执行绩效改进计划、安排培训等。

2.6 绩效申诉

员工收到绩效评估结果后如有异议，可以在3日内向更高级别的主管提出书面申诉，逾期未提出申诉的视为接受考核结果。如果员工对主管回复不满意，可以向人力资源部提出申诉，人力资源部可以通过以下任意方式回应员工的申诉：

就员工反映的问题进行调查核实，事实清楚的，直接作出裁定；

组织员工和主管参加申诉会议，由双方共同举证，人力资源部居中裁决；

改变考核方法重新考核，如组织360度评估等，并告知新的考核结果。

申诉期间，员工仍应服从公司的合理安排，包括参加培训、短期调岗等。

2.7 绩效改进计划

若员工绩效评估结果未达到公司预期，或者员工的绩效问题经提醒后仍未改善，直属上级可为员工发起绩效改进计划（例如工作目标和/或行为/态度的改进，包括所要求的完成期限）程序。在绩效改进计划实施前，直属上级应当向员工明确说明绩效改进计划的绩效改善目标、衡量标准、完成期限以及所提供的资源和条件（如培训计划）。改进计划周期一般为1~3个月，具体以直属上级通知为准，员工应配合与改进计划相关的指令，如提交工作日志、工作报告、工作面谈、参加培训、提交培训小结等，拒不执行的将按不服从管理指令给予违纪处理。

2.8 其他

有关绩效评估的其他内容，可参见公司相关的政策、操作流程和指引。

相关法规

《劳动部办公厅关于〈劳动法〉若干条文的说明》（劳办发〔1994〕289号）

第二十六条 有下列情形之一的，用人单位可以解除劳动合同，但是应当提前三十日以书面形式通知劳动者本人：

……

（二）劳动者不能胜任工作，经过培训或者调整工作岗位，仍不能胜任工作的；

……

本条第（二）项中的“不能胜任工作”，是指不能按要求完成劳动合同中约定的任务或者同工种，同岗位人员的工作量。用人单位不得故意提高定额标准，使劳动者无法完成。

……

第二步：对员工实施针对性培训或调岗

操作说明

在已经证明员工不胜任工作的情况下，用人单位还应及时对不胜任员工采取对应管理措施，即按照法律规定实施培训或调岗，相关培训和调岗应明确原因和新的考核标准，为下一轮绩效评估做好铺垫。

注意事项

1. 用人单位实施培训或调岗应注明原因，否则可能导致培训和调岗的性质争议，比如员工可能主张所安排的培训系日常工作培训而非不胜任培训，公司安排的调岗系协商一致调岗或经营需要调岗，而非不胜任调岗，为避免争议，应当书面明确告知培训或调岗的理由。

2. 用人单位如安排培训，应与劳动者不胜任表现相关，具有一定的针对性，如对销售业绩不达标的员工安排英语培训可能不被认为有相关性。同时培训应有合理的周期（建议不低于 2 周），如安排 3 小时的面谈很难被理解为公司已尽培训义务。用人单位可安排若干次培训并丰富培训的形式和内容，如面谈沟通、实际作业指导、优秀员工拜访等，相关培训计划可事先书面或邮件告知，同时保留执行的痕迹，如要求员工提交培训记录。

3. 用人单位如安排调岗，除明确转岗原因之外还应注意调岗的合理性，如果员工的工作汇报关系没有发生改变，则应明确新岗位的职责，并体现与原岗位的差异，避免员工主张实际上未调岗。同时，为了体现公司安排的合理性，公司还可以安排一段时间进行岗前培训。

4. 在员工拒绝培训或调岗的特殊情况下，管理者应与员工进行沟通，固定员工拒绝执行的理由，拒绝执行的理由明显不成立的，可以按照规章制度进行处理，如按照不服从工作安排给予书面警告处理。

示范文本

培训通知书

______女士/先生：

经公司核对，截至______年____月，您共计销售达成____万元，销售达成率低于____%，您的业绩达成情况为不能胜任工作。您在公司设定的3个月绩效改善周期内仍未达标，为帮助您个人提升业务能力，达成业绩指标，特通知您自______年____月____日起参加业务培训，培训考试合格后，返回岗位。无故不参加培训将按照旷工处理，培训期间公司将安排食宿，交通费用按照公司制度报销。在此期间您将暂停一切市场活动，如果擅自拜访客户等将不视为提供劳动服务。望您在以后的工作中努力奋进，提升个人能力，为公司的发展添砖加瓦！

特此通知！

培训计划：

日期及培训主题如下：

第一周（时间段）：重点产品知识培训

第二周（时间段）：销售技巧及业务培训

第三周（时间段）：岗位及市场分析

第四周（时间段）：以客户为中心 自我素质提升

第五周（时间段）：总结考核

公司将根据您的培训及考试情况，制订后续培训及返岗计划。

×××公司（盖章）

年　月　日

相关法规

《中华人民共和国劳动合同法》（2012年12月28日修正）

第四十条　有下列情形之一的，用人单位提前三十日以书面形式通知劳动者本人或者额外支付劳动者一个月工资后，可以解除劳动合同：

……

（二）劳动者不能胜任工作，经过培训或者调整工作岗位，仍不能胜任工作的；

……

第三步：第二次证明员工不胜任工作

操作说明

用人单位对不胜任员工进行培训或调岗后，应再次明确胜任标准，通过设定合理的考核周期、持续阶段反馈等第二次证明员工不胜任工作。就第二次不胜任的证明，用人单位仍然需要承担举证责任。

注意事项

1. 对不胜任员工实施培训的，用人单位仍可按原岗位的考核标准对员工进行考核，尽管如此，仍建议结合新的考核周期明确新一轮的绩效考核标准。

2. 对不胜任员工实施调岗的，用人单位一般不得按照年初原定的考核标准实施考核，通常而言，不胜任调岗的，新岗位的要求一般会低于原岗位的，故而用人单位应当及时调整考核要求，根据新的考核周期明确考核要求。

3. 第二次考核周期的设定上，通常可以短于第一次考核的周期（如年度考核调整为半年度考核或季度考核），但用人单位在相关制度和考核方案中予以明确将有助于降低风险，如规定，员工不胜任工作的，公司可安排3~6个月的新的考核周期（具体由上级主管确定）。

示范文本

不胜任员工阶段性反馈记录表

员工姓名：　　　　职位：

考核类型：经培训或调岗后再次考核

考核周期：　　年　月　日至　　年　月　日

第一周（时间段）反馈：

第二周（时间段）反馈：

第三周（时间段）反馈：

第四周（时间段）反馈：

最终考核结果：

员工签名：　　　　　　主管签名：

第四步：审查是否存在解雇保护情形

操作说明

根据法律规定，用人单位不得以不胜任为由解除“三期”、医疗期内等属于解雇保护范围的员工，故在执行单方解除前，应事先审查员工是否属于《劳动合同法》第四十二条所规定的解雇保护范围。

注意事项

1. 用人单位可以在单方解除劳动合同前尝试与不胜任的员工协商解除，如双方就协商解除劳动合同达成一致，可签署《协商解除劳动合同协议》后办理离职手续。

2. 如劳动者不同意协商解除，则用人单位应当审查员工是否属于职业危害岗位，在工伤停工留薪期内，或经劳动能力鉴定为部分丧失劳动能力，在本单位工作满 15 年且距离退休不满 5 年，处于“三期”，处于病假且尚在医疗期内等，如属于上述情形，则应继续履行劳动合同。

3. 如用人单位事后发现员工处于解雇保护情形（如事后发现怀孕），则可以撤销解除通知书并继续履行劳动合同。

相关法规

《中华人民共和国劳动合同法》（2012 年 12 月 28 日修正）

第四十二条　劳动者有下列情形之一的，用人单位不得依照本法第四十条、第四十一条的规定解除劳动合同：

（一）从事接触职业病危害作业的劳动者未进行离岗前职业健康检查，或者疑似职业病病人在诊断或者医学观察期间的；

（二）在本单位患职业病或者因工负伤并被确认丧失或者部分丧失劳动能力的；

（三）患病或者非因工负伤，在规定的医疗期内的；

（四）女职工在孕期、产期、哺乳期的；

（五）在本单位连续工作满十五年，且距法定退休年龄不足五年的；

（六）法律、行政法规规定的其他情形。

第五步：通知工会及通知解除劳动合同

操作说明

员工不胜任工作，经过培训或调岗后仍然不胜任，且不属于解雇保护范围的，用人单位可以将解除事项依法通知工会，之后再向员工送达解除劳动合同通知书。同时，根据法律规定应依法支付经济补偿金，未履行提前30日通知义务的还需支付一个月工资的代通知金。

注意事项

1. 用人单位如以员工不胜任岗位为由单方解除劳动合同，按照法律规定应提前通知工会并保留通知工会的凭证。

2. 用人单位撰写的单方解除通知书应明确解除劳动合同的法律理由，并明确解除日期、离职手续、补偿支付等事项。

3. 用人单位可以通过短信、微信、快递和邮件等方式同步送达解除劳动合同通知书并明确以最先送达的时间为准。

示范文本

解除劳动合同通知书

______先生/女士：

您的劳动合同起始日期为______年______月______日。鉴于您在职期间存在不胜任工作且经过培训或调岗后仍然不胜任工作的情形，根据《劳动合同法》第四十条第二项的规定，公司通知您即日解除劳动合同关系。您的最后工作日为______年______月______日，请按公司要求在离职前办结离职交接手续。公司将在您办结工作交接手续后依法支付经济补偿金和代通知金。

特此通知。

×××公司（盖章）

年　月　日

相关法规

《中华人民共和国劳动合同法》（2012 年 12 月 28 日修正）

第四十三条 用人单位单方解除劳动合同，应当事先将理由通知工会。用人单位违反法律、行政法规规定或者劳动合同约定的，工会有权要求用人单位纠正。用人单位应当研究工会的意见，并将处理结果书面通知工会。

第四十六条 有下列情形之一的，用人单位应当向劳动者支付经济补偿：

……

（三）用人单位依照本法第四十条规定解除劳动合同的；

……

《中华人民共和国劳动合同法实施条例》（2008 年 9 月 18 日发布）

第二十条 用人单位依照劳动合同法第四十条的规定，选择额外支付劳动者一个月工资解除劳动合同的，其额外支付的工资应当按照该劳动者上一个月的工资标准确定。

第六步：办理离职手续

详见第三章第十三节“离职手续办理合规指引”。

第七节 客观情况发生重大变化解除合规指引

◆ 相关概念

客观情况发生重大变化

是指发生不可抗力或出现致使劳动合同全部或部分条款无法履行的情况。《劳动合同法》未明确规定客观情况发生重大变化的内涵和外延，而企业的调整措施往往包含诸多主客观因素，导致学理上和司法实践中对客观情况发生重大变化的认定存在诸多争议①。

◆ 典型案例

改变内部组织架构是否属于客观情况发生重大变化?

2016 年 8 月 1 日，邱某进入某医药公司工作。劳动合同中约定其职务为东北大区经理，工作地点为长春。从 2021 年 3 月开始，医药公司对组织架构进行了大规模的调整，涉及多个部门。邱某作为东北大区的代表，也在本次调整范围之内。东北大区和西北大区进行了合并，公司选择了西北大区的经理担任两区合并后的经理，即邱某原来的岗位已被撤销。由于邱某原来所在地区没有岗位空缺，公司与邱某协商将其调往上海，职务等级和工资待遇保持不变。邱某拒绝。2021 年 5 月 8 日，邱某接到解除劳动合同通知书。其中载明，解除原因是劳动合同订立时所依据的客观情况发生重大变化，致使原劳动合同无法履行，经协商不能就变更劳动合同达成协议。邱某不服，提起劳动仲裁，要求医药公司支付违法解除赔偿金等。案件审理中，医药公司主张，公司作出董事会决议，进行了多项组织架构调整。其中包括邱某所在的东北大区与西北大区的合并。该调整是公司基于优化结构、精简高效的现

---

① 主要争议包括：(1) 除政策、环境、自然等外部原因的变化外，客观情况发生重大变化是否包括企业经营等内部原因，如企业自主裁撤岗位是否属于客观情况发生重大变化，不同地区的判决不尽一致，如在（2022）沪 0105 民初 6785 号案件中，法院认为，劳动合同订立基础不仅包括外部因素，如经营场地、经营范围的存续，也包括内部因素，如企业履行合同所需的正常经济环境。外部因素的变化会动摇劳动合同订立的基础，内部因素的变化也同样会如此。以经营这样的内部原因可以预料而排斥其作为劳动合同订立的基础，是不合理而且是苛刻、僵硬的，因为任何事件都可以说是可预见的，差别在于是否可以被合理预见。而在（2020）京 03 民终 4365 号案件中，法院则认为，“劳动合同订立时所依据的客观情况发生重大变化”是指劳动合同订立后发生了用人单位和劳动者订立合同时无法预见的变化，致使双方订立的劳动合同全部或者主要条款无法履行，或者若继续履行将出现成本过高等显失公平的状况，致使劳动合同目的难以实现。适用该条规定，需要合同无法履行具有客观性，具体来讲，主要包含以下含义：一是作为劳动合同法律行为基础或环境的客观事实在客观上发生了异常变动，二是变动由不可归责于当事人的事由所致，三是变动是当事人所未预见且不能预见的。客观情形的认定中，外因起主导作用，用人单位的自主决定权相对较弱。而与之不同，因企业转产、重大技术革新或者经营方式调整以及其他因客观经济情况发生重大变化时用人单位采取的应对举措，即便确实产生了单位迁移、资产转移等客观结果，但因系用人单位为追求企业利润而主动采取的适应市场变化的经营行为，故不属于与劳动者在订立劳动合同时无法预见的、不以双方主观意志为转移的“客观情况”范畴。(2) 客观情况发生重大变化是否应剔除经营困难等经济性裁员的情形。

代企业管理原则进行的科学调整，是公司正当行使企业自主经营权的体现，不存在以此为借口解雇邱某的主观意愿。由于东北大区被合并后，东北大区不存在其他同等级别同等待遇的工作岗位，客观上引起邱某工作岗位的丧失，无法继续按照原劳动合同履行，属于签订劳动合同时客观情况发生重大变化。邱某则主张企业内部组织结构调整并非基于“客观情况”，而是基于企业自主决策，属于医药公司主观范畴能够决定的事项。此外，根据相关规定，“客观情况”也是指“发生不可抗力或出现致使劳动合同全部或部分条款无法履行的其他情况，如企业迁移、被兼并、企业资产转移等”，而本案公司企业内部的部门调整也不在此明文规定内。

专家分析

客观情况发生重大变化源自民法中的“情势变更”原则，意指当劳动合同有效成立后，因不可归责于双方当事人的原因，致使劳动合同赖以成立的基础出现动摇或者丧失，如果继续履行该劳动合同会显失公平，此时法律允许劳动合同的主体变更合同内容或者解除合同。该法律规定能够有效解决用人单位在用工过程中出现的僵局，也是对用人单位合法权益的一种保护，但客观情况发生重大变化一般需充分考虑企业采取措施的必要性。本案中，医药公司对大区进行合并，但相关工作内容并未在组织内消失，且医药公司未能举证其调整组织架构的充分必要性，故而难以认定邱某的劳动合同客观上无法继续履行。法院审理后认为，其组织结构调整完全是出于自身的利益需要，属于企业根据自身经营状况选择的自主经营性调整。其原因并非与“不可抗力”及“企业迁移、被兼并、企业资产转移”在同一层次上的重大客观事实，所以不能认定医药公司进行结构调整属于《劳动部办公厅关于〈劳动法〉若干条文的说明》第二十六条中的“客观情况发生重大变化”。

◆ 合规指引

第一步：识别相关调整是否构成客观情况发生重大变化

操作说明

用人单位应当结合企业变动的内外部原因、对劳动者的影响程度、双方劳动合同的事先约定以及所在地的司法实践综合判断企业变动是否构成客观情况发生重大变化的情形。

注意事项

1. 不可抗力、企业异地搬迁、资产业务转移系部门规章明确规定的属于客观情况发生重大变化的情形，但仍然需要企业提供相关证据加以佐证，如政府发布的文件、相关市场主体之间签署的资产转让协议等。

2. 基于企业因外部市场环境变化而采取的调整措施，如组织架构调整、生产经营方式调整、关闭生产线、业务外包等，需要综合考虑变化的起因、幅度，结合各地司法实践可重点考虑如下因素：（1）相关变化必须是客观、必要的，更多着眼于被动应对外部变化，如企业已遭遇较大经营困境，必须采取裁撤部门和岗位的措施；如企业着眼于“发展”“利润提升”而非“存续”，则难以认定客观情况发生重大变化。（2）企业的变动需是善意的，相关变动不针对特定劳动者，变动的幅度相对较大，如与个别岗位撤并相比，部门整体撤销、整条业务线关闭更可能认定客观情况发生重大变化；如涉及人数较多也可能是司法实践考虑的因素之一，因为涉及人数较少时企业可采取更多内部救济措施，如安排其他岗位等。（3）企业的变动履行了充分的民主沟通和公示程序，获得劳动者的理解和认同，由于劳动者是企业管理的亲历者，更可能对企业的调整措施作出判断，如工会、职工代表或大部分劳动者理解和支持的公司的决策，更有利于认定客观情况发生重大变化。

3. 从降低企业风险的角度来看，用人单位可与劳动者在劳动合同中事先约定客观情况发生重大变化的情形，如业务亏损下的部门岗位裁撤、公司异地搬迁、公司修改规章制度（导致与员工劳动合同不一致的情形）、公司执行竞聘上岗等，同时亦可包括一部分因劳动者原因导致的客观情况发生重大变化，如劳动者经职业健康检查不能从事原工作的情形等。

示范文本

劳动合同示范条款

劳动合同订立时所依据的客观情形发生重大变化，致使劳动合同无法履行，经公司与员工协商，未能就变更劳动合同内容达成协议的。其中“客观情况发生重大变化”包括如下情形：

公司搬迁（同一城市内的搬迁或工作地点变化除外，此时员工需配合公司的合理安排）；

公司的业务缩减，或者产品品种或产量缩减，或者丢失主要客户；

公司关闭部分业务或将部分业务转移或外包给第三方；

公司精简或者调整组织机构导致相关部门或岗位撤销；

员工身体条件导致无法从事原岗位；

员工所从事岗位的必备证件或资格被取消或吊销（如驾驶证等）；

员工作为公司或关联公司的高级管理人员，被公司董事会或者关联公司的董事会从高级管理人员职务上解聘的；

其他经公司管理层会议批准的属于“客观情况发生重大变化”的情形；

相关法律法规规定的其他情形。

其中“未能就变更劳动合同内容达成协议的”，是指公司通过以下任意一种或多种方式与员工协商最终仍未能达成一致的情形：

公司根据岗位空缺情况向员工发布岗位以供员工申请；

公司提供变更工作岗位/工作地点/工作时间/管理方式的方案；

公司提供停工待岗的方案；

公司提供其他关联公司岗位或就业机会的方案；

征求员工关于变更合同的意见；

其他合理的形式。

相关法规

《劳动部办公厅关于〈劳动法〉若干条文的说明》（劳办发〔1994〕289号）

第二十六条 有下列情形之一的，用人单位可以解除劳动合同，但是应当提前三十日以书面形式通知劳动者本人：

……

（三）劳动合同订立时所依据的客观情况发生重大变化，致使原劳动合同无法履行，经当事人协商不能就变更劳动合同达成协议的。

……

本条中的“客观情况”指：发生不可抗力或出现致使劳动合同全部或部分条款无法履行的其他情况，如企业迁移、被兼并、企业资产转移等，并且排除本法第二十七条所列的客观情况。

《北京市高级人民法院、北京市劳动人事争议仲裁委员会关于审理劳动争议案件法律适用问题的解答》（2017 年 4 月 24 日）

12. 哪些情形属于《劳动合同法》第四十条第三项规定的“劳动合同订立时所依据的客观情况发生重大变化”？

“劳动合同订立时所依据的客观情况发生重大变化”是指劳动合同订立后发生了用人单位和劳动者订立合同时无法预见的变化，致使双方订立的劳动合同全部或者主要条款无法履行，或者若继续履行将出现成本过高等显失公平的状况，致使劳动合同目的难以实现。

下列情形一般属于“劳动合同订立时所依据的客观情况发生重大变化”：(1) 地震、火灾、水灾等自然灾害形成的不可抗力；(2) 受法律、法规、政策变化导致用人单位迁移、资产转移或者停产、转产、转（改）制等重大变化的；(3) 特许经营性质的用人单位经营范围等发生变化的。

第二步：由决策机关作出有效的调整决议并履行民主公示程序

操作说明

如用人单位已识别相关变革举措可构成客观情况发生重大变化的情形，为了避免争议，用人单位仍需按照公司章程的规定，由董事会或其他决策机构依法作出调整决议，如决定撤销相关岗位，则需明确撤销原因、撤销时间等。同时为了保障员工的知情权，相关调整决议的内容可通过向工会报备、听取员工意见等履行民主沟通程序。

注意事项

1. 根据《公司法》规定，组织机构的设置是董事会的权利，公司章程另有规定的从其规定，故用人单位可查看本公司章程确定作出调整决议的合适主体，考虑调整决议对员工的影响，一般建议由管理层集体讨论后决定而非个别高级管理人员直接发邮件通知。

2. 以撤销岗位为例，由于公司的调整措施往往对员工影响甚大，企业可以提前与工会、职工代表或全体员工进行沟通协商，并固定协商的证据。

3. 用人单位作出正式的调整决定，应向受影响的员工进行公示和告知，确保员工清晰地理解公司的决定。

示范文本

岗位撤销工会沟通函

×××公司工会委员会：

因近一年来公司××部门业务量连续多个季度大幅下滑，同时伴随营业额的急剧下降，使得本部门多个岗位实际上已无工作量，经过慎重考虑，从即日起撤销以下岗位：

……

就上述情况，请工会回复意见为盼。

×××公司（盖章）

年 月 日

相关法规

《中华人民共和国劳动合同法》（2012年12月28日修正）

第四十条 有下列情形之一的，用人单位提前三十日以书面形式通知劳动者本人或者额外支付劳动者一个月工资后，可以解除劳动合同：

……

（三）劳动合同订立时所依据的客观情况发生重大变化，致使劳动合同无法履行，经用人单位与劳动者协商，未能就变更劳动合同内容达成协议的。

第三步：与员工协商变更劳动合同内容

操作说明

即便属于客观情况发生重大变化导致劳动合同无法履行的情形，用人单位在解除劳动合同前仍需与员工就变更劳动合同内容（包括工作岗位、工作时间、工作地点等）进行协商，并固定协商不一致的证据。尽管法律未规定用人单位如何协商变更劳动合同，但应秉持善意原则。①

注意事项

1. 协商变更劳动合同内容程序需由用人单位发起，即向受影响的员工提供明确的劳动合同变更方案，如用人单位仅仅提供个别岗位的面试机会，一般不视为履行了协商变更程序。

2. 用人单位提供具体的变更方案，应明确具体的岗位名称、工资标准、工作地点等，如用人单位提供的岗位与劳动者之前的工作经验或工作内容无任何关联（如将程序员转销售岗，或将行政人员转财务岗），或大幅度降低员工的工资标准（如降薪比例超过 50%），则可能导致仲裁委员会和法院认定用人单位未尽诚信协商义务，故用人单位应尽可能提供相对合理的变更方案。

3. 用人单位提供的变更方案应为劳动合同主体不变的方案，如提供与第三方签订劳动合同的方案，其实质是协商变更劳动合同主体而非协商变更劳动合同内容，难以认定用人单位履行了法定程序。

4. 用人单位与劳动者协商变更合同内容应满足合理的时间要求，除劳动

---

① 如在（2022）沪 0105 民初 6785 号案件中，法院认为，我们尝试对“协商变更”中的善意提出以下几个可以考虑的因素：（1）用人单位告知劳动者客观情况发生重大变化时，是否正式、准确、全面。一般而言，一个正式的、深思熟虑的决定，比一个草率的、临时起意的决定更能证明用人单位的“善意”；一个准确、全面的告知，比模糊、部分的告知更能体现“善意”。要求用人单位告知劳动者的客观情况必须准确、全面，是为了让劳动者对于是否接受变更后的劳动合同有合理的判断。当然，用人单位告知的情况更不能是编造的、虚假的，如果是编造的、虚假的，那我们可以直接以此否定用人单位的“善意”。例如，用人单位告知的是要裁撤某个部门，而实际上该部门并未裁撤、只是换了个名称，解除劳动合同后立即招录同岗位的新人，就是典型的编造虚假情况。（2）协商的过程是否郑重其事。协商可以是口头的，也可以是书面的，但不管用人单位采取何种形式，告知都应该是郑重其事的，不能让劳动者感觉只是泛泛地听听意见。通常用人单位高层领导、人力资源部门人员的出面，要比只是让一般同事带个口信、在公司过道里聊上几句郑重其事。协商进行多次、时间持续较长，给予劳动者合理的思考时间，也可以在一定程度上证明用人单位的郑重其事。如果协商只有一次，时间持续只有几分钟，或者协商后用人单位要求劳动者在很短时间内答复甚至要求当场答复，都可能让人怀疑所谓协商只是个形式、幌子。（3）用人单位提供的变更后的劳动合同内容是否符合用人单位的现状，对劳动者而言是否合理。对此，可以考察用人单位在准备解除时是否准备了调岗部门，用人单位安排调岗是否有难度，在客观情况发生后还保留多少部门，劳动者的专业是否有普适性，保留下来的部门中是否还有适合劳动者的岗位，安排劳动者去新岗位的待遇如期限、报酬等是否相差过大、明显不合理。（4）协商过程中是否有威胁不同意变更就解除合同。协商变更中的“善意”，是要求双方通过协商、妥协以保留劳动关系，而不是去直接“协商解除”劳动关系，因此，如果用人单位在协商过程中有着不接受变更就解除合同的威胁——这种威胁可能是直白的，也可能是隐晦的——那我们就可以据此直接否定用人单位的“善意”。

者明确拒绝或者双方就沟通时间达成一致的情形外，可以给员工不超过 15 日的反馈时间。

示范文本

变更劳动合同征求意见函

______（员工姓名）：

您好！

因岗位撤销的原因，您劳动合同所依据的客观情况发生重大变化，且双方劳动合同无法继续履行。根据《劳动合同法》第四十条第三项规定，公司现征求您关于变更劳动合同的意见，拟提供如下变更方案：

部门：　　岗位：　　　　　工作地点：

基本工资（税前）：　　　　调岗生效日期：

请您在　　年　　月　　日 15：00 之前填写《回执》并签字后交回人力资源部。同时您有权向公司提出变更劳动合同的意见。如双方最终未能签订变更劳动合同协议，则视为双方就变更劳动合同无法达成一致，请您慎重考虑。

×××公司（盖章）

年　　月　　日

回　执

×××公司：

本人______已仔细阅读上述内容。经慎重考虑，对于上述变更劳动合同内容的意见如下：

□同意变更　　　　□不同意变更

签名：

日期：

相关法规

《北京市劳动合同规定》（2021 年 12 月 30 日修改）

第二十八条　订立劳动合同时所依据的客观情况发生重大变化，致使原劳动合同无法履行，当事人一方要求变更其相关内容的，应当将变更要求以书面形式送交另一方，另一方应当在15日内答复，逾期不答复的，视为不同意变更劳动合同。

第四步：审查是否存在解雇保护情形

操作说明

根据法律规定，用人单位不得以客观情况发生重大变化为由解除“三期”、医疗期内等属于解雇保护范围的员工，故在执行单方解除前，应事先审查员工是否属于《劳动合同法》第四十二条所规定的解雇保护范围。

注意事项

1. 用人单位可以在单方解除劳动合同前尝试与员工协商解除，如双方就协商解除达成一致，则签署《协商解除劳动合同协议》后办理离职手续。

2. 如劳动者不同意协商解除，则用人单位应当审查员工是否属于职业危害岗位，在工伤停工留薪期内，或经劳动能力鉴定为部分丧失劳动能力，在本单位工作满15年且距离退休不满5年，处于“三期”，处于病假且尚在医疗期内等，如属于上述情形，则应继续履行劳动合同。

3. 如用人单位事后发现员工存在解雇保护情形（如事后发现怀孕），则可以撤销解除通知书并继续履行劳动合同。

相关法规

《中华人民共和国劳动合同法》（2012年12月28日修正）

第四十二条 劳动者有下列情形之一的，用人单位不得依照本法第四十条、第四十一条的规定解除劳动合同：

（一）从事接触职业病危害作业的劳动者未进行离岗前职业健康检查，或者疑似职业病病人在诊断或者医学观察期间的；

（二）在本单位患职业病或者因工负伤并被确认丧失或者部分丧失劳动能力的；

（三）患病或者非因工负伤，在规定的医疗期内的；

（四）女职工在孕期、产期、哺乳期的；

（五）在本单位连续工作满十五年，且距法定退休年龄不足五年的；

（六）法律、行政法规规定的其他情形。

第五步：通知工会及通知解除劳动合同

操作说明

符合客观情况发生重大变化情形，经协商变更合同无法达成协议，且劳动者不属于解雇保护范围的，用人单位可以选择单方解除劳动合同，但应事先将解除事项依法通知工会，之后再向员工送达解除劳动合同通知书。同时，根据法律规定应依法支付经济补偿金，未履行提前30日通知义务的还需支付一个月工资的代通知金。

注意事项

1. 用人单位以客观情况发生重大变化为由单方解除劳动合同的，按照法律规定应提前通知工会并保留通知工会的凭证。

2. 用人单位撰写的单方解除通知书应明确解除的事实理由（何种情况构成了客观情况发生重大变化）和法律理由（《劳动合同法》第四十条第三项规定），并明确解除日期、离职手续、补偿支付等事项。

3. 用人单位可以通过短信、微信、快递和邮件等方式同步送达解除劳动合同通知书并明确以最先送达的时间为准。

示范文本

解除劳动合同通知书

员工（姓名）______（身份证号码：________________）与本公司签订有《劳动合同》。因您所在部门解散、相关职位撤销，劳动合同所依据的客观情况发生重大变化，导致双方劳动合同无法继续履行。公司曾与您就变更劳动合同进行充分协商，然最终未能达成一致，现公司根据《劳动合同法》第四十条第三项规定，通知您自______年____月____日解除劳动合同。请您于离职日前办结工作交接手续，公司将在您办结交接手续后依法支付经济补偿金和代通知金。

×××公司（盖章）
年　月　日

相关法规

《中华人民共和国劳动合同法》（2012 年 12 月 28 日修正）

第四十三条　用人单位单方解除劳动合同，应当事先将理由通知工会。用人单位违反法律、行政法规规定或者劳动合同约定的，工会有权要求用人单位纠正。用人单位应当研究工会的意见，并将处理结果书面通知工会。

第四十六条　有下列情形之一的，用人单位应当向劳动者支付经济补偿：

……

（三）用人单位依照本法第四十条规定解除劳动合同的；

……

《中华人民共和国劳动合同法实施条例》（2008 年 9 月 18 日发布）

第二十条　用人单位依照劳动合同法第四十条的规定，选择额外支付劳动者一个月工资解除劳动合同的，其额外支付的工资应当按照该劳动者上一个月的工资标准确定。

第六步：办理离职手续

详见第三章第十三节“离职手续办理合规指引”。

第八节
经济性裁员合规指引

◆ 相关概念

1. 经济性裁员

是指用人单位根据《劳动合同法》第四十一条规定执行人员裁减的情况。

2. 破产重整

是指债务人或者债权人依照《企业破产法》规定，向人民法院申请对债务人进行重整的法定程序。债权人申请对债务人进行破产清算的，在人民法院受理破产申请后、宣告债务人破产前，债务人或者出资额占债务人注册资本十分之一以上的出资人，可以向人民法院申请重整。

◆ 典型案例

公司亏损是否属于经营发生严重困难？

袁某于 2012 年 2 月 1 日入职某技术公司，任初级项目经理。技术公司与袁某签订了四次劳动合同；其中，最后一份劳动合同为 2019 年 2 月 1 日签订的无固定期限劳动合同。2020 年 3 月，技术公司提高了袁某的月工资标准。技术公司在 2016 年度亏损 660 余万元。技术公司在 2017 年度至 2019 年度期间每年均处于盈利状态，盈利金额分别为：790 余万元、320 余万元、480 余万元。技术公司 2020 年度的审计报告显示其公司在该年度亏损 320 余万元。2020 年 12 月，技术公司组建了工会，工会由 3 名工会委员组成，工会主席由技术公司的董事兼财务经理担任。2021 年 1 月 25 日，技术公司董事会基于“保持公司在中国市场继续生存”“提高公司的可持续性和竞争力”的需要，作出了将员工总数由现有的 37 人减少至 20 人的经济性裁员决定。

2021 年 2 月 4 日至 3 月 5 日，技术公司三次就经济性裁员方案征求工会意见，并就经济性裁员方案进行了优化调整。3 月 9 日，技术公司向北京市某区劳动行政部门提交了经济性裁员的裁减人员方案。

3 月 18 日，技术公司就经济性裁员事宜召开全体员工大会，公布了裁减人员方案，其中的经济补偿标准为：“在员工签署《解除劳动合同书》并完成交接的情况下，经济补偿金标准为 N+1；在员工未签署《解除劳动合同书》，或者未完成交接的情况下，经济补偿标准为 N。”袁某未签署《解除劳动合同书》，技术公司基于经济性裁员方案在 3 月 18 日通知袁某于 3 月 31 日解除劳动合同。后袁某申请仲裁，要求技术公司支付违法解除劳动合同的赔偿金。庭审中技术公司主张其因不可抗力导致亏损，符合生产经营发生严重困难的情形。

专家分析

用人单位在生产经营过程中出现亏损，并不必然导致生产经营困难，即便由此导致生产经营困难，相应困难是否达到严重困难（即致使劳动合同无法继续履行）的程度亦需进一步考量。本案中，技术公司在 2017 年至 2019 年均处于高额盈利状态，即便技术公司 2020 年度的审计报告显示其公司在该年度亏损 320 余万元，但技术公司在此情况下，仍在提高袁某的月工资标准。在此前三年高额盈利的情况下，仅凭前述亏损亦不足以认定技术公司的生产经营达到了严重困难的程度。最终，法院审理后认为，技术公司作出的经济性裁员决定，并非在采取诸如与工会代表、员工代表或员工协商降薪，寻求投资方纾困等扭亏措施未果的情况下所作出。技术公司在作出经济性裁员及与袁某解除劳动合同的决定之前，并未达到生产经营发生严重困难，致使其公司与袁某签订的劳动合同无法履行的程度，即技术公司与袁某解除劳动合同的行为缺乏事实依据。

◆ 合规指引

第一步：识别是否满足裁员的实体条件

操作说明

用人单位应当结合本企业的实际经营状况和《劳动合同法》第四十一条规定确定是否存在破产重整、经营发生严重困难、技术革新转产、客观经济情况发生重大变化等四种法定情形，之后研判可否采取经济性裁员举措。如不符合条件，则应通过协商解除等其他方式执行人员调整。

注意事项

1. 经济性裁员实体条件中，“破产重整”需要经过法院作出有效的裁定；“生产经营发生严重困难”可根据地方政府出台的一些涉及困难企业缓缴社保规定进行判断，一般要求企业持续亏损，且已经采取了避免裁员的举措，如停止加薪、冻结招聘等，“严重困难”的认定取决于司法自由裁量权，其判断标准更多涉及企业的“存续”问题，通常审查较为严格，并非公司亏损就一定能够认定“经营发生严重困难”。“技术革新转产”则需要企业就变更合同进行努力，如企业安排新的岗位，员工拒绝的才能启动经济性裁员；“客观经济情况发生重大变化”多指企业外部经济情况的巨变且对本企业产生较大影响，如 2008 年金融危机、中美贸易战等特殊情形。

2. 除了实体条件之外，经济性裁员还有人数要求，如裁减人数不足 20 人也未达到职工人数的 10%，则企业无法按照《劳动合同法》第四十一条规定执行经济性裁员。

3. 在实践中，经济性裁员在向政府报送材料时还需提供工会或职工代表意见，如企业尚未成立工会组织或者不愿意通过民主选举推选职工代表，那么一般也不建议执行经济性裁员。

示范文本

劳动合同示范条款

发生以下情形的，属于生产经营发生严重困难，甲方可与乙方协商解除劳动合同或按照法律规定执行经济性裁员：

1. 公司连续两年亏损且亏损有所增加的；
2. 公司连续三个月停工停产的；
3. 公司的现金流已不足以支付全部员工三个月工资和五险一金的；
4. 公司已经发生资不抵债的情形；
5. 与工会协商一致确定的其他情形；

相关法规

《中华人民共和国劳动合同法》（2012 年 12 月 28 日修正）

第四十一条第一款 有下列情形之一，需要裁减人员二十人以上或者裁减不足二十人但占企业职工总数百分之十以上的，用人单位提前三十日向工会或者全体职工说明情况，听取工会或者职工的意见后，裁减人员方案经向劳动行政部门报告，可以裁减人员：

（一）依照企业破产法规定进行重整的；

（二）生产经营发生严重困难的；

（三）企业转产、重大技术革新或者经营方式调整，经变更劳动合同后，仍需裁减人员的；

（四）其他因劳动合同订立时所依据的客观经济情况发生重大变化，致使劳动合同无法履行的。

《劳动部办公厅关于〈劳动法〉若干条文的说明》（劳办发〔1994〕289号）

第二十七条　用人单位濒临破产进行法定整顿期间或者生产经营状况发生严重困难，确需裁减人员的，应当提前三十日向工会或者全体职工说明情况，听取工会或者职工的意见，经向劳动行政部门报告后，可以裁减人员。

用人单位依据本条规定裁减人员，在六个月内录用人员的，应当优先录用被裁减的人员。

本条中的"法定整顿期间"指依据《中华人民共和国破产法》和《民事诉讼法》的破产程序进入的整顿期间。"生产经营状况发生严重困难"可以根据地方政府规定的困难企业标准来界定。"报告"仅指说明情况，无批准的含义。"优先录用"指同等条件下优先录用。

第二步：确定裁员名单和补偿标准

操作说明

如判断符合经济性裁员的实体条件和人数条件，用人单位可先行拟定裁员名单和补充标准，其中裁员名单应满足合法性和公平性，将"三期"、工伤等属于解雇保护范围的人员排除在外，同时考虑法律规定的优先留用人员。

注意事项

1. 经济性裁员名单一般由企业先行拟定，之后听取工会或员工的意见，有些企业执行员工自主申报和企业民主评议相结合的方式。总之，名单应当尽可能满足公平性原则，减少内部争议。

2. 经济性裁员名单一般需明确剔除处于"三期"的职工、工伤尚未劳动能力鉴定或已部分丧失劳动能力的工伤职工、本单位工作满15年且距离退休不满 5 年的职工等。此外，在同等条件下，需优先留用无固定期限劳动合同职工、家庭无其他就业人员、较长固定期限劳动合同职工。

3. 经济性裁员的补偿标准不得低于法定补偿标准，为了减少单方解除风险，企业还可以适当提高补偿标准以引导员工同意与公司协商解除劳动合同。

相关法规

《中华人民共和国劳动合同法》（2012 年 12 月 28 日修正）

第四十一条第二款 裁减人员时，应当优先留用下列人员：

（一）与本单位订立较长期限的固定期限劳动合同的；

（二）与本单位订立无固定期限劳动合同的；

（三）家庭无其他就业人员，有需要扶养的老人或者未成年人的。

第三步：提前三十日通知员工或工会并履行民主公示程序

操作说明

用人单位在做好相应前期准备后，应将裁员方案提前 30 日通知全体员工或工会，听取工会或全体职工的意见，确保工会或职工的知情权和监督权。

注意事项

1. 经济性裁员的提前通知程序和民主程序系法定程序，如系国有企业或全民所有制企业，应经职代会审议通过，其他企业应充分听取工会或职工的意见，并固定相应的证据。

2. 就提前通知的内容而言，一般包括：（1）企业出现可经济性裁员的具体情形、产生的原因；（2）对企业生产经营的影响程度、影响范围（部门、岗位等情况）。

3. 就履行民主程序的内容而言，一般由用人单位提出裁减人员的初步方案，具体包括以下内容：（1）裁员依据的法定情形；（2）裁员范围、裁员数量和比例；（3）被裁减人员的选择标准；（4）裁员时间及实施步骤；（5）被裁减人员经济补偿方式和标准。

示范文本

×××有限责任公司裁员方案

（　　年　月　日）

一、裁员的基本背景

二、裁员对象信息

1. 企业裁员人数：

2. 总职工人数：

3. 裁员人数占总职工人数的比例：

4. 裁减人员名单

序号	姓名	身份证号码	劳动合同期限	备注

三、经济补偿准备情况

1. 经济补偿的具体方案：

2. 经济补偿总额：

四、是否采取补救措施的情况说明

……

×××公司（盖章）

年　月　日

第四步：向有管辖区的劳动行政部门履行报告程序

操作说明

经济性裁员方案履行民主程序后还需向有管辖权的劳动行政部门履行报告程序。用人单位应结合地方规定提交相应材料并完成报告程序。

注意事项

1. 根据各地实践，用人单位履行报告程序一般应填写《企业裁减人员报告书》，并同时提供下列材料：

（1）相关资格证明材料。《企业营业执照（副本）》和《工会法人资格证书》复印件，未建立工会组织的，出具全体职工签章推举产生职工代表的证明材料；工会代表或者职工代表的个人资料，内容包括姓名、身份证号码、工作岗位和劳动合同期限等。

（2）裁员条件证明材料。说明企业符合《劳动合同法》第四十一条规定的裁员条件，并提供有关证明材料（劳动工资、人工成本、财务、固定资产、产品供销等报表资料）。

（3）裁员实施方案。说明企业用工情况、工资支付情况、社会保险缴费情况、裁员方案、实施时间、实施步骤及经济补偿金的准备情况和支付方式，并提供企业职工名册和裁减人员名册。

（4）已履行程序的材料。企业向工会或职工说明裁员情况的日期与方式、征求工会或职工方意见的情况等及相关材料，国有企业要出具主管部门对裁员的意见。

2. 用人单位可以通过面交、邮递等方式提交相关材料，但应根据各地级别管辖规定报送材料。

示范文本

企业裁减人员报告书

<table>
<tr><td>用人单位名称</td><td colspan="3"></td></tr>
<tr><td>登记注册类型</td><td></td><td>现有职工人数</td><td></td></tr>
<tr><td>用人单位住所</td><td></td><td>邮编</td><td></td></tr>
<tr><td>联系人</td><td></td><td>联系电话</td><td></td></tr>
<tr><td>拟裁员人数</td><td></td><td rowspan="2">其中</td><td>男性：　　人</td></tr>
<tr><td>占全体职工比例</td><td></td><td>女性：　　人</td></tr>
<tr><td>裁员拟开始日期</td><td></td><td>裁员拟完成日期</td><td></td></tr>
<tr><td>工资支付情况</td><td colspan="3"></td></tr>
<tr><td>社会保险缴费情况</td><td colspan="3"></td></tr>
<tr><td>经济补偿金准备情况和支付方式</td><td colspan="3"></td></tr>
</table>

续表

<table>
<tr><td>用人单位裁员主要理由：
用人单位向工会或职工说明情况的日期与方式：

用人单位法定代表人签名（盖章）
年　月　日</td></tr>
<tr><td>工会和职工方对裁员的主要意见：

工会或职工代表签名（盖章）
年　月　日</td></tr>
</table>

相关法规

《上海市人力资源和社会保障局关于用人单位依法实施裁减人员报告的通知》（沪人社关发〔2009〕3号）

一、受理范围

（一）市人力资源和社会保障局受理范围：

1. 市属国有企业及其控股的企业，以及注册资金一千万美元（或者相当于一千万美元）以上的外商独资企业；

2. 在沪中央直属企业。

（二）区县劳动行政部门受理范围：

各区县行政区域内除上述已经纳入市劳动行政部门受理范围之外的企业。

浦东新区行政区域内除在沪中央直属企业外的其他各类企业裁员报告，均由浦东新区劳动行政部门受理。

二、用人单位向劳动行政部门报告裁员方案时，应提供以下材料：

1.《企业营业执照（副本）》和《工会法人资格证书》复印件。未建立工会组织的，出具全体职工签章推举产生职工代表的证明材料。

2. 工会代表或者职工代表的个人资料，内容包括姓名、身份证号码、岗位职务和劳动合同期限等。

3. 企业制定的书面裁员方案。内容可以包括企业裁员人数、裁员人数占总职工人数比例、裁减人员名单（姓名、身份证、劳动合同期限）、经济补偿金准备情况与企业是否采取补救措施的情况说明等。

4. 企业向工会或职工方说明情况、听取意见的材料。

材料内容包括企业要求实施裁员的理由、向工会或职工说明情况的日期与方式、征求工会或职工方意见的情况等。参见附件一《企业裁减人员情况报告表》。

企业向劳动行政部门提供的材料必须真实，如提供虚假材料由企业承担相应的法律责任。

第九节 劳动合同期满终止合规指引

◆ 相关概念

劳动合同终止

是指出现法定情形使得劳动合同法律效力消灭，导致所确立的劳动关系终结的情形。与劳动合同解除相比，劳动合同终止具有较强客观性，基于非当事人主观意志所能决定的法律事实。劳动合同终止可以分为期满终止、自然终止。其中，期满终止，是指因劳动合同约定的权利义务已履行完毕而终结，具体包括：固定期限劳动合同期满；以完成一定任务为期限劳动合同所约定任务已完成。

◆ 典型案例

合同逾期能否终止劳动合同？

2020 年 9 月 21 日，赵某与某人力资源公司签订了《劳动合同》，双方约定的合同期限为：2020 年 9 月 21 日至 2021 年 9 月 30 日。后赵某经人力资源公司安排到某汽车销售公司担任销售专员工作。2021 年 10 月 25 日，人力资源公司向赵某发出《劳动合同到期不续签通知函》，以双方“于2020年9月21日签订的《劳动合同》期限将于2021年9月30日届满。公司决定不予续签劳动合同”为由，通知赵某办理离职手续、完成工作交接，并结算工资及相关补偿。后赵某申请仲裁，要求人力资源公司支付违法终止劳动合同的赔偿金，赵某主张原劳动合同已过期，公司无权再以合同到期为由终止合同。

专家分析

《最高人民法院关于审理劳动争议案件适用法律问题的解释（一）》第三十四条规定，劳动合同期满后，劳动者仍在原用人单位工作，原用人单位未表示异议的，视为双方同意以原条件继续履行劳动合同。一方提出终止劳动关系的，人民法院应予支持。本案中，赵某与人力资源公司签订的劳动合同约定期满日期为2021年9月30日，在合同期满后，赵某继续上班至2021年10月25日，人力资源公司未表示异议，应视为双方同意以原条件继续履行劳动合同。后人力资源公司于2021年10月25日提出终止劳动关系，符合法律规定，不属于违法解除劳动合同，不应支付违法解除劳动合同经济赔偿金。

◆ 合规指引

第一步：确定员工劳动合同期满日

操作说明

依据原始的劳动合同载体或电子劳动合同的期限记载确定，如系以完成一定任务为期限的劳动合同终止，则以任务结束作为期满日。

注意事项

1. 人力资源部门或其他操作人员必须查看原始合同载体而非根据公司人力资源系统记录的信息（有可能出现错误登记的情况）。

2. 如劳动合同约定到期后自动顺延，应注意经顺延后的到期日。

3. 如双方另有约定服务期协议，应审查是否约定合同顺延至服务期满。

相关法规

《中华人民共和国劳动合同法》（2012年12月28日修正）

第十三条第一款　固定期限劳动合同，是指用人单位与劳动者约定合同终止时间的劳动合同。

第十五条第一款 以完成一定工作任务为期限的劳动合同，是指用人单位与劳动者约定以某项工作的完成为合同期限的劳动合同。

第四十四条 有下列情形之一的，劳动合同终止：

（一）劳动合同期满的；

……

《中华人民共和国劳动合同法实施条例》（2008年9月18日发布）

第十七条 劳动合同期满，但是用人单位与劳动者依照劳动合同法第二十二条的规定约定的服务期尚未到期的，劳动合同应当续延至服务期满；双方另有约定的，从其约定。

第二步：审查是否存在解雇保护情形

操作说明

如出现《劳动合同法》第四十二条所规定的解雇保护情形，则劳动合同不能在合同约定的期限届满时终止，而应顺延至相应情形消失。

注意事项

1. 劳动者在孕期内的，可能出现劳动合同终止当时不知已怀孕的情形，如事后发现劳动合同期满终止前已怀孕的，员工仍可要求恢复劳动关系，用人单位则获得撤销权，即可以重大误解为由撤销终止决定并恢复劳动关系，但就期满次日至实际恢复日期间的工资则应当按照公平合理原则确定。

2. 有些解雇保护情形需要用人单位主动采取措施，比如职业危害岗位提前安排职业健康体检；工伤员工通知办理劳动能力鉴定手续；在部分地区如上海，员工非因工致残或患难以治愈的疾病，建议通过劳动能力鉴定程序排除医疗期计算的争议。

3. 如解雇保护情形消失，劳动合同期满的仍可正常终止。比如员工在劳动合同期内医疗期已经届满，则期满终止不受医疗期的限制。但如果需要劳动能力鉴定才能确定医疗期，应当提前通知办理劳动能力鉴定。

4. 在合同到期当月已经出现解雇保护情形且将跨越合同到期日，则一般应向员工送达《劳动合同顺延通知书》。

示范文本1

劳动合同顺延通知书

致______先生/女士（身份证号码/护照号：__________）：

公司与您于______年______月______日签订了劳动合同，该劳动合同于______年______月______日期满，但您存在：

□孕期、产期、哺乳期情形；

□病假医疗期情形；

□工伤停工留薪期情形；

□其他情形。

根据有关规定，劳动合同将自动顺延至相应情形消失时终止。

备注：此通知书通过□面交；□快递；□电子邮件；□手机短信；□微信　同步送达，以最先收到的为准。

×××公司（盖章）

年　月　日

示范文本2

劳动能力鉴定通知书

致______先生/女士（身份证号码/护照号：__________）：

根据本市相关规定，您的医疗期将于______年______月______日届满，同时考虑您所患疾病的特殊性，公司特通知您办理劳动能力鉴定手续，如鉴定完全丧失劳动能力，可享受最长24个月的医疗期。根据有关法律规定，公司正式通知您如下事项：

一、请您于收到本通知3日内回复公司是否同意鉴定，逾期未回复视为拒绝。

二、如您同意鉴定，请于一周内前往××区劳动能力鉴定委员会办理相关手续，并提前告知公司前往办理的时间，公司可提供力所能及的配合。

备注：此通知书通过□面交；□快递；□电子邮件；□手机短信；□微信　同步送达，以最先收到的为准。

×××公司（盖章）

年　月　日

相关法规

《中华人民共和国劳动合同法》（2012 年 12 月 28 日修正）

第四十二条 劳动者有下列情形之一的，用人单位不得依照本法第四十条、第四十一条的规定解除劳动合同：

（一）从事接触职业病危害作业的劳动者未进行离岗前职业健康检查，或者疑似职业病病人在诊断或者医学观察期间的；

（二）在本单位患职业病或者因工负伤并被确认丧失或者部分丧失劳动能力的；

（三）患病或者非因工负伤，在规定的医疗期内的；

（四）女职工在孕期、产期、哺乳期的；

（五）在本单位连续工作满十五年，且距法定退休年龄不足五年的；

（六）法律、行政法规规定的其他情形。

第四十五条 劳动合同期满，有本法第四十二条规定情形之一的，劳动合同应当续延至相应的情形消失时终止。但是，本法第四十二条第二项规定丧失或者部分丧失劳动能力劳动者的劳动合同的终止，按照国家有关工伤保险的规定执行。

《中华人民共和国工会法》（2021 年 12 月 24 日修正）

第十九条 基层工会专职主席、副主席或者委员自任职之日起，其劳动合同期限自动延长，延长期限相当于其任职期间；非专职主席、副主席或者委员自任职之日起，其尚未履行的劳动合同期限短于任期的，劳动合同期限自动延长至任期期满。但是，任职期间个人严重过失或者达到法定退休年龄的除外。

第三步：确定是否符合续订无固定期限劳动合同条件

操作说明

如符合强制签订无固定期限劳动合同的情形，用人单位不得以合同期满终止合同，否则将构成违法终止。以下情形下，用人单位应当签订无固定期限劳动合同：（1）员工在本单位已连续工作满 10 年，且提出续订无固定期限劳动合同的；（2）2008 年 1 月 1 日以后员工连续签订两次固定期限劳动合同，且提出续订无固定期限劳动合同的。

注意事项

1. 以上“连续工作满 10 年”包括 2008 年以前的工作年限，同时包括非劳动者原因发生工作单位调动工龄连续计算的情形。

2. 符合无固定期限劳动合同的初步条件后，是否需要员工在合同期满前主动提出续订，各地司法实践中存在争议，如上海要求员工主动提出续订，而北京、江苏则要求用人单位举证劳动者同意终止合同，否则默认同意续订，非上海地区建议参考后者执行。

3. 无固定期限劳动合同的续订条件原则上按原合同条件确定，如用人单位恶意调岗调薪或变更合同条件导致未能签署无固定期限劳动合同，终止合同仍然存在违法终止的风险。

相关法规

《中华人民共和国劳动合同法》（2012 年 12 月 28 日修正）

第十四条第二款　……有下列情形之一，劳动者提出或者同意续订、订立劳动合同的，除劳动者提出订立固定期限劳动合同外，应当订立无固定期限劳动合同：

（一）劳动者在该用人单位连续工作满十年的；

（二）用人单位初次实行劳动合同制度或者国有企业改制重新订立劳动合同时，劳动者在该用人单位连续工作满十年且距法定退休年龄不足十年的；

（三）连续订立二次固定期限劳动合同，且劳动者没有本法第三十九条和第四十条第一项、第二项规定的情形，续订劳动合同的。

第四步：确定管理者的续签终止意向

操作说明

实践中一般由用人单位事先确定续签或终止意向，按照“禁止反言”原则，用人单位的续签终止意向一旦向劳动者作出，则不得反悔或更改。如用人单位已决定终止合同，事后又要求员工续签，劳动者不同意的，用人单位仍应当支付经济补偿金。又或者用人单位同意续签劳动合同后又撤销续签意见，则将面临违法终止的后果。

注意事项

1. 人力资源部门应当通过邮件或书面意见固定管理者的续签或终止意见，通常提前 1 个月左右确定。

2. 如果需要事先征询员工的续签意见，需要在相关表格中注明续签意见。在上海地区，公司向员工征询续签意见不视为公司已作出同意续签的意思表示，否则在第二次劳动合同到期时将产生强制续订无固定期限劳动合同的风险。

3. 为了避免员工出尔反尔，若征询员工续签意见，一般以书面方式固定，员工作出选择后不得反悔。在公司同意续签劳动合同的前提下，一般建议注明维持原劳动合同条件续签，避免到期终止产生是否应付经济补偿的争议。

示范文本

续签意见征询函

鉴于您目前的劳动合同将于______年____月____日到期，

□公司尚未决定是否续签，但先行征求您的续签意见；

□公司已决定维持原劳动合同条件与您续签劳动合同，现征求您续签劳动合同的意见。

您的意见：

□本人要求维持原劳动合同条件续签劳动合同；

□本人不同意续签劳动合同；

□其他意见：

员工签名：

日期：

第五步：确定到期终止的沟通主体、时间、地点和内容（含最后工作日）

操作说明

如果公司确定不续签劳动合同，则应当最迟在合同到期当日提前规划续签沟通的主体、内容、形式。通常不续签劳动合同的沟通主要由直线主管完成，人力资源部门则跟进有关离职手续办理的沟通。如双方能够就不续签达成一致，建议签署《终止劳动关系协议书》；如无法达成一致，则应当发送《合同期满终止通知书》。

注意事项

1. 考虑到合同期满终止存在解雇保护，实践中，如果用人单位提前一个月通知员工不续签劳动合同，存在员工故意以病假顺延合同的风险，故合同到期不续签的沟通不宜过早也不宜过晚，一般提前一周左右为宜。

2. 考虑到合同到期存在解雇保护，一般建议将合同期满终止转化成协商解除（协商解除无解雇保护限制），双方一致确认补偿金额、离职日期等事项，避免事后员工又主张其他权益。

3. 如果出现劳动合同逾期的情况，除了超过一年以及具备无固定劳动合同签署情形外，目前司法解释仍支持用人单位的终止劳动关系权，但劳动合同逾期未续签将产生支付二倍工资的责任，用人单位仍应避免劳动合同逾期。

示范文本 1

终止劳动合同通知书

致______先生/女士（身份证号码/护照号：__________）：

鉴于：您与公司签订的劳动合同将于______年______月______日到期，且经公司多次催告，您未能续签合同。根据有关法律规定，公司正式通知您如下事项：

一、双方劳动合同于______年______月______日到期终止，不续签。______年______月______日作为最后工作日，甲方将正常支付薪资至劳动合同终止日。自终止日起，公司对您不再承担用人单位的任何义务。公司为您缴纳社保、公积金至______年______月。

二、请您于______年______月______日 17：00 之前向公司指定的人员办理离职交接包括返还公司财物、交接工作文档及任务进度、清结债权债务等。在您工作交接办理完毕后，公司将根据法律规定向您支付经济补偿金，上述费用应缴纳个人所得税的，由您个人承担。

三、您离职以后□择业自由，无需履行竞业限制义务（如有）；□需按照有关竞业限制约定履行竞业限制义务。

四、您离职以后应继续履行劳动合同或保密协议约定的保密义务，不得通过任何渠道、形式披露甲方的商业秘密、秘密信息（含本通知内容）；不从事任何损害甲方、甲方关联公司/客户/供应商及其雇员利益的活动，包括不招揽甲方已有客户或劝诱甲方员工离职。如有违反，公司有权追究您的法律责任。

备注：此通知书通过□面交；□快递；□电子邮件；□手机短信；□微信 同步送达，以最先收到的为准。

×××公司（盖章）

年 月 日

示范文本2

终止劳动关系协议书

甲方：×××公司

乙方：__________（身份证号码/护照号：__________）

经甲、乙双方平等协商达成一致，双方同意劳动合同到期终止后不再续约，并达成以下条款以资共同遵守：

一、双方之间的劳动合同关系于______年______月______日终止，乙方最后工作日为______年______月______日，甲方将正常支付薪资至劳动合同终止日。自终止日起，甲方对乙方不再承担用人单位的任何义务。

1.1 甲方为乙方缴纳社保、公积金至______年______月。

1.2 甲方安排乙方于______年______月______日至______年______月______日使用带薪年休假。

二、甲方同意在乙方办结工作交接手续后于最近一个工资支付周期内向乙方支付一次性补偿款共计税前人民币______元（大写：__________），乙方个人应承担的各项税费和欠款（包括个税、社保公积金个人部分等），甲方可依法从该笔给付金额中代扣代缴或抵扣。

三、乙方同意按甲方要求在______年______月______日（含当日）前办结工作交接和离职手续，包括但不限于返还公司财物、交接工作文档及任务进度、清结债权债务等。甲方则根据规定为乙方办理退工手续，并出具相应的离职证明。

四、乙方离职以后□择业自由，无需履行竞业限制义务（如有）；□需按照有关竞业限制约定履行竞业限制义务。

五、乙方离职以后应继续履行劳动合同或保密协议约定的保密义务，不得通过任何渠道、形式披露甲方的商业秘密、秘密信息及本协议内容；不从事任何损害甲方、甲方关联公司/客户/供应商及其雇员利益的活动，包括不招揽甲方已有客户或劝诱甲方员工离职。甲方亦不得从事损害乙方利益的活动，包括严格保守所接触的乙方个人信息，在背景调查过程中不发表针对乙方的负面或不实评论。双方均同意不针对对方提请任何形式的仲裁、诉讼或向行政机关投诉举报等。

六、乙方确认对本协议项下甲方的给付是双方就劳动关系建立、存续及解除所涉及的权利义务的一揽子解决方案。双方共同确认劳动关系项下的所有权利义务包括工资、奖金、加班、休假、补偿、各类法定约定福利、股权、社保/公积金及其他应得款项均已结清或了结，除本协议约定外，甲方对乙方不再负有任何其他给付义务，双方再无其他争议。

七、乙方如违反本协议约定，如不配合办结工作交接，甲方有权终止本协议第二条所列款项，如已支付，甲方有权要求乙方全额返还并支付一倍金额的违约金，导致其他法律责任的，由乙方另行承担。

八、本协议自乙方签字、甲方盖章或授权代表签字之日起生效，本协议书一式二份，双方各执一份，具有同等法律效力。

（此行以下无正文）

甲方：×××公司（盖章）

授权代表（签名）：

年 月 日

乙方（签名）：

年 月 日

第六步：办理离职手续

详见第三章第十三节“离职手续办理合规指引”。

第十节
医疗期满解除合规指引

◆ 相关概念

医疗期

是指企业职工因患病或非因工负伤停止工作治病休息不得解除劳动合同的时限。医疗期满解除是指在劳动合同尚未到期的情况下，用人单位根据《劳动合同法》第四十条第一项规定与劳动者解除劳动合同的情形。实践中，医疗期是否届满主要依赖于员工病假的具体天数核算，但医疗期和病假属于不同的概念。

表 3-1　医疗期与病假概念差异

比较项目	医疗期	病假
性质	法律概念	事实概念
内容	3~24 个月，期限固定	疾病或非因工负伤属实，期限不固定
用途	用于判断劳动合同可否因医疗期满解除或终止；不用于判断员工应否上班	用于判断缺勤是否正当；应否核发病假工资

◆ 典型案例

特殊疾病医疗期如何计算？

马某于 2016 年 9 月到某电子公司从事包装工作（入职前累计工作满 10 年），双方签订了 2021 年 8 月 28 日期满的劳动合同。2020 年 8 月 1 日起马某身体不适、请假看病，经诊断为左乳癌术后伴淋巴结转移骨转移、右乳腺增生，此后持续因病住院治疗和休病假。2021 年 2 月 19 日，电子公司向马某发出医疗期满通知，告知如逾期未返岗将按照解雇处理。2021 年 3 月 16 日，电子公司以医疗期满不能从事原工作也不能从事另行安排的其他工作为由给马某邮寄解除劳动合同通知书。此后马某申请仲裁，要求电子公司支付违法解除劳动合同的赔偿金。马某主张，其所患特殊疾病，应享受 24 个月医疗期，故电子公司于医疗期内解雇属于违法解除。

专家分析

本案中，马某累计工龄已满 10 年，在电子公司的工作年限不满 5 年，一般情形下根据原劳动部发布的《企业职工患病或非因工负伤医疗期规定》应享受 6 个月的医疗期。然而马某所患癌症属于特殊疾病，根据《劳动部关于贯彻〈企业职工患病或非因工负伤医疗期规定〉的通知》规定，对某些患特殊疾病（如癌症、精神病、瘫痪等）的职工，在 24 个月内尚不能痊愈的，经企业和劳动主管部门批准，可以适当延长医疗期。根据该通知，癌症患者的医疗期可以是 24 个月，不能治愈的经批准还可以延长。本案马某患癌症，符合上述通知情形，应享有 24 个月医疗期。电子公司在 6 个月后解除劳动合同系违法解除，最终仲裁机构裁决电子公司需向马某支付违法解除劳动合同的赔偿金。

◆ 合规指引

第一步：确定员工医疗期的长短

操作说明

员工的医疗期长短需根据法律规定确定，但应注意地区差异以及一般疾病和特殊疾病的差异。影响医疗期计算的主要因素包括：（1）员工的累计工作年限；（2）员工在本单位的工作年限；（3）员工是否患特殊疾病；（4）员工的工作地点（个别地区如上海有地方性法规规定，详见表 3-3）。

表 3-2　国家医疗期政策

情形	社会工作年限	本单位工作年限	医疗期	计算周期
一般疾病	10 年以下	5 年以下	3 个月	6 个月
		5 年以上	6 个月	12 个月
	10 年以上	5 年以下	6 个月	12 个月
		5 年以上 10 年以下	9 个月	15 个月
		10 年以上 15 年以下	12 个月	18 个月
		15 年以上 20 年以下	18 个月	24 个月
		20 年以上	24 个月	30 个月
特殊疾病（癌症、精神病、瘫痪等）	不受限制		不少于 24 个月	30 个月

表 3-3　上海地区医疗期政策

情形	本单位工作年限	医疗期
一般疾病	第 1 年	3 个月
	第 2 年	4 个月
	第 N 年	N+2 个月
	第 21 年	24 个月
完全丧失劳动能力但不符合退休、退职条件	不受限制	不少于 24 个月

注意事项

1. 员工的累计工作年限根据档案记载、员工入职时提供的简历、个人信息登记表等确定。为控制风险，建议员工入职时在入职登记表中明确记载员工的累计工作年限并由员工签字确认。

2. 员工在本单位工作年限是指员工在本单位劳动关系的存续期间，包括各类假期缺勤期间。

3. 员工的医疗期长短存在地区差异，主要包括：（1）上海地区有特别的医疗期规定；（2）关于特殊疾病医疗期的执行口径存在地区差异①。

4. 员工医疗期是否届满，主要根据员工的累计病休时间确定，而不区分疾病的类型和次数（并非每一种疾病享受一次性医疗期），劳动关系存续期间所有各类疾病所产生的病休时间均可纳入医疗期计算。

相关法规

《中华人民共和国劳动合同法》（2012 年 12 月 28 日修正）

第四十条 有下列情形之一的，用人单位提前三十日以书面形式通知劳动者本人或者额外支付劳动者一个月工资后，可以解除劳动合同：

（1）劳动者患病或者非因工负伤，在规定的医疗期满后不能从事原工作，也不能从事由用人单位另行安排的工作的；

《企业职工患病或非因工负伤医疗期规定》（劳部发〔1994〕479 号）

第三条 企业职工因患病或非因工负伤，需要停止工作医疗时，根据本人实际参加工作年限和在本单位工作年限，给予三个月到二十四个月的医疗期：

（一）实际工作年限十年以下的，在本单位工作年限五年以下的为三个月；五年以上的为六个月。

（二）实际工作年限十年以上的，在本单位工作年限五年以下的为六个月；五年以上十年以下的为九个月；十年以上十五年以下的为十二个月；十五年以上二十年以下的为十八个月；二十年以上的为二十四个月。

《劳动部关于贯彻〈企业职工患病或非因工负伤医疗期规定〉的通知》（劳部发〔1995〕236 号）

二、关于特殊疾病的医疗期问题

根据目前的实际情况，对某些患特殊疾病（如癌症、精神病、瘫痪等）的职工，在 24 个月内尚不能痊愈的，经企业和劳动主管部门批准，可以适当延长医疗期。

……

---

① 有些地区持有不同观点，如《浙江省高级人民法院民事审判第一庭、浙江省劳动人事争议仲裁院关于审理劳动争议案件若干问题的解答（四）》（浙高法民一〔2016〕3 号）、《山东省高级人民法院、山东省人力资源和社会保障厅〈关于审理劳动人事争议案件若干问题会议纪要〉》（2019 年 8 月 1 日发布）、《广东省劳动和社会保障厅关于疾病医疗期问题的复函》（2004 年 4 月 1 日发布）。

第二步：统计医疗期是否经过

操作说明

根据《劳动部关于贯彻〈企业职工患病或非因工负伤医疗期规定〉的通知》规定，医疗期计算应从病休第一天开始，累计计算。在计算周期以内所有的病休天数（无论疾病类型）可以累积计算，累积的病休天数超过经核定的医疗期，则用人单位可根据法律规定实施解除劳动合同。

注意事项

1. 计算医疗期时如果员工连续休病假，连续病假期间存在双休日、法定节假日的，不影响医疗期的计算，也即医疗期包含双休日和法定节假日，因为员工病休并不因为适逢双休日而停止康复。

2. 如果员工断续休病假的，可剔除双休日和法定节假日，只计算工作日对应的病休天数，并以 21 个工作日的病休时间计算为一个月医疗期的经过。①

3. 除上海地区外，其他地区在核算医疗期时需注意计算周期的限制。

相关法规

《企业职工患病或非因工负伤医疗期规定》（劳部发〔1994〕479 号）

第四条　医疗期三个月的按六个月内累计病休时间计算；六个月的按十二个月内累计病休时间计算；九个月的按十五个月内累计病休时间计算；十二个月的按十八个月内累计病休时间计算；十八个月的按二十四个月内累计病休时间计算；二十四个月的按三十个月内累计病休时间计算。

《劳动部关于贯彻〈企业职工患病或非因工负伤医疗期规定〉的通知》（劳部发〔1995〕236 号）

一、关于医疗期的计算问题

1. 医疗期计算应从病休第一天开始，累计计算。如：应享受三个月医疗期的职工，如果从 1995 年 3 月 5 日起第一次病休，那么，该职工的医疗期应在 3 月 5 日至 9 月 5 日之间确定，在此期间累计病休三个月即视为医疗期

① 12 个月医疗期对应全年日历天数为 365 天，对应全年工作日为 250 天，工作日折算为每月 20.83 天，四舍五入计算为 21 天。

满。其他依此类推。

2. 病休期间，公休、假日和法定节日包括在内。

第三步：通知员工进行劳动能力鉴定（根据需要）

操作说明

在员工与用人单位就医疗期计算产生争议或者员工非因工致残或患难以治愈的疾病时，用人单位可根据需要安排员工进行劳动能力鉴定，合理确定医疗期以减少争议。

注意事项

1. 上海地区如员工劳动能力受影响的，建议提前安排进行劳动能力鉴定。

2. 个别地区如天津有明确的劳动能力鉴定规定的，建议安排进行劳动能力鉴定。

3. 公司应书面通知劳动能力鉴定并告知逾期未办理劳动能力鉴定的后果。

示范文本

劳动能力鉴定通知书

致______先生/女士（身份证号码/护照号：__________）：

根据本市相关规定，您的医疗期将于______年______月______日届满，同时考虑到您所患疾病的特殊性，公司特通知您办理劳动能力鉴定手续，公司将根据鉴定结果作下一步安排。具体安排：

一、请您于收到本通知3日内回复公司是否同意鉴定，逾期未回复视为拒绝。

二、如您同意鉴定，请于一周内前往×××区劳动能力鉴定委员会办理相关手续，并提前告知公司前往办理的时间，公司可提供力所能及的配合。

备注：此通知书通过□面交；□快递；□电子邮件；□手机短信；□微信　同步送达，以最先收到的为准。

×××公司（盖章）

年　月　日

相关法规

《天津市人力资源和社会保障局关于劳动者医疗期满进行劳动能力（复工）鉴定有关问题的通知》（津劳办〔2004〕387号）

二、劳动者因患病或非因工负伤医疗期满进行劳动能力（复工）鉴定的范围：

（一）劳动者非因工负伤和经医疗机构认定患有难以治愈的疾病，在医疗期内医疗终结或在规定的医疗期满后，不能从事原工作，也不能从事用人单位另行安排的工作的；

（二）劳动者就本人劳动能力和用人单位意见不一致的；劳动者患病或非因工负伤医疗期满后，可从事原工作或用人单位另行安排工作的，可不进行劳动能力鉴定。

《上海市人民政府关于本市劳动者在履行劳动合同期间患病或者非因工负伤的医疗期标准的规定》（沪府发〔2015〕40号）

二、医疗期按照劳动者在本用人单位的工作年限设置。劳动者在本单位工作第1年，医疗期为3个月；以后工作每满1年，医疗期增加1个月，但不超过24个月。

三、劳动者经劳动能力鉴定委员会鉴定为完全丧失劳动能力但不符合退休、退职条件的，应当延长医疗期。延长的医疗期由用人单位与劳动者具体约定，但约定延长的医疗期与前条规定的医疗期合计不得低于24个月。

第四步：向员工发送医疗期满通知书

操作说明

在员工医疗期已经届满且未能返岗的情况下，如企业需要执行劳动合同解除，则有义务书面告知员工医疗期满后的安排以减少争议。

注意事项

1. 在员工请病假的时间明显超过法定医疗期的前提下，建议提前1周向员工送达医疗期满通知。

2. 医疗期满通知书应通过微信、短信、快递等多种方式完成送达并进行证据固定和保存。

3. 如果员工医疗期满时返岗上班的，则双方应继续履行劳动合同。

示范文本

医疗期满通知书

______（员工姓名）（身份证号码：________________）：

根据您的工作年限，您的法定医疗期为______月并已于______年______月______日终止。根据《劳动合同法》第四十条第一项的规定，现公司正式通知您自收到本通知次日起立即复职或与公司协商另行安排其他工作。如逾期仍未返回公司的，将视为您医疗期满不能从事原工作，也不能从事单位另行安排的其他工作。请您慎重对待。

×××公司（盖章）
年　月　日

第五步：审查是否存在解雇保护情形

操作说明

如出现《劳动合同法》第四十二条所规定的解雇保护情形，则用人单位不得以医疗期满为由解除劳动合同。此时如员工需继续休病假，应正常批准。

注意事项

1. 劳动者在孕期内的，可能出现解除劳动合同当时不知已怀孕的情形，如事后发现劳动合同解除前已怀孕的，员工仍可要求恢复劳动关系，用人单位则获得撤销权，即可以重大误解为由撤销终止决定并恢复劳动关系，但就解除次日至实际恢复日期间的工资则应当按照公平合理原则确定。

2. 有些解雇保护情形需要用人单位主动采取措施，比如对职业危害岗位提前安排职业健康体检；对工伤员工通知办理劳动能力鉴定手续。

3. 如解雇保护情形消失，则劳动合同仍可正常解除。

相关法规

《中华人民共和国劳动合同法》（2012年12月28日修正）

第四十二条　劳动者有下列情形之一的，用人单位不得依照本法第四十条、第四十一条的规定解除劳动合同：

（一）从事接触职业病危害作业的劳动者未进行离岗前职业健康检查，或者疑似职业病病人在诊断或者医学观察期间的；

（二）在本单位患职业病或者因工负伤并被确认丧失或者部分丧失劳动能力的；

（三）患病或者非因工负伤，在规定的医疗期内的；

（四）女职工在孕期、产期、哺乳期的；

（五）在本单位连续工作满十五年，且距法定退休年龄不足五年的；

（六）法律、行政法规规定的其他情形。

第六步：就解除事项依法通知工会

操作说明

根据法律规定，用人单位单方解除劳动合同的，应依法通知工会。

注意事项

1. 未成立工会的，个别地区如江苏省明确规定应通知上级工会。

2. 通知工会应保留相关证据且在解除劳动合同之前进行。

3. 如用人单位选择与劳动者提前协商解除且达成一致的，可以不通知工会。

相关法规

《中华人民共和国劳动合同法》（2012 年 12 月 28 日修正）

第四十三条 用人单位单方解除劳动合同，应当事先将理由通知工会。用人单位违反法律、行政法规规定或者劳动合同约定的，工会有权要求用人单位纠正。用人单位应当研究工会的意见，并将处理结果书面通知工会。

示范文本

通知工会函

×××公司工会委员会：

经公司核查，公司员工______（身份证号码：__________）与公司签订有劳动合同，因下列原因：

医疗期满后不能从事原工作，也不能从事由单位另行安排的工作；

公司拟根据《劳动合同法》相关规定，通知其于______年______月______日起解除劳动合同关系。请贵会知晓。

感谢您的配合！

×××公司（盖章）

年　月　日

第七步：依法送达《解除劳动合同通知书》，办理离职手续

操作说明

公司选择解除劳动合同的，应依法送达《解除劳动合同通知书》。通知书应载明解除的法定理由。

注意事项

1. 医疗期解除需在医疗期满后发出；公司可通过多种方式完成送达程序并固定相关证据，包括短信、微信记录、快递记录等。

2. 根据相关规定，医疗期解除需依法支付经济补偿金、代通知金（如未提前 30 日书面通知）以及根据需要确定是否需要支付医疗补助费。

3. 相关离职手续办理参见第三章第十三节“离职手续办理合规指引”。

示范文本

解除劳动合同通知书

致______先生/女士（身份证号码：__________）：

鉴于：您医疗期不能从事原工作也不能从事单位另行安排的其他工作，公司根据《劳动合同法》第四十条第一项规定，通知您自______年______月______日起解除劳动合同。就其他相关事项告知如下：

一、双方劳动合同于______年______月______日解除。______年______月______日作为最后工作日，公司将正常支付薪资至劳动合同解除日。自劳动合同解除之日起，公司对您不再承担用人单位的任何义务。

公司为您缴纳社保、公积金至______年______月。

二、请您于______年______月______日之前向公司指定的人员办理离职交接，包括返还公司财物、交接工作文档及任务进度、清结债权债务等。在您工作交接办理完毕后，公司将根据法律规定向您支付经济补偿金，上述费

用应缴纳个人所得税的，由您个人承担。

三、您离职以后□择业自由，无需履行竞业限制义务（如有）；□需按照有关竞业限制约定履行竞业限制义务。

四、您离职以后应继续履行劳动合同或保密协议约定的保密义务，不得通过任何渠道、形式披露甲方的商业秘密、秘密信息（含本通知内容）；不得从事任何损害甲方、甲方关联公司/客户/供应商及其雇员利益的活动，包括不招揽甲方已有客户或劝诱甲方员工离职。如有违反，公司有权追究您的法律责任。

备注：此通知书通过□面交；□快递；□电子邮件；□手机短信；□微信 同步送达，以最先收到的为准。

×××公司（盖章）

年 月 日

第十一节
退休终止劳动合同合规指引

◆ 相关概念

1. 法定退休年龄

是指国家法律规定的劳动者缴纳一定年限的养老保险之后可以领取退休金的年龄。国家法定的企业职工退休年龄是男职工年满60周岁，女工人年满50周岁，女干部年满55周岁。对于企业用工中“女干部”的认定存在一定争议，常见的处理方式包括：（1）由劳动部门提前备案或事后审核认定[①]；（2）由用人单位制定内部规章制度或签订劳动合同确定[②]；（3）不作

① 如安徽、吉林长春、山东。

② 如北京、江苏、广东等地。

为劳动争议处理[①]，由企业自行决策。根据法律规定，劳动者达到法定退休年龄，劳动合同终止。

2. 依法享受基本养老保险待遇

是指劳动者符合领取职工基本养老保险待遇的情形。基本养老保险待遇不包括居民养老保险和农村养老保险，实践中也存在劳动者在法定退休年龄之前提前领取基本养老保险待遇的情形：（1）因病或非因工负伤丧失劳动能力，提前办理病退申领养老金手续；（2）从事有毒有害等特殊作业岗位，办理提前退休审批手续。

3. 延迟申领养老金

是指达到法定退休年龄的劳动者经地方政府劳动行政部门审核或备案办理延迟申请养老金的情形。办理延迟申领养老金手续后可以继续缴纳养老保险、工伤保险，不再缴纳医疗、失业及生育保险费，用人单位与劳动者可以签订工作协议，其间按特殊劳动关系处理。目前上海、北京均有延迟申领养老金政策[②]。

◆ 典型案例

退休年龄届满之日如何确定？

赵某于 2013 年 11 月 21 日到某百货公司处从事保洁工作，双方订立书面劳动合同，期限为自 2013 年 11 月 21 日至 2016 年 11 月 20 日止，合同到期后，双方续签了无固定期限劳动合同。2021 年 9 月 14 日，百货公司向赵某邮寄《终止劳动合同通知信》，内容为“根据国家相关法律法规规定，您将于 2021 年 10 月 21 日年满 50 周岁，达到国家法定退休年龄，您与公司的劳动合同关系将于 2021 年 10 月 20 日止”。9 月 15 日，赵某收到该邮件。2021 年 9 月下旬至 10 月的排班表中，百货公司未为赵某安排 10 月 21 日后的工

---

① 如上海、四川。

② 相关政策包括：《上海市人力资源和社会保障局关于本市企业高级技师延迟办理申领基本养老金手续的实施意见》（沪人社养发〔2008〕号）、《上海市人力资源和社会保障局关于本市企业各类人才柔性延迟办理申领基本养老金手续的试行意见》（沪人社养发〔2010〕47 号）。

作。2021 年 10 月 20 日，百货公司安排赵某于 13 点上班，17 点休息至 17 点 45 分，21 点 45 分下班。百货公司为赵某发放了截至 2021 年 10 月 20 日下班时的工资，缴纳了 2021 年 10 月的社会保险。次日，赵某申请仲裁，要求百货公司支付违法终止劳动合同赔偿金 51248 元，赵某主张其于 1971 年 10 月 21 日 19 时出生，至 2021 年 10 月 20 日并未满 50 周岁，故公司终止合同系违法终止。百货公司则主张，赵某的出生日期为 1971 年 10 月 21 日，其于 2021 年 10 月 20 日 24 时即 10 月 21 日零时起年满 50 周岁，公司通知 2021 年 10 月 20 日终止劳动合同并不违反法律规定。

专家分析

根据《民法典》第一千二百五十九条的规定，民法所称的“以上”“以下”“以内”“届满”，包括本数；所称的“不满”“超过”“以外”，不包括本数。《劳动合同法实施条例》第二十一条规定，劳动者达到法定退休年龄的，劳动合同终止。根据以上规定，赵某出生于 1971 年 10 月 21 日，应认定赵某 2021 年生日的第二天年满 50 周岁，达到国家法定退休年龄，即赵某在 2021 年 10 月 21 日依法享有劳动和获得劳动报酬的权利。百货公司向赵某邮寄的《劳动合同终止通知信》中显示双方之间的劳动合同于 2021 年 10 月 20 日终止，不符合法定条件，应构成违法终止。最终二审法院认定百货公司关于职工退休时结束工作的具体时间及退休当月工资如何发放没有相关的制度规定，亦未与赵某进行协商和约定，在此情况下，百货公司未为赵某安排 2021 年 10 月 21 日的工作，亦未支付该日的工资，于 2021 年 10 月 20 日提前终止双方劳动合同，系违法终止劳动合同，应当支付赔偿金。

◆ 合规指引

第一步：确定员工是否达到法定退休年龄

操作说明

员工达到法定退休年龄是用人单位办理劳动合同退休终止手续的前提条件，根据现行法律规定，男职工退休年龄为 60 周岁，女工人为 50 周岁，女干部为55周岁。用人单位应当根据员工填写的出生日期等材料准确认定员工达到退休年龄的时间。

注意事项

1. 员工的退休年龄应根据其出生时间判断，实践中应结合员工自行填写的记录、户籍证明、身份证等综合判断，如不一致，可要求员工提供出生证明予以核对。

2. 女职工退休年龄一般为50周岁，目前“女干部”一般理解为“管理或技术岗位”，考虑到各地司法实践的较大差异，用人单位首先应尝试与员工就女职工退休年龄事宜达成一致，如无法达成一致，则应综合社保系统的记载（有些地区在社保参保登记时要求用人单位选择是否属于管理岗位）、当地社保部门意见、女职工实际担任的岗位（是否实际承担管理决策职责）、公司内部规章制度等综合判断。从事先控制风险的角度来看，用人单位在与员工签署无固定期限劳动合同时，宜事先明确所担任的岗位是否属于管理或技术岗位，此外，用人单位还可以通过民主程序制定管理岗位目录并作为社保参保登记的依据。

3. 一般而言，用人单位应在员工达到法定退休年龄前一个月准备相关手续事宜。

示范文本

员工退休管理办法示范条款

一、退休的基本条件及类型

1. 退休的基本条件

1.1 员工开始依法享受基本养老保险待遇或达到法定退休年龄的。

1.2 社保缴费年限累计缴费须满15年：当地实行企业职工基本养老保险或退休费用社会统筹后，用人单位和参保人员足额缴费的年限为实际缴费年限。

1.3 达到法定退休年龄：男员工年满60周岁，女工人年满50周岁，女干部/管理、技术岗年满55周岁，技术岗仅限于部门总监级别以上的管理人员或具备国家认可的高级工程师等职称的技术人员。地方劳动行政部门有不同规定的，按政府规定执行。

2. 退休的类型

2.1 正常退休：满足1.1和1.2两项要求的职工。

2.2 病退（完全丧失劳动能力且经社保部门审核）：经劳动能力鉴定委员会鉴定完全丧失劳动能力的参保人员，男年满50周岁、女年满45周岁。

2.3 提前退休（特殊工种）：

①从事高空和特别繁重体力劳动的必须在该工种岗位上工作累计满10年；

②从事井下和高温工作的必须在该工种岗位上工作累计满9年；

③从事其他有害身体健康工作的必须在该工种岗位上工作累计满8年。

3. 退休年龄或社保核定等国家、地方政策有变动，按国家、地方最新规定执行。

4. 员工达到法定退休当月，公司可向员工发出终止劳动合同通知书，退休当月的最后工作日以公司书面通知为准。

二、退休手续办理

1. 基本办理流程

由用人单位、劳动保障代理机构或者街道（镇）人力资源和社会保障所，凭社会保险经办机构审核的参加基本养老保险的证卡和有关材料，到市社会保险基金管理中心申请办理退休审批手续，市社会保险基金管理中心将根据相关规定，核定参保人员视同缴费年限、确定参保人员待遇领取地、核定参保人员养老保险待遇。参加社会保险的员工，应在公司人力资源部的协助下到社保局办理退休手续。待退休手续办理成功后，员工自退休次月起可根据国家规定领取养老金。

2. 女职工岗位申报流程

女性职工的岗位申报是一项涉及女职工切身利益的工作，公司严格按照政策规定，如实申报。如有员工满足女职工岗位申报条件但自愿放弃申报的，员工需签署放弃申报承诺书。（参考文件：女职工岗位申报承诺书）公司将按50周岁的退休年龄为其办理退休，最终结果以社保部门的审核为准。后期如发生影响女性职工个人的基本养老保险权益或造成养老保险基金流失的情况，一律由女职工本人自行承担。各工厂、公司应按照女职工管理岗和技术岗类型清单及时进行申报。

相关法规

《中华人民共和国民法典》（2020年5月28日发布）

第十五条 自然人的出生时间和死亡时间，以出生证明、死亡证明记载的时间为准；没有出生证明、死亡证明的，以户籍登记或者其他有效身份登记记载的时间为准。有其他证据足以推翻以上记载时间的，以该证据证明的时间为准。

第二步：为员工办理领取养老金手续

操作说明

根据各省市相关规定[①]，员工如在职期间达到退休年龄，用人单位应及时为员工办理退休手续。用人单位需按规定填写相关申请表，送所在地社保部门审核并核定养老待遇，有些地方还会向职工本人发放《退休（职）证》。

注意事项

1. 有些用人单位并非亲自参保而系委托其他单位缴纳社保，此时应通知委托代缴机构协助办理退休手续。

2. 用人单位启动退休申报手续一般需提供劳动者身份证件、退休审批表、待遇核准表等相关材料，通常需要劳动者本人进行签名确认；如员工拒绝签字办理，则应固定员工拒绝签署的理由，而后分情况进行处理；如无正当理由拒绝办理，用人单位可向劳动者发出书面通知，明确拒绝办理所导致的后果（无法及时申领养老金手续）由个人承担；此外，如因劳动者本人缴费年限不足导致无法办理，用人单位应及时向员工本人反馈退休手续办理的进展，避免产生争议。

---

① 各省市相关规定包括：《上海市社会保险管理局关于审核本市企业职工办理退休退职手续若干问题的规定》（沪社保业一〔1996〕76号）、《北京市劳动和社会保障局关于严格按照国家规定办理企业职工退休有关问题的通知》（京劳社养发〔1999〕63号）、《天津市劳动局关于贯彻实施〈天津市城镇企业职工养老保险条例〉及〈天津市城镇企业职工养老保险条例实施细则〉有关问题的补充规定》（津劳险〔1998〕328号）、《广东省劳动厅、广东省社会保险管理局转发劳动和社会保障部关于制止和纠正违反国家规定办理企业职工提前退休有关问题的通知》（粤劳薪〔1999〕114号）、《四川省完善企业职工基本养老保险制度实施办法的实施细则》（川劳社发〔2006〕18号）、《安徽省劳动和社会保障厅关于企业女职工退休年龄有关问题的通知》（劳社秘〔2003〕169号）。

3. 用人单位通常应当在退休当月办理申领养老金手续，因延期导致劳动者未能及时领取养老金的，相关损失通常由用人单位承担。

相关法规

《中华人民共和国劳动合同法》（2012 年 12 月 28 日修正）

第四十四条 有下列情形之一的，劳动合同终止：

……

（二）劳动者开始依法享受基本养老保险待遇的；

……

《中华人民共和国劳动合同法实施条例》（2008 年 9 月 18 日发布）

第二十一条 劳动者达到法定退休年龄的，劳动合同终止。

第三步：发出终止劳动合同通知书

操作说明

尽管劳动者退休手续需经社保经办部门审核，但用人单位明确员工的离职时间、办理离职移交仍然需要事先明确，并且实践中还经常存在无法办理养老金申领手续（包括劳动者拒绝办理、因缴费年限不足导致不符合养老金领取条件等）的情形，故用人单位仍有义务向劳动者送达终止劳动合同通知，明确劳动合同终止后的相关权利义务。

注意事项

1. 根据法律规定，劳动者依法享受基本养老保险待遇或达到法定退休年龄的，用人单位均可依法终止劳动合同。故即使出现劳动者无法享受基本养老保险待遇的情形，但劳动者已达到法定退休年龄的，用人单位仍可终止劳动合同。

2. 用人单位一般应在退休当月或之前向员工送达终止劳动合同通知书，终止日期不应早于劳动者达到法定退休年龄之日，一般以出生日的次日作为终止日期。

3. 考虑到一般劳动者次月才能领取养老金，故退休当月用人单位应正常支付劳动报酬。

示范文本

终止劳动合同通知书

致______先生/女士（身份证号码：__________）：

鉴于：您已达到法定退休年龄，根据有关法律规定，公司正式通知您如下事项：

一、双方劳动合同于______年______月______日终止。______年______月______日作为最后工作日，甲方将正常支付薪资至劳动合同终止日。自终止日起，公司对您不再承担用人单位的任何义务。

公司为您缴纳社保、公积金至______年______月。

二、请您于______年______月______日17：00之前向公司指定的人员办理离职交接包括返还公司财物、交接工作文档及任务进度、清结债权债务等。

三、您离职以后□择业自由，无需履行竞业限制义务（如有）；□需按照有关竞业限制约定履行竞业限制义务。

四、您离职以后应继续履行劳动合同或保密协议约定的保密义务，不得通过任何渠道、形式披露甲方的商业秘密、秘密信息（含本通知内容）；不从事任何损害甲方、甲方关联公司/客户/供应商及其雇员利益的活动，包括不招揽甲方已有客户或劝诱甲方员工离职。如有违反，公司有权追究您的法律责任。

备注：此通知书通过□面交；□快递；□电子邮件；□手机短信；□微信 同步送达，以最先收到的为准。

×××公司（盖章）

年 月 日

第四步：办理离职手续

详见第三章第十三节“离职手续办理合规指引”。

第十二节 提前解散终止劳动合同合规指引

◆ 相关概念

用人单位解散

是指用人单位因自行决定不再继续经营或者因法定事由被行政机关、主管机关撤销主体资格的情形。劳动法上的用人单位解散可包括：（1）被吊销营业执照、责令关闭、撤销；（2）用人单位决定提前解散。前者是被动解散，后者可以是主动解散。

◆ 典型案例

公司提前解散，合同终止日如何确定？

陈某于 2018 年 7 月起进入某科技公司工作，双方签订无固定期限劳动合同。2021 年 2 月 28 日，科技公司股东会决定解散公司，2021 年 5 月，股东王某向当地法院申请对科技公司进行强制清算。同月 20 日，某法院出具裁定，认为科技公司已解散，在法律规定的时间内未成立清算组自行清算，股东王某对公司申请强制清算符合规定，决定受理。并于同日指定浙江某律师事务所为清算组。2021 年 5 月 23 日，清算组向陈某送达终止劳动合同通知。此后陈某申请仲裁，要求科技公司支付违法终止劳动合同的赔偿金。陈某认为科技公司并未注销，其可以正常继续履行劳动合同。科技公司则主张双方劳动合同自股东决议解散之日即已终止。

专家分析

《劳动合同法》第四十四条第五项规定，用人单位被吊销营业执照、责令关闭、撤销或者用人单位决定提前解散的，劳动合同终止。但法律并未明确规定在用人单位决定提前解散的情形下劳动合同终止的具体时点。鉴于用人单位解散本身需要一个过程，客观上需要留用部分人员负责公司善后事宜。且用人单位解散决定系由股东会作出，无需事先征得劳动者同意，为保障劳动者权益，用人单位应向劳动者履行相应的告知义务。结合清算实务中公司一般会向劳动者发送终止劳动合同通知书的操作，在用人单位决定自行解散的情形下，应以用人单位办理终止劳动合同手续之日为劳动关系终止时点为宜。本案中陈某主张以注销之日作为终止之日并无法律依据，最终法院驳回了陈某的诉请。

◆ 合规指引

第一步：公司依据章程规定作出解散决议

操作说明

用人单位决定提前解散，按照公司法的规定应由公司相应的权力机关（如股东会或董事会）依照公司章程规定依法作出解散决议。

注意事项

1. 用人单位作出解散决议应符合公司法和本公司章程的规定，公司章程规定应由股东会作出决议的，应形成股东会决议；章程规定由董事会行使职权的，可由董事会形成决议。

2. 用人单位作出解散决议后应按照《公司法》的规定启动清算流程，包括成立清算组、执行税务清算、公示债权债务等，以证明公司实际履行了解散决议。

3. 用人单位作出解散决议后通常应停止经营，除清算活动外不再开展新的业务活动。

4. 如用人单位的分支机构被公司撤销，是否可以按照提前解散终止合同？司法实践中存在争议。有些法院认为分公司注销劳动合同可由法人主体承继履行①，用人单位如系分公司撤销，应尽可能尝试与员工协商解除劳动合同。

示范文本

提前解散董事会决议

__________有限公司（以下简称公司）的董事会所有成员一致同意签署以下决议，并指示公司秘书将本决议复印件置于公司会议记录册中。

公司董事会决议批准公司提前解散进行清算。

决议批准成立公司清算委员会。任命________________为清算委员会成员，________________为清算委员会负责人。自______年______月______日起生效，直至清算结束。

上述公司决议应与董事会在经适当召集并合法召开的会议上通过的决议具有同等法律效力。

董事会成员签名：

日期：

相关法规

《中华人民共和国公司法》（2018年10月26日修正）

第一百八十条 公司因下列原因解散：

（一）公司章程规定的营业期限届满或者公司章程规定的其他解散事由出现；

（二）股东会或者股东大会决议解散；

（三）因公司合并或者分立需要解散；

（四）依法被吊销营业执照、责令关闭或者被撤销；

（五）人民法院依照本法第一百八十二条的规定予以解散。

第一百八十三条 公司因本法第一百八十条第（一）项、第（二）项、第（四）项、第（五）项规定而解散的，应当在解散事由出现之日起十五日内成立清算组，开始清算。有限责任公司的清算组由股东组成，股份有限公司的清算组由董事或者股东大会确定的人员组成。逾期不成立清算组进行

① 相关判决包括（2020）浙02民终468号、（2018）鲁1102民初9588号等。

清算的，债权人可以申请人民法院指定有关人员组成清算组进行清算。人民法院应当受理该申请，并及时组织清算组进行清算。

《中华人民共和国民法典》（2020年5月28日发布）

第六十八条　有下列原因之一并依法完成清算、注销登记的，法人终止：

（一）法人解散；

（二）法人被宣告破产；

（三）法律规定的其他原因。

法人终止，法律、行政法规规定须经有关机关批准的，依照其规定。

第六十九条　有下列情形之一的，法人解散：

（一）法人章程规定的存续期间届满或者法人章程规定的其他解散事由出现；

（二）法人的权力机构决议解散；

（三）因法人合并或者分立需要解散；

（四）法人依法被吊销营业执照、登记证书，被责令关闭或者被撤销；

（五）法律规定的其他情形。

第二步：制定员工安置方案，履行民主程序

操作说明

尽管用人单位决定提前解散本身无需员工同意，但企业解散往往涉及众多员工的劳动合同解除终止，涉及劳动者的切身利益，应按照《劳动合同法》的相关规定制定员工安置方案，履行相应的民主和公示程序。

注意事项

1. 从程序上，用人单位可以起草安置方案，就劳动合同解除的形式、时间、补偿标准和安置计划等提出设想和建议，而后听取工会、职工代表或全体员工的意见，确定最终安置方案后向全体员工进行告知或公示。

2. 从实体上，用人单位的安置方案主要涉及劳动合同解除方案、劳动合同转移方案（如提供其他关联公司的就业机会）以及拒绝协商解除或转移的处理方式，如终止劳动合同。对于“三期”、工伤等特殊员工，用人单位还

可以适当提高补偿标准以体现公平性。

3. 实践中，用人单位在制订安置方案过程中还应估计业务的连续性，通常很少有企业一夜之间终止所有经营活动，这也意味着人员安置可能会分批进行，用人单位应提前规划好员工安置的批次。

示范文本

员工安置方案公告（征求意见稿）

鉴于公司将逐步进入解散程序，董事会已决议自______年______月______日起先行关闭__________产线，相关岗位随之撤销。公司管理层拟发布员工安置方案，具体方案说明如下：

一、协商解除补偿方案

协商解除劳动关系补偿=法定经济补偿金（N）+代通知金（1个月工资）

1. 法定经济补偿金：N，是指在本公司每工作满1年支付1个月工资，“N”年服务年限则支付“N”个月的补偿金，其中月工资按照员工离职前12个月月平均工资（如2022年3月离职，则计算周期为2021年3月1日至2022年2月28日）确定。其中对2008年以前入职的员工，2008年以前的工作年限不受本市上年度职工社会月平均工资3倍的限制，2008年以后的工作年限，月工资基数不得超过本市上年度社会月平均工资的3倍。

备注：如果员工工作年限经核算存在不满1年的情况，则2008年以后的工龄，满6个月的，按照1年计算，不满6个月的，按照0.5个月计算；2008年以前的工龄，不满1年的，一律按照1个月计算。

2. 代通知金：“1个月工资”为代通知金，按照离职前上月工资确定，不受上年度社会月平均工资3倍的限制。

二、其他事项

1. 未休年休假补偿：未休法定年休假天数按照日工资200%据实计算。

2. 工资和福利：工资、社保、公积金及各项福利一律支付或缴纳至协商解除协议约定的离职日（但应扣除个人承担的社保和公积金部分）。

3. 其他：离职交接等以《协商解除劳动合同协议书》为准。

三、签约安排及其他

公司将委托律师与员工逐一沟通，如员工愿意按本方案与公司协商解除合同，则公司将安排签署《协商解除劳动合同协议书》，具体数额以协商解除协议为准。签约时间和地点：以公司通知为准。

如员工最终未与公司协商变更或协商解除劳动合同，则自岗位撤销之日起进入停工待岗状态，次月起按照最低工资标准支付待岗工资，符合法定解除或终止条件的，公司依法解除或终止劳动合同。

四、咨询和投诉渠道

如员工有任何反馈意见，可通过以下渠道反馈：

1. 涉及法律规定内容（如补偿计算标准），请咨询公司外聘律师顾问：×××；联系电话：××××；邮箱：××××。

2. 涉及公司人事政策和签约安排细节事宜，请咨询本地人力资源部门：×××，联系电话：××××；邮箱：××××。

3. 涉及管理人员投诉和管理层决定事宜，投诉邮箱：××××。

请注意，如果员工在______年______月______日 17：00 之前未与公司签订《协商解除劳动合同协议书》，则本方案中的协商解除方案自动失效。

特此公告！

×××公司管理团队
年　月　日

相关法规

《企业民主管理规定》（总工发〔2012〕12 号）

第十四条　国有企业和国有控股企业职工代表大会除按第十三条规定行使职权外，行使下列职权：

……

（二）审议通过企业合并、分立、改制、解散、破产实施方案中职工的裁减、分流和安置方案；

……

第三步：与员工进行个别沟通，落实劳动合同解除终止方案

操作说明

依托于公司事先制定的安置方案，用人单位可以委托管理人员或外部律

师与员工逐一进行沟通，明确员工的选择。如双方能就解除合同达成一致，则签署协商解除协议；如无法达成一致，则依法通知终止劳动合同。

注意事项

1. 用人单位应当根据解散进程安排与员工逐一进行沟通面谈，告知公司的具体安排，询问员工的选择，通常双方可能就离职补偿、薪酬福利结算（如平均工资数据、加班费、年休假、奖金等）等进行澄清和确认，面谈人员应对员工提出的问题进行合理的解释和答复。

2. 通常用人单位首选的方案仍为协商解除方案，如被安置员工同意协商解除方案，则可以当场签署《协商解除劳动合同协议》，明确约定各项权利义务。

3. 如劳动者不同意协商解除的，则根据公司的解散进程确定下一步的安排，如安排员工停工待岗一段时间或终止劳动合同。如系终止劳动合同，应依法送达《终止劳动合同通知书》。

示范文本

终止劳动合同通知书

尊敬的______先生/女士：

鉴于：公司股东会已决议提前解散，根据劳动合同法第四十四条第五项规定，您与公司签订的劳动合同将于______年______月______日终止。根据有关法律规定，公司正式通知您如下事项：

一、双方劳动合同于______年______月______日法定终止。______年______月______日作为最后工作日，公司将支付工资至______年______月______日。您离职以后择业自由，无需履行竞业限制义务。

二、请您于______年______月______日之前向公司指定的人员进行工作交接并交还公司物品。

三、在您工作交接办理完毕后，公司将根据相关劳动法律法规的规定向您支付经济补偿金。若根据国家法律法规的要求，上述费用应缴纳个人所得税的，由您个人承担。

特此通知。

×××公司（盖章）

年　月　日

签收回执

本人已收到公司于______年______月______日发出的《终止劳动合同通知书》。

员工签名：

相关法规

《中华人民共和国劳动合同法》（2012年12月28日修正）

第四十四条 有下列情形之一的，劳动合同终止：

……

（五）用人单位被吊销营业执照、责令关闭、撤销或者用人单位决定提前解散的；

……

第四步：办理离职手续

详见第三章第十三节“离职手续办理合规指引”。

第十三节
离职手续办理合规指引

◆ 相关概念

1. 离职证明

是指在员工劳动合同解除或终止时用人单位应向劳动者出具的记载有劳动合同期限、解除或者终止劳动合同的日期、工作岗位、在本单位的工作年限的书面文件。

2. 职工档案

是指企业劳动、组织、人事等部门在招用、调配 、培训、考核、奖惩、选拔和任用等工作中形成的有关职工个人经历、政治思想、业务技术水平、工作表现以及工作变动等情况的文件材料①。企业职工调动、辞职、解除劳动合同或被开除、辞退等，应由职工所在单位15日内将其档案转交其新的工作单位或其户口所在地的街道劳动（组织人事）部门。

3. 社会保险关系转移手续

是指在企业职工调动、辞职、解除劳动合同或被开除、辞退等情形下，用人单位应当完成社保减员登记备案或退工等手续，以确保员工可以办理失业登记或再就业的程序。用人单位应在员工离职后15日内完成社会保险关系转移手续。

◆ 典型案例

解除劳动合同通知书能否替代离职证明?

2017年1月9日，刘某入职某保险公司，2020年6月11日，保险公司向刘某出具解除劳动合同通知书，解除了双方的劳动关系。后刘某应聘某单位并获得录用通知，但因无法提供离职证明被某单位取消录用。之后刘某申请仲裁，要求保险公司支付2020年6月11日至9月5日未提供离职证明造成的经济损失130000元。庭审中，保险公司则主张解除劳动合同通知书即可以作为离职证明的替代材料。

专家分析

根据《劳动合同法》第五十条第一款、第八十九条之规定，用人单位应当在解除或者终止劳动合同时出具解除或者终止劳动合同的证明。用人单位违反该法规定未向劳动者出具解除或者终止劳动合同的书面证明，由劳动行政部门责令改正；给劳动者造成损害的，应当承担赔偿责任。本案中，保险公司于2020年6月11日向刘某出具解除劳动合同通知书，双方劳动关系解除，但保险公司未在解除劳动合同时依法向刘某出具解除或者终止劳动合同的证明，应依法承担赔偿责任。关于刘某所受损失，刘某提交的入职通知书等证据可以指向在保险

---

① 相关规定包括《档案法》《企业职工档案管理工作规定》等。

公司解除其劳动关系后有新用人单位准备与之建立劳动关系的情况，且劳动者在劳动关系被解除后重新寻找新的工作亦符合常理，最终法院根据刘某在保险公司工作期间的月薪标准，酌情认定保险公司应向刘某赔偿损失 25000 元。

◆ 合规指引

第一步：确定离职理由和日期

操作说明

员工离职的形式多种多样，不同离职形式所导致员工和公司直接的权利义务清算迥异，故用人单位应提前确定离职的具体形式，固定相应的证据材料以作为发起离职手续的依据。

注意事项

1. 员工离职主要包括员工提出解除劳动合同、用人单位提出解除或终止劳动合同、双方经协商一致解除劳动合同等情形，如系劳动者提出解除应保留或固定相关载体，如辞职信等。如系用人单位提出解除劳动合同，则应有相应的书面送达凭证作为依据，如系协商解除劳动合同，则通常有《协商解除劳动合同协议》作为依托。

2. 一般情形下，用人单位在提出解除劳动合同或协商解除劳动合同时往往具有较大的主动权，用人单位谋划相关离职手续有较大的准备空间，但在劳动者提出解除劳动合同时特别是当劳动者行使解除权时（按照《劳动合同法》第三十八条规定提出离职)，用人单位的准备时间有限，必须尽快通盘考虑所有离职事项。

3. 如员工不辞而别，不能视为劳动合同已经解除或终止，用人单位仍应履行管理职责，如催告员工上班，告知拒不到岗的后果，并按照规章制度进行离职处理。

第二步：确定员工离职手续相关事项的范围

操作说明

广义上的离职手续应从公司业务连续性角度考虑，尽可能涵盖可能会对公司利益产生影响的各种情形，包括工作交接、客户告知、各种权限的终止、费用结算、社保和档案转移、是否履行竞业限制义务的审查等。

注意事项

1. 一般离职手续主要包括以下事项：（1）办理工作交接，包括财物返还（电脑、移动存储设备、手机、门卡、纸质文本、钥匙、车辆等）、电子数据交接（如客户名单、源代码等）、工作进展汇报；（2）费用结算，主要包括末月工资、各类奖金、提成、报销、未休年休假、股权、经济补偿金、代通知金、医疗补助费以及其他员工应返还的款项（如借款、备用金、培训违约金等）；（3）出具离职证明，办理社保和档案转出手续；（4）账户和权限关闭，主要包括网络账户冻结、电子邮箱地址冻结、访问权限、进出权限、微信群/钉钉群等各类网络群组退出；（5）告知客户相关替代人选；（6）个人信息及其载体的封存和删除处理。

2. 特别离职手续主要基于员工的特别身份，具体包括：（1）如劳动者系董事、监事、法定代表人、风控负责人等，应提前办理相关登记变更；（2）如员工系从事职业危害岗位，应安排离职前进行职业健康检查；（3）如员工系工伤职工，应评定等级或者办理社保待遇领取手续；（4）如员工系签订有竞业限制条款的职工，则应审查是否应履行竞业限制义务并在离职前告知员工。

3. 由于离职所涉及的事项较为复杂，用人单位应事先明确各项活动的完成时间并进行全盘规划，避免有任何遗漏。有些事项需提前安排，如办理法人变更登记，有些事项则需要当日完成，比如员工依照《劳动合同法》第三十八条提出解除合同，则应在当日告知其离职后是否应履行竞业限制义务。

相关法规

《最高人民法院关于审理劳动争议案件适用法律问题的解释（一）》（法释〔2020〕26号）

第三十六条 当事人在劳动合同或者保密协议中约定了竞业限制，但未约定解除或者终止劳动合同后给予劳动者经济补偿，劳动者履行了竞业限制义务，要求用人单位按照劳动者在劳动合同解除或者终止前十二个月平均工资的30%按月支付经济补偿的，人民法院应予支持。

前款规定的月平均工资的30%低于劳动合同履行地最低工资标准的，按照劳动合同履行地最低工资标准支付。

《中华人民共和国个人信息保护法》（2021年8月20日发布）

第四十七条 有下列情形之一的，个人信息处理者应当主动删除个人信息；个人信息处理者未删除的，个人有权请求删除：

（一）处理目的已实现、无法实现或者为实现处理目的不再必要；

……

第三步：与员工开展离职沟通，确定员工应履行的义务

操作说明

在厘清离职手续相关事项后，用人单位应安排管理人员或人力资源从业者与员工就离职事项进行沟通，有些与劳动合同解除终止的沟通同时进行，用人单位应提前准备所有相关文本（如离职申请表、工作移交表等）便于及时和员工确认相关事项。

注意事项

1. 多数情况下，用人单位往往较为重视离职沟通（包括离职的理由等）但忽视离职手续办理的沟通，有些因为交接不到位给后续工作带来巨大困扰，因而应将离职手续办理置于较为重要的地位加以考量。

2. 在离职沟通过程中，用人单位应与劳动者明确劳动合同解除的原因、时间、工作交接及其他手续的安排，如员工能够确认，则可通过书面签字的方式确认；如员工无法确认，用人单位应通过邮件、邮寄等方式明确告知相关手续办理的义务以及不承担义务所导致的后果。

3. 在员工拒绝配合办理离职手续的情况下，用人单位对于归属于公司的财产可以行使“自力救济”，如扣留公司配置的电脑、车辆、钥匙等，在发生争议的情况下亦可以向警方求助。但用人单位处置员工的工作电脑、手机等应避免侵犯员工隐私，尽可能通过录像、公证等方式进行。

示范文本1

工作交接通知书

致______先生/女士（身份证号码：__________）：

根据公司此前发送的终止劳动合同通知书，您的最后工作日为______年______月______日。但截至最后工作日，一直未进行工作交接，也从未出现办理任何离职手续。上述行为给我司带来了一系列损失和困扰，这包括：

1. 未偿还公司财产：×××

2. 因未完成交接，给我司增加额外人力所产生的成本和相关损失总计______元（截至××××年×月×日）。

鉴于您所任职岗位的重要性，我司要求您立即交还公司财产，配合完成离职手续，如仍未予配合，公司将就您的违法行为提起法律程序，请慎重对待。

×××公司（盖章）

年 月 日

示范文本2

个人信息删除承诺书

员工______，鉴于本人已向公司提出删除个人信息申请，就个人信息保护相关事项承诺并明确：

1. 公司已交还所有个人信息的纸质载体，包括但不限于：个人简历、应聘申请表、身份证复印件、各类休假证明等。

2. 鉴于公司将同步删除其他电子类个人信息，本人同意不再向公司提出任何与个人信息相关的诉求，包括配合背景调查、重新出具各类证明（含离职证明）、配合在职信息核查等。

3. 本人确认于______年______月______日因辞职/协商解除与公司解除终止劳动合同关系，就劳动关系建立、存续、解除终止所涉及的权利义务（包括但不限于合同签订、工资、奖金、加班、休假、离职补偿、各类法定约定福利等）均已结清了结，公司无任何其他给付义务和应履行的法定或约定义务。

4. 本人承诺就在职期间所知悉的其他员工、供应商或合作伙伴雇员的个人信息承担完全的保密义务，如有违反自行承担法律责任。

承诺人姓名：

日期：

相关法规

《中华人民共和国劳动合同法》（2012 年 12 月 28 日修正）

第五十条　用人单位应当在解除或者终止劳动合同时出具解除或者终止劳动合同的证明，并在十五日内为劳动者办理档案和社会保险关系转移手续。

劳动者应当按照双方约定，办理工作交接。用人单位依照本法有关规定应当向劳动者支付经济补偿的，在办结工作交接时支付。

用人单位对已经解除或者终止的劳动合同的文本，至少保存二年备查。

第四步：依法履行出具离职证明等公司应尽义务

操作说明

员工离职时，用人单位应依法履行相关义务，包括安排从事职业危害岗位员工进行离职体检、依法支付各项待遇、向员工出具离职证明并办理社保转出手续。涉及员工被工商部门、相关行业组织登记为公司职位（如企业风控负责人等）的，也应及时办理变更手续。

注意事项

1. 在离职手续办理过程中，可能存在员工不配合办理交接的情况，此时如用人单位以此为由拒绝履行离职证明出具等义务，则需要赔偿给员工造成的相应损失。

2. 用人单位履行相关义务应保留相应的凭证，如交付离职证明应要求员工签署，通过邮寄送达的，应保留相关邮寄的凭证；用人单位支付各项费用的，应在转账时明确各项费用的性质，如经济补偿金、奖金等。

3. 在劳动者离职以后，用人单位仍应保护劳动者的个人信息，如接到背景调查，应获得离职员工的同意或授权。

示范文本

离职结算单

本人确认以下薪酬结算等事项：

离职时间：

离职当月工资：

未休年休假工资：

社会保险缴纳截止月：

公积金缴纳截止月：

退工单或离职证明：已开具。

工作交接：已办结。

本人确认公司与本人就劳动合同建立、存续、终止所涉及权利义务（包括但不限于各类薪酬福利及其他应得款项）已全部结清了结，除本确认单记载事项外，公司无其他给付义务，双方再无其他争议。

员工签名：

日期：

相关法规

《中华人民共和国劳动合同法》（2012 年 12 月 28 日修正）

第八十九条 用人单位违反本法规定未向劳动者出具解除或者终止劳动合同的书面证明，由劳动行政部门责令改正；给劳动者造成损害的，应当承担赔偿责任。

第十四节 竞业限制合规指引

◆ 相关概念

1. 竞业限制

是指用人单位对其高级管理人员、高级技术人员和其他负有保密义务的人员，采取限制其在劳动关系存续期间和劳动关系结束后的一定时期内从事与本单位竞争的业务。竞业限制是约定义务，需双方签订竞业限制条款或协议方对员工产生约束力，且竞业限制期限不得超过 2 年。

2. 竞业禁止

是指公司的董事、高级管理人员在任职期间，不得利用职务便利为自己或者他人谋取属于任职单位的商业机会，不得自营或者为他人经营与所任职单位同类的业务的情形。竞业禁止是董事、高级管理人员的法定义务，员工违反竞业禁止而获得的收入，也应当归其任职的单位所有。竞业禁止的相关法律依据主要为《公司法》。

3. 商业秘密

是指不为公众所知悉、具有商业价值并经权利人采取相应保密措施的技术信息、经营信息等商业信息。“不为公众所知悉”，是指该信息不能从公开渠道直接获取；“具有商业价值”，是指该信息具有确定的可应用性，能为权利人带来现实的或者潜在的经济利益或者竞争优势；“采取相应保密措施”，包括订立保密协议，建立保密制度及采取其他合理的保密措施；“技术信息”，包括与技术有关的结构、原料、组分、配方、材料、样品、样式、植物新品种繁殖材料、工艺、方法或其步骤、算法、数据、计算机程序及其有关文档等；“经营信息”，包括与经营活动有关的创意、管理、销售、财务、计划、样本、招投标材料、客户信息、数据等信息。保守公司商业秘密是劳动者的法定义务①。

◆ 典型案例

调解书能否覆盖竞业限制事项?

张某于2020年10月26日入职某咨询公司担任商务经理，双方签订了期限自2020年10月26日起至2023年10月25日止的劳动合同，约定试用期为6个月，试用期月工资为15000元。双方另签有《保密、知识产权与不竞争协议》，约定了竞业限制义务。2020年11月9日，咨询公司通过邮件形式

---

① 涉及商业秘密保护的相关规定包括《反不正当竞争法》、《最高人民法院关于适用〈中华人民共和国反不正当竞争法〉若干问题的解释》（法释〔2022〕9号）、《国家工商行政管理局关于禁止侵犯商业秘密行为的若干规定》（1998年12月3日发布）、《最高人民法院关于审理侵犯商业秘密民事案件适用法律若干问题的规定》（法释〔2020〕7号）。

向张某发送了试用期辞退通知，此后张某就劳动合同解除事宜申请仲裁，2021 年 2 月 3 日，劳动争议仲裁委员会出具调解书，载明调解协议内容：咨询公司同意于本调解书生效之日起 7 日内支付张某一次性补偿金人民币 13000 元（当庭结清）；张某放弃本案全部申诉请求，双方再无其他劳动争议。

2021 年 3 月 1 日，张某向咨询公司发送邮件，告知其自劳动关系解除之日起履行《保密、知识产权与不竞争协议》的约定至今，提醒咨询公司按月向其支付经济补偿金。咨询公司当日对该邮件予以回复，告知因公司搬迁办公地址，未能找到《保密、知识产权与不竞争协议》，无法核实内容，若有此协议，则无需遵守，张某可以自由就业，且双方的劳动仲裁调解书已明确双方无其他劳动争议。嗣后，张某再次申请仲裁，要求咨询公司支付 2020 年 11 月 10 日至 2021 年 3 月 5 日的竞业限制经济补偿 17400 元以及额外支付解除竞业限制协议的 3 个月经济补偿 13500 元。咨询公司则以双方曾调解结案抗辩。

专家分析

根据规定，对负有保密义务的劳动者，用人单位可以在劳动合同或者保密协议中与劳动者约定竞业限制条款，并约定在解除或者终止劳动合同后，在竞业限制期限内按月给予劳动者经济补偿。本案中，双方签订有《保密、知识产权与不竞争协议》，该协议中对于劳动关系解除后张某应当履行竞业限制义务及咨询公司支付经济补偿等均作出了约定，该协议合法有效，对双方当事人均有约束力。虽然调解协议中载明“双方再无其他劳动争议”，但在该案中，并未涉及竞业限制相关内容，咨询公司未明确告知张某无需履行竞业限制义务及咨询公司不支付张某竞业限制补偿等，张某亦未放弃要求咨询公司支付竞业限制经济补偿的权利，无法据此认定双方在该案中已明确无需履行竞业限制协议。最终法院审理后认为，双方的调解系限定在劳动关系存续期间的权利义务，均已结清，所谓再无其他劳动争议应当理解为劳动关系存续期间不存在其他劳动争议，不包括竞业限制事项，据此判决咨询公司败诉。

◆ 合规指引

第一步：确定竞业限制对象

操作说明

用人单位对部分员工实施竞业限制，主要目的是保持竞争优势以及最大限度降低商业秘密在人才流动中泄露的风险，但竞业限制需要以支付补偿金为代价，因此用人单位仍需合理平衡风险和成本。根据法律规定，竞业限制主要针对高级管理人员、高级技术人员以及其他负有保密义务的人员。

注意事项

1. 用人单位实施全员竞业限制义务并不少见，但对于不负有保密义务同时又非技术人员或高级管理人员的员工，则即使签订竞业限制协议，司法实践中也有可能不认可竞业限制协议的效力。

2. 用人单位对哪些员工实施竞业限制主要应考虑以下因素：（1）是否属于法律规定的高级管理人员、核心技术人员或负有保密义务的人员；（2）员工所掌握公司商业秘密的情况以及该商业秘密被泄露给公司造成的风险和损失；（3）用人单位支付竞业限制补偿的成本。

3. 考虑到员工在职期间存在岗位变动的可能性，故员工发生岗位变动时应重新考虑是否纳入竞业限制对象。

相关法规

《中华人民共和国劳动合同法》（2012 年 12 月 28 日修正）

第二十四条　竞业限制的人员限于用人单位的高级管理人员、高级技术人员和其他负有保密义务的人员。竞业限制的范围、地域、期限由用人单位与劳动者约定，竞业限制的约定不得违反法律、法规的规定。

在解除或者终止劳动合同后，前款规定的人员到与本单位生产或者经营同类产品、从事同类业务的有竞争关系的其他用人单位，或者自己开业生产或者经营同类产品、从事同类业务的竞业限制期限，不得超过二年。

第二步：签署竞业限制条款或协议

操作说明

用人单位决定对员工实施竞业限制的，应在入职时或岗位发生变动时与员工签署竞业限制协议，协议应明确约定竞业限制的期限、地域范围、补偿标准、违约责任等内容。

注意事项

1. 实践中，用人单位主要通过以下方式与员工约定竞业限制义务：（1）在劳动合同中增加竞业限制条款；（2）在保密协议中增加竞业限制条款；（3）单独签署竞业限制协议。从权利义务设定的完整性角度，倾向于用人单位与劳动者单独签署竞业限制协议。

2. 竞业限制条款或协议应安排在入职或改变岗位时签署，如在离职时安排签署往往会被员工拒签。

3. 竞业限制的补偿标准和违约责任往往是双方关注的重点，参考相关司法解释，竞业限制补偿一般以离职前月平均工资的30%且不低于最低工资标准为宜（地方性法规有不同规定，按地方性法规执行①），而违约金一般为补偿总额的3倍较为合理。

示范文本

竞业限制协议

甲方：

乙方：

身份证号码：

联系手机：

个人信箱：

---

① 如《江苏省劳动合同条例》（2013年1月15日修订）第二十八条规定，用人单位对处于竞业限制期限内的离职劳动者应当按月给予经济补偿，月经济补偿额不得低于该劳动者离开用人单位前十二个月的月平均工资的三分之一。《深圳经济特区企业技术秘密保护条例》（2019年10月31日修正）第二十四条规定，竞业限制协议约定的补偿费，按月计算不得少于该员工离开企业前最后十二个月月平均工资的二分之一。约定补偿费少于上述标准或者没有约定补偿费的，补偿费按照该员工离开企业前最后十二个月月平均工资的二分之一计算。

联系地址:

甲方、乙方在本协议中单独称为“一方”,合称为“双方”。

鉴于:

A. 乙方在甲方工作期间,了解、知悉或掌握了甲方的有关商业秘密;

B. 乙方在甲方工作期间,甲方向乙方支付工作报酬,作为对价,乙方应对甲方负有在职期间竞业限制义务;

C. 甲方确定,在乙方离职后,甲方要求其继续承担竞业限制义务的,应向乙方支付经济补偿金。

双方就乙方在甲方就职期间及离职后的一定期间内,不得从事同业竞争的有关事项,本着自愿、公平及诚实信用原则,经协商,达成如下一致意见:

1. 在职期间竞业限制义务

1.1 乙方在职期间不得自营或帮助任何第三方经营(无论附条件或不附条件)与甲方产品同类的产品或者与甲方从事业务同类的业务,亦不得为与甲方存在竞争关系的单位提供任何服务,无论是否取得报酬。

1.2 乙方在职期间不得从事任何对甲方产品或业务构成竞争的任何业务或行为。

1.3 乙方不得诱使甲方的其他员工与自己一同离职,或为个人或他人利益诱使甲方的其他员工离职。

1.4 乙方不得劝诱甲方的现有或潜在客户与甲方终止合作。

2. 离职后竞业限制义务

2.1 乙方离职前,甲方无法通过采取脱密措施防止乙方在职期间了解、知悉或掌握的甲方商业秘密不丧失秘密性或不被泄露。若甲方确定需要乙方在离职后承担本协议项下的竞业限制义务,甲方应于乙方离职前书面通知乙方,乙方的竞业限制义务应自书面通知中确认的时间或者乙方离职之日起开始生效。如甲方未书面通知乙方启动竞业限制义务,则乙方离职后择业自由,无需履行竞业限制义务,甲方亦无需向乙方支付任何补偿。

2.2 如甲方启动竞业限制,未经甲方书面同意,乙方在离职后的1年内(无论附条件或不附条件)不得以任何形式到与甲方经营同类业务且存在竞争关系的公司就职,或与其建立劳务关系(包括但不限于通过劳务派遣、外包等方式提供服务）。

2.3 如甲方启动竞业限制，未经甲方书面同意，乙方在与甲方解除劳动合同关系后的1年内（无论附条件或不附条件）不得自办或与他人合办与甲方属于经营同类业务且有竞争关系的公司或者从事与甲方技术秘密有关的技术开发、产品开发或产品生产。

2.4 乙方在职期间及离职后2年内不得直接或通过第三方，包括乙方的任职单位或其他关联企业，抢夺甲方在乙方离职前已有客户，或劝说、诱使其断绝与甲方的关系。

2.5 本条所称与甲方经营同类业务且存在竞争关系的公司是指，与甲方属于同一行业，或经营范围与甲方相同、相似、有交叉，或研发、生产、销售与甲方相同或相似的产品、服务，或使用与甲方相同或相似的技术等可能与甲方形成竞争，以及其他有可能对甲方利益造成影响的公司。乙方在职期间以及在竞业限制期限内，甲方可每年根据业务发展，适时调整与甲方有竞争关系的单位名单，该名单以书面形式告知乙方后构成本协议的附件，作为本协议的组成部分，与本协议具有同等法律效力。

3. 竞业限制补偿金

3.1 自乙方离职竞业限制义务生效后，乙方切实遵守本协议项下竞业限制义务的，甲方应于每个自然月的______日按照竞业限制期限向乙方支付经济补偿金，每月经济补偿金的标准为乙方离开甲方前最后12个月月平均工资的30%，如不满12个月，按月平均工资推算。如相关法律法规有规定，甲方可代扣代缴应由乙方承担的个人所得税。

3.2 乙方自离职之日起，应在甲方每个月支付经济补偿金之前，向甲方提供当前工作情况的说明以及相关证明材料，包括新任职单位出具的工作证明（应包含工作单位联系方式和社会保险费缴纳清单）或户籍所在地人力资源和社会保障部门提供的有效的失业证明原件、有效联系地址和电话及乙方接收经济补偿金的银行账号等。乙方如虚假陈述或提供虚假的证明材料将视为乙方违约，需按照本协议第5.3条约定承担违约责任。

如乙方工作情况发生任何变动，乙方应立即向甲方提供新的证明文件。乙方未能及时提供前述材料的，甲方有权暂停向乙方支付经济补偿金，同时并不免除乙方的竞业限制义务。

3.3 乙方同时授权甲方可对乙方离职后的就业信息等进行调查，经甲方要求时，乙方应配合调查，包括补充提交个人所得税缴纳证明、前往甲方处提交证明材料原件予以核对、回答甲方提出的相关问题等，逾期未予配合或者提供虚假材料则视为违约，需按照本协议第5.3条约定承担违约责任。

3.4 涉及本协议履行过程中的沟通，甲方可以通过本合同首部记载的短信、邮件、快递等任意方式向乙方送达相关的通知或函件，如系短信、邮件告知的，当日视为送达；如系快递发出的，自快递发出之日起第______日视为送达。

4. 协议解除

4.1 乙方受竞业限制义务约束的期间，甲方经评定后认为无需乙方继续履行竞业限制义务的，经甲方提前______个月书面通知乙方后，甲方可解除本协议，此后无需向乙方支付其他补偿。

4.2 本协议解除后，乙方无需再履行竞业限制义务，甲方无需再支付竞业限制经济补偿金。

5. 违约责任

5.1 乙方违反在职期间竞业限制义务的，应当承担违约责任，违约金需一次性向甲方支付，违约金额为乙方从甲方离职时上年度的薪酬总额的1.5倍。前述违约金不足以弥补甲方损失的，乙方应继续承担损失赔偿责任。

5.2 乙方在职期间违反竞业限制义务的，视为严重违反甲方规章制度，甲方有权随时书面通知乙方解除与其签署的劳动合同，同时乙方仍应按照第5.1条约定支付违约金。

5.3 乙方离职后违反本协议约定（包括但不限于违反竞业限制义务）的，应当退回甲方已支付的经济补偿金，并承担违约责任，违约金需一次性向甲方支付，违约金额为乙方从甲方离职时上年度的薪酬总额的1.5倍。前述违约金不足以弥补甲方损失的，乙方应继续承担损失赔偿责任。同时，乙方拒绝支付违约金导致仲裁诉讼的，所产生的诉讼费、律师费、公证费等亦作为乙方违约责任的组成部分。

在本协议履行期间乙方通过提供虚假信息、虚假证明材料等方式获得甲方支付的补偿，将视为通过诈骗方式获得公司财产，甲方有权提出刑事控告并依法追究乙方责任。

6. 争议解决

6.1 双方因签订、履行本协议发生的任何争议，应尽力友好协商解决。

6.2 若无法通过协商解决争议，双方可提请相关调解组织进行调解。

6.3 任意一方不愿调解，或者经调解无法达成一致，或者达成调解协议后一方不履行的，一方可向甲方所在地的劳动争议仲裁委员会申请仲裁。

7. 其他事项

7.1 若有不包括在本合同中，但可能与将来的相关法律或行政法规的规定有任何冲突的事项，按有关规定执行。

7.2 本协议经双方签署后即发生法律效力，本协议至乙方离职后竞业限制期限届满后终止。本协议一式两份，双方各执一份，具有同等效力。

甲方（盖章）：　　　　　　　　乙方签名：

日期：　　　　　　　　日期：

相关法规

《最高人民法院关于审理劳动争议案件适用法律问题的解释（一）》（法释〔2020〕26 号）

第三十六条　当事人在劳动合同或者保密协议中约定了竞业限制，但未约定解除或者终止劳动合同后给予劳动者经济补偿，劳动者履行了竞业限制义务，要求用人单位按照劳动者在劳动合同解除或者终止前十二个月平均工资的30%按月支付经济补偿的，人民法院应予支持。

前款规定的月平均工资的30%低于劳动合同履行地最低工资标准的，按照劳动合同履行地最低工资标准支付。

第三步：离职时告知履行或放弃竞业限制义务

操作说明

尽管签订有竞业限制协议，为避免分歧，用人单位在离职前明确告知劳动者离职后是否应履行竞业限制义务有利于定分止争。如启动竞业限制，则可以明确具体的竞争对手名单等；如不启动竞业限制，则明确离职后择业自由，公司亦无需支付竞业限制补偿。

注意事项

1. 由于竞业限制义务一般在离职后启动，如用人单位在离职前明确放弃竞业限制义务且双方约定无需支付补偿，则用人单位无需支付竞业限制补偿。但若竞业限制期限启动后用人单位再单方解除协议，需额外支付三个月的竞业限制补偿金。

2. 用人单位一般在离职前送达竞业限制通知并保留相关的书面凭证，如员工拒绝签字的，则建议通过邮件、微信、快递、短信等同步送达。

3. 在员工以《劳动合同法》第三十八条规定提出离职的情况下，用人单位应在当日完成告知义务。

示范文本

竞业限制事项通知书

离职人姓名：×××

身份证号码：×××

您于______年____月____日与公司签订《竞业限制协议》，详见附件。

鉴于：您因个人原因，于______年____月____日与公司解除劳动合同，就竞业限制事宜，公司告知您如下事项：

□您离职以后择业自由，无需履行竞业限制业务，公司亦无需支付任何补偿。

□您离职以后需按协议约定履行竞业限制义务。相关的竞争对手名单附后。

如有其他未尽事宜，公司根据您在职时提供的下列任一联系方式通知您，自公司发出通知之日起3个工作日视为本人已经收到。

您在竞业限制期内的联系方式：

邮寄地址：

电子邮箱：

联系电话：

×××公司（盖章）

年 月 日

本人确认已充分阅读上述内容并同意遵守本通知及竞业限制协议的规定。

签名：

相关法规

《最高人民法院关于审理劳动争议案件适用法律问题的解释（一）》（法释〔2020〕26 号）

第三十九条 在竞业限制期限内，用人单位请求解除竞业限制协议的，人民法院应予支持。

在解除竞业限制协议时，劳动者请求用人单位额外支付劳动者三个月的竞业限制经济补偿的，人民法院应予支持。

第四步：启动竞业限制调查

操作说明

员工离职后启动竞业限制的，用人单位除了要求员工定期提交离职后的就业状况证明材料之外，还可以通过客户、其他离职员工等渠道了解员工是否遵守竞业限制义务，如有线索显示员工违约，则应尽快启动竞业限制调查并固定相关证据。

注意事项

1. 竞业限制调查应当依法进行，避免采取直接跟踪当事人行踪等违法手段，用人单位可以委托外部律师进行必要的竞业限制调查。

2. 竞业限制调查主要涉及以下内容：（1）涉案公司是否与本公司存在竞争关系，主要通过工商登记信息、企业官方网站、企业微博、企业微信公众号、公司披露的年报信息等；（2）员工是否实际入职竞争对手或实际投资开办了相关企业。通常主要采集相关媒体报道、公司官网新闻、与公司工作人员的电话录音、与员工本人的电话或面谈录音、安排快递签收等。用人单位通过实际跟踪拍摄员工进出竞争对手单位的方式在司法实践中存在一定争议，但若该录像拍摄于公开场合且仅用于证明目的，法院一般仍认可其证据效力。

3. 对劳动者主动提供的相关就业证明，用人单位若有异议，也可以采取实地调查等方式确定员工是否实际入职相关单位。如通过劳务派遣等方式用工，用人单位也可以通过电话访谈等方式确定员工实际工作单位。

4. 用人单位如通过录音取证，应尽可能明确谈话时间、相关单位的全称、公司住址等信息，尽可能避免产生争议。用人单位也可以通过公证机构完成录音取证。

示范文本

竞业限制访谈提纲

××××，公司按照竞业限制协议约定给您付的补偿金收到了吗？

按照竞业限制约定，您需要配合与竞业限制有关的调查，我们有几个问题要问问您，希望您如实作答。

您目前在哪家公司上班？公司全称是什么？公司地址在哪？

您在公司担任什么职务？您的汇报对象是谁？具体叫什么名字？

公司主要做什么产品？

根据我们的了解，您实际在×××公司上班，我们已采集到相关证据，您之前提供的就职材料存在虚假情况，通过虚构事实骗取公司的竞业限制补偿金可能涉及刑事犯罪，对此您有需要和我们解释的吗？

就您的竞业限制问题，您希望和公司协商解决还是走法律程序？

您是否同意退还竞业限制补偿金作为解决方案？

相关法规

《最高人民法院关于审理劳动争议案件适用法律问题的解释（一）》（法释〔2020〕26号）

第四十条　劳动者违反竞业限制约定，向用人单位支付违约金后，用人单位要求劳动者按照约定继续履行竞业限制义务的，人民法院应予支持。

第五步：发起仲裁及诉讼

操作说明

在完成竞业限制调查之后，双方无法就争议达成协商的，用人单位应及时申请仲裁，要求劳动者继续履行竞业限制义务并承担相应的违约责任。

注意事项

1. 由于竞业限制期限自离职之日开始计算，用人单位越晚维权，越可能出现竞业限制期限在诉讼过程中届满的情况。故用人单位在发现员工违约后应及时申请仲裁。

2. 在诉讼中，用人单位可以申请仲裁机构或法院调取员工的社保缴费记录，或依照《民事诉讼法》规定责令劳动者提供个人所得税等记录，用人单位应充分发挥调查取证、申请调查令、责令劳动者本人到庭等方式进一步固定证据。

3. 如相关判决生效后劳动者拒不履行竞业限制义务，应及时申请强制执行。

相关法规

《中华人民共和国劳动争议调解仲裁法》（2007 年 12 月 29 日发布）

第二十七条 劳动争议申请仲裁的时效期间为一年。仲裁时效期间从当事人知道或者应当知道其权利被侵害之日起计算。

前款规定的仲裁时效，因当事人一方向对方当事人主张权利，或者向有关部门请求权利救济，或者对方当事人同意履行义务而中断。从中断时起，仲裁时效期间重新计算。

因不可抗力或者有其他正当理由，当事人不能在本条第一款规定的仲裁时效期间申请仲裁的，仲裁时效中止。从中止时效的原因消除之日起，仲裁时效期间继续计算。

劳动关系存续期间因拖欠劳动报酬发生争议的，劳动者申请仲裁不受本条第一款规定的仲裁时效期间的限制；但是，劳动关系终止的，应当自劳动关系终止之日起一年内提出。

第十五节
经济补偿金支付合规指引

◆ 相关概念

1. 经济补偿金

是指在劳动合同解除或终止后，用人单位依法一次性支付给劳动者的经济上的补助。经济补偿的支付情形包括约定和法定情形，其中法定支付情形包括：(1) 劳动者依据《劳动合同法》第三十八条执行推定解雇，且事由成立的；(2) 用人单位依据《劳动合同法》第四十条、第四十一条解除劳动合同的；(3) 用人单位以合同期满为由不续签劳动合同（排除维持合同条件员工不愿意续签的情形)、用人单位因提前解散而终止劳动合同的；(4) 因超过一个月未签劳动合同，用人单位终止事实劳动关系的。

2. 工作年限

是指劳动者与用人单位建立劳动关系且不间断存续的期间。连续工作年限，一般自用人单位用工之日起计算，包括 2008 年 1 月 1 日以前的工作年限，依照有关规定可以连续计算的工作年限，以及用人单位认可连续计算的工作年限。

3. 职工月平均工资

是指直辖市、设区的市级人民政府公布的本地区上年度职工月平均工资。职工月平均工资[①]主要用于经济补偿金月工资计算基数上限的计算，即劳动者月工资高于用人单位所在直辖市、设区的市级人民政府公布的本地区上年度职工月平均工资三倍的，向其支付经济补偿的标准按职工月平均工资三倍的数额支付。

4. 代通知金

是指用人单位与劳动者协商一致解除劳动合同或在依据《劳动合同法》第四十条规定解除劳动合同但未提前一个月通知的情形下向劳动者支付的一个月工资。实践中，代通知金支付主要基于下列情形：(1) 约定代通知金；(2) 法定代通知金，仅限于法律规定的情形[②]。

---

① 各地在实际执行时出现了其他替代职工月平均工资的口径，包括“法人单位从业人员平均工资”(北京)、“城镇单位就业人员平均工资”(上海)、“城镇全部单位就业人员月平均工资”(成都)、“城镇非私营单位从业人员月平均工资”(南京、合肥、武汉、长春、沈阳、大连)、“全省城镇非私营单位在岗职工月平均工资”(石家庄、兰州)、“城镇非私营单位在岗职工月平均工资”(广州、深圳、珠海、佛山、东莞、中山、惠州、重庆、苏州、杭州、宁波、太原、济南、青岛、南宁、长沙、西安、海口、南昌、天津、福州、厦门、郑州、贵阳、呼和浩特、哈尔滨、昆明、乌鲁木齐、西宁、银川)。

② 目前北京市的司法实践中，对于合同期满终止用人单位未提前 30 日通知的，也应支付 1 个月工资的“代通知金”。参见《北京市高级人民法院、北京市劳动争议仲裁委员会关于劳动争议案件法律适用问题研讨会会议纪要》(2009 年 8 月 17 日发布）第二十九条：“用人单位未提前三十日通知劳动者劳动合同到期终止，劳动者要求用人单位按照《劳动合同法》第八十七条规定支付赔偿金的，不予支持；劳动者要求用人单位按照《北京市劳动合同规定》第四十七条规定，每延迟一日支付一日工资赔偿金的，应予支持。”

◆ 典型案例

经济补偿金是否存在支付上限?

李某于2004年6月16日至某技术公司工作，双方签订有多份劳动合同，最后一份劳动合同为自2014年6月16日起的无固定期限劳动合同。2019年3月26日起，李某担任技术公司副总经理，负责销售工作，2019年年薪包括基本年薪476000元及业绩年薪204000元。2020年3月31日，技术公司向李某发送通知书，内容为“经公司研究决定：2020年4月1日起，您的工作岗位为：上海办公室负责人。标准月工资为15000元”。2020年6月5日，李某向技术公司送达《被迫离职通知书》，以公司违法调岗调薪和拖欠工资为由提出离职。此后李某申请仲裁要求公司支付经济补偿金。经查，李某离职前12个月平均工资为48166.6元，超过当地社会平均工资三倍（9580元×3）。

专家分析

本案中，技术公司并将李某原本每年68万元的薪资调整至每月15000元（即每年18万元），该调岗降薪幅度巨大，明显不具有合理性。故李某以技术公司未足额发放工资为由，依据《劳动合同法》第三十八条的规定解除劳动合同，理由成立，技术公司应当支付经济补偿金。关于经济补偿金的计算方式，《劳动合同法》第九十七条第三款规定，本法实施之日存续的劳动合同在本法施行后解除或终止，依照本法第四十六条规定应当支付经济补偿的，经济补偿年限自本法施行之日起计算；本法施行前按照当时有关规定，用人单位应当向劳动者支付经济补偿的，按照当时有关规定执行。故李某主张的经济补偿金应分段计算，在2008年1月1日劳动合同法实施之前，按照当时相关规定，经济补偿金为（476000元+102000元）÷12个月×4个月=192666.67元；《劳动合同法》实施以后，经济补偿金应按《劳动合同法》第四十七条的规定，按本市上年度职工月平均工资的三倍、年限最高不超过12年计算，即：9580元×3×12=344880元；两项合计为537546.67元。

◆ 合规指引

第一步：确定经济补偿金的有无

操作说明

员工离职形式多样，并非所有情形下用人单位均有义务支付法定经济补偿金，故首先必须掌握经济补偿金的支付范围，即何种情形下用人单位需支付经济补偿金。

注意事项

1. 何种情况下应当支付经济补偿金应基于法律法规的明确规定，有些还需结合地方性法规①。

2. 经济补偿金的支付情形存在历史沿革和不断扩充的过程，需兼顾"历史"上的法律规定，如系事后新增补偿支付情形，则经济补偿金的计算年限将从规定生效后才开始计算。

表 3-4 经济补偿金的支付情形和法规依据

历史沿革	经济补偿金的支付情形	法规依据
1994 年	由用人单位提出而协商一致解除劳动合同； 因医疗期满而解除劳动合同； 因不能胜任而解除劳动合同； 因客观情况发生重大变化而解除劳动合同； 因经济性裁员而解除劳动合同。 备注：均系用人单位提出的解除事由。	《劳动法》及《违反和解除劳动合同的经济补偿办法》（劳部发 1994〔481〕号，已失效）②
2001 年	因强迫劳动而解除劳动合同； 因未足额支付劳动报酬而解除劳动合同； 因未按约提供劳动条件而解除劳动合同。 备注：均系劳动者提出的解除事由。	《最高人民法院关于审理劳动争议案件适用法律若干问题的解释》（法释〔2001〕14 号，已失效）
2008 年	因未缴纳社会保险而解除劳动合同； 因规章制度违法而解除劳动合同； 因劳动合同无效而解除劳动合同； 因危及人身安全而解除劳动合同；	《劳动合同法》

① 常见于各省市的劳动合同条例或规定，如《上海市劳动合同条例》《江苏省劳动合同条例》等。

② 《违反和解除劳动合同的经济补偿办法》已于 2017 年 11 月 24 日废止，但在确定经济补偿金有无及分段计算时仍是重要的参考依据。

续表

	劳动合同期满后非因劳动者不愿续订而终止劳动合同； 因用人单位破产或吊销执照等而终止劳动合同。 备注：以上前四项系劳动者提出的解除事由，后两项系劳动合同终止。	

相关法规

《中华人民共和国劳动合同法》（2012 年 12 月 28 日修正）

第四十六条 有下列情形之一的，用人单位应当向劳动者支付经济补偿：

（一）劳动者依照本法第三十八条规定解除劳动合同的；

（二）用人单位依照本法第三十六条规定向劳动者提出解除劳动合同并与劳动者协商一致解除劳动合同的；

（三）用人单位依照本法第四十条规定解除劳动合同的；

（四）用人单位依照本法第四十一条第一款规定解除劳动合同的；

（五）除用人单位维持或者提高劳动合同约定条件续订劳动合同，劳动者不同意续订的情形外，依照本法第四十四条第一项规定终止固定期限劳动合同的；

（六）依照本法第四十四条第四项、第五项规定终止劳动合同的；

（七）法律、行政法规规定的其他情形。

第二步：确定经济补偿金的支付年限

操作说明

经济补偿金的支付年限通常用字母 N 来指代，是指员工工作满一年支付一个月工资，满 N 年则支付 N 个月工资。但是也存在经济补偿金支付年限低于本人实际工作年限的情况（包括支付范围扩充所导致的补偿年限只能从新规生效后开始计算），以及经济补偿金需按相关法规执行“封顶计算”等，此外，还需注意经济补偿金年限折算和年限合并的相关规定。

注意事项

1. 根据相关规定，经济补偿支付年限存在封顶计算的情形，如表 3-5 所示。2008 年以前，经济补偿金年限封顶规则主要看支付条件（或称离职理由)，如属于不胜任解除或协商解除，则工龄按照12个月封顶计算；2008年1月1日起则不看支付条件或离职理由，而是看工资高低，工资较高者(达到或超过当地社会月平均工资三倍）执行工龄12个月封顶。

表3-5　经济补偿支付年限封顶规则

历史沿革	封顶规则	适用情形	结果
2008年1月1日以前	按支付条件	由用人单位提出而协商一致解除劳动合同； 因不能胜任而解除劳动合同。	补偿年限≤12
		因强迫劳动而解除劳动合同； 因未足额支付劳动报酬而解除劳动合同； 因未按约提供劳动条件而解除劳动合同。	补偿年限≤12（上海新增）
2008年1月1日起	按支付标准	月均工资高于当地上年度职工月均工资三倍	补偿年限≤12

2. 对于工作不满1年的情形，存在经济补偿的年限折算规则。年限折算规则大体仍然满足工作满1年折算一个月的规则，但对于工作不满1年的情形，则2008年以前的规则对劳动者更为有利。部分地区如上海在2008年以前则规定，不满6个月的不折算经济补偿。

表3-6　工作不满一年时经济补偿的年限折算规则

历史沿革	工作年限	折算方式	法规依据
2008年1月1日以前	<1年	1个月	《违反和解除劳动合同的经济补偿办法》（劳部发1994〔481〕号，已失效）
2008年1月1日起	≥6个月	1个月	《劳动合同法》
	<6个月	0.5个月	

3. 经济补偿的年限还存在合并计算的规则，对于劳动者与单一用人单位建立劳动关系的情形，工作年限计算较为简单，但对工作单位发生变动的情况，工龄是否合并计算极为重要。如表3-7所示，如劳动者因用人单位原因发生单位变化（常见于关联企业、派遣转直雇等情形），原单位亦未支付经济补偿金，劳动者的工作年限需合并计算。对是否属于劳动者原因离职的情形，按相关司法解释，用人单位需承担举证责任，如提供员工填写的辞职报告等。

表 3-7　经济补偿年限合并计算规则

<table>
<tr><th>历史沿革</th><th>是否合并</th><th>适用情形</th><th>法规依据</th></tr>
<tr><td rowspan="3">2008 年 9 月 18 日以前</td><td>合并计算</td><td>因用人单位自身变更而改变工作单位，如合并、分立、合资、单位改变性质、法人改变名称等</td><td>《劳动部关于贯彻执行〈中华人民共和国劳动法〉若干问题的意见》（劳部发〔1995〕309 号）</td></tr>
<tr><td rowspan="2">不合并计算</td><td>因成建制调动、组织调动等而改变用人单位</td><td>《劳动部办公厅对〈关于终止或解除劳动合同计发经济补偿金有关问题的请示〉的复函》（劳办发〔1996〕33 号，已失效）</td></tr>
<tr><td>因其他情形调动而改变用人单位</td><td>《劳动部办公厅对〈关于终止或解除劳动合同计发经济补偿金有关问题的请示〉的复函》（劳办发〔1996〕33 号，已失效）</td></tr>
<tr><td>2008 年 9 月 18 日起</td><td rowspan="2">合并计算</td><td>非因劳动者原因被安排至新用人单位</td><td>《劳动合同法实施条例》</td></tr>
<tr><td>2013 年 2 月 1 日起</td><td>具体情形：
（1）劳动者仍在原工作场所、工作岗位工作，劳动合同主体由原用人单位变更为新用人单位；
（2）用人单位以组织委派或任命形式对劳动者进行工作调动；
（3）因用人单位合并、分立等原因导致劳动者工作调动；
（4）用人单位及其关联企业与劳动者轮流订立劳动合同；
（5）其他合理情形。</td><td>《最高人民法院关于审理劳动争议案件适用法律若干问题的解释（四）》（法释〔2013〕4 号，已失效）</td></tr>
</table>

相关法规

《中华人民共和国劳动合同法》（2012 年 12 月 28 日修正）

第四十七条第一款　经济补偿按劳动者在本单位工作的年限，每满一年支付一个月工资的标准向劳动者支付。六个月以上不满一年的，按一年计算；不满六个月的，向劳动者支付半个月工资的经济补偿。

第三步：确定经济补偿金计算基数

操作说明

经济补偿金的计算基数为离职前 12 个月工资，但围绕“月工资”的内涵和外延历来争议较大。

注意事项

1. 首先应确定经济补偿金计算中“月工资”的统计范围。如表 3-8 所示，经济补偿月工资在 2008 年以后进行了细化，明确包括奖金、津贴、补贴等货币性收入，此意味着非货币性的收入，如集体福利等不列入经济补偿金基数。但就加班费是否列入货币性收入，各地操作不一，多数地区仍将加班费列入，上海地区则不列入①。此外经济补偿金月工资是指扣除五险一金之前的应发工资，而非扣除社保、公积金和个税后的实得工资。

表 3-8 经济补偿计算基础

年份	计算基础		法规依据
2008 年 1 月 1 日以前	企业正常生产情况下劳动者解除合同前 12 个月的月平均工资		《违反和解除劳动合同的经济补偿办法》（劳部发 1994〔481〕号，已失效）
2008 年 1 月 1 日起	劳动者在劳动合同解除或者终止前 12 个月的平均工资	月工资按照劳动者应得工资计算，包括计时工资或者计件工资以及奖金、津贴和补贴等货币性收入。	《劳动合同法》《劳动合同法实施条例》

2. “月工资”计算还存在封顶和托底规则。如表 3-9 所示，经济补偿月工资的封顶和托底规则系在 2008 年 1 月 1 日《劳动合同法》实施以后

① 上海市高级人民法院《民事法律适用问答》（2013 年第 1 期）中指出：第一，经济补偿从性质上看系用人单位与劳动者解除或终止劳动关系后，为弥补劳动者损失或基于用人单位所承担的社会责任而给予劳动者的补偿，故经济补偿金应以劳动者的正常工作时间工资为计算基数。第二，加班工资系劳动者提供额外劳动所获得的报酬，不属于正常工作时间内的劳动报酬。第三，从《劳动部关于贯彻执行〈中华人民共和国劳动法〉若干问题的意见》第 55 条和《劳动合同法实施条例》第 27 条规定来看，也应认为经济补偿金不包含加班费。综上，我们认为在计算经济补偿金计算基数时不应将加班工资包括在内。

才开始执行。只有针对 2008 年 1 月 1 日以后的工作年限，补偿基数才会执行社会平均工资三倍封顶的规则，如发生异地用工的情形，社会平均工资究竟按劳动合同履行地执行还是按用人单位注册地标准执行，司法实践中存在一定争论，多数地区按劳动合同履行地执行，在发生履行地标准低于注册地的情形下，部分地区可能会按照有利于劳动者角度认定执行注册地标准。

表 3-9　经济补偿计算“月工资”的封顶和托底规则

历史沿革	封顶和托底规则		法规依据
2008 年 1 月 1 日以前	无规定		《劳动法》
2008 年 1 月 1 日起	封顶	用人单位所在直辖市、设区的市级人民政府公布的本地区上年度职工月平均工资三倍	《劳动合同法》《劳动合同法实施条例》
	托底	劳动者在劳动合同解除或者终止前 12 个月的平均工资低于当地最低工资标准的，按照当地最低工资标准计算。	

3. 经济补偿“月工资”计算还存在一些特殊情形。在用人单位发生停工停产或者劳动者休假（如病假）的情形，劳动者离职前月平均工资究竟是据实计算还是剔除非正常期间计算存在一定争议，如浙江①、广东东莞②、江苏等地，主流司法实践认为应当剔除非正常工作期间，但北京、上海等地区仍然按照实际发生的月工资金额核算前 12 个月平均工资。

① 《浙江省高级人民法院民事审判第一庭、浙江省劳动人事争议仲裁院关于审理劳动争议案件若干问题的解答（二）》（浙高法民一〔2014〕7 号）第十一条：“劳动者解除或者终止劳动合同前十二个月包含医疗期等非正常工作期间，且在该期间内用人单位未支付正常工作工资的，经济补偿基数应如何确定？答：劳动合同法第四十七条第三款规定的‘本条所称月工资是指劳动者在劳动合同解除或者终止前十二个月的平均工资’，应理解为劳动合同解除或者终止前劳动者正常工作状态下十二个月的平均工资，不包括医疗期等非正常工作期间。”

② 《东莞市中级人民法院、东莞市劳动人事争议仲裁委员会劳动争议裁审衔接工作座谈会议纪要》（东中法〔2019〕73 号）第五条：“在计算解除或终止劳动合同经济补偿金或赔偿金基数（即劳动者离职前 12 个月的月平均工资）时：(1) 对劳动者非正常出勤月份的工资一般予以剔除。正常出勤月份是指当月正常工作时间满勤，且对劳动者非正常出勤一般不区分原因……”

相关法规

《中华人民共和国劳动合同法》（2012 年 12 月 28 日修正）

第四十七条　经济补偿按劳动者在本单位工作的年限，每满一年支付一个月工资的标准向劳动者支付。六个月以上不满一年的，按一年计算；不满六个月的，向劳动者支付半个月工资的经济补偿。

劳动者月工资高于用人单位所在直辖市、设区的市级人民政府公布的本地区上年度职工月平均工资三倍的，向其支付经济补偿的标准按职工月平均工资三倍的数额支付，向其支付经济补偿的年限最高不超过十二年。

本条所称月工资是指劳动者在劳动合同解除或者终止前十二个月的平均工资。

第四步：确定是否存在分段计算的情形

操作说明

经济补偿分段计算的法律依据是《劳动合同法》第九十七条，个别地区如广东省已经取消了分段计算的规则，一律按照《劳动合同法》第四十七条来测算法定经济补偿金。但多数地区仍按照法不溯及既往原则施行分段计算规则。

注意事项

1. 经济补偿需分段计算的原因主要为前文所指的在《劳动合同法》实施前后存在支付条件、基数是否封顶、年限是否封顶、年限折算方式等多处不一致的情形。

2. 对于 2008 年 1 月 1 日以后的入职的员工，一律按照《劳动合同法》第四十七条计算经济补偿金。对于 2008 年以前入职的员工，且有关经济补偿金的支付条件规则存在前后不一致，则需考虑分段计算。如表 3-10 所示，经济补偿金分段计算主要适用于 2008 年以前入职且存在工资较高或属于不胜任解除、协商解除的情形。对于 2008 年以前入职但工资较低亦不属于不胜任、协商解除的情形，则无执行分段计算的必要。

表3-10 经济补偿金分段计算规则（限于全国多数地区）

<table>
<tr><th>情形</th><th colspan="3">分段计算规则</th></tr>
<tr><td rowspan="4">2008年1月1日以前入职</td><td rowspan="2">月工资①≥社平工资三倍</td><td>不胜任解除/协商解除</td><td>月工资×2008年以前工龄（≤12）+社会平均工资三倍×2008年以后的工龄（≤12）</td></tr>
<tr><td>其他离职形式</td><td>月工资×2008年以前工龄+社会平均工资三倍×2008年以后的工龄（≤12）</td></tr>
<tr><td rowspan="2">月工资<社平工资三倍</td><td>不胜任解除/协商解除</td><td>月工资×2008年以前工龄（≤12）+月工资×2008年以后工龄</td></tr>
<tr><td>其他离职形式</td><td>月工资×（2008年以前工龄+2008年以后工龄）</td></tr>
<tr><td rowspan="2">2008年1月1日及以后入职</td><td>月工资≥社平工资三倍</td><td colspan="2">社会平均工资三倍×工作年限（≤12）</td></tr>
<tr><td>月工资<社平工资三倍</td><td colspan="2">月工资×工作年限</td></tr>
</table>

3. 由于《违反和解除劳动合同的经济补偿办法》（劳部发〔1994〕481号）被废止，涉及经济补偿的分段基数地区差异也较大。如北京②、上海等全国多数地区仍严格执行分段计算原则。但对于补偿基数封顶问题，浙江省

① 月工资是指员工离职前12个月平均工资。

② 《北京市人力资源和社会保障局关于〈违反和解除劳动合同的经济补偿办法〉（劳部发〔1994〕481）被废止后劳动争议处理若干问题的意见》（2018年1月17日发布）第一条"对于在《劳动合同法》颁布前入职的劳动者解除劳动合同经济补偿金计算问题"指出："《劳动合同法》第九十七条第三款规定，本法施行之日存续的劳动合同在本法施行后解除或者终止，依照本法第四十六条规定应当支付经济补偿的，经济补偿年限自本法施行之日起计算；本法施行前按照当时有关规定，用人单位应当向劳动者支付经济补偿的，按照当时有关规定执行。该条款的规定是以法律的形式，确认了在《劳动合同法》实施前计算解除劳动合同经济补偿金的方法，且在1995年1月1日开始实施的《劳动法》中也有解除劳动合同需要支付经济补偿金的规定。因此在《违反和解除劳动合同的经济补偿办法》（劳部发〔1994〕481）（以下简称481号文）被废止后，对于在《劳动合同法》颁布前入职的劳动者解除劳动合同经济补偿金的计算，仍应依法以481号文有关规定为标准，但在制作裁决书时不再提及481号文，而直接表述为'依据《劳动合同法》第九十七条第三款的规定'。"

则取消了分段计算规则[①]，明确依法计算的工作年限超过 12 年的，经济补偿金最多支付 12 个月工资。而广东省则规定，经济补偿月数上限、工作年限不满 6 个月的，经济补偿计发月数、经济补偿的计发基数问题统一适用《劳动合同法》第四十七条的规定[②]，虽然上述做法是否有违立法本意值得商榷，但用人单位仍需结合当地的审判实践作出准确判断。

相关法规

《中华人民共和国劳动合同法》（2012 年 12 月 28 日修正）

第九十七条第三款 本法施行之日存续的劳动合同在本法施行后解除或者终止，依照本法第四十六条规定应当支付经济补偿的，经济补偿年限自本法施行之日起计算；本法施行前按照当时有关规定，用人单位应当向劳动者支付经济补偿的，按照当时有关规定执行。

第五步：核算具体数额和扣税标准，完成支付

操作说明

依照上述规则准确计算员工应获得的经济补偿金后，还应按照相关税法规定确定个人所得税，在员工完成工作交接后依法支付。

注意事项

1. 经济补偿数额确定后，宜与员工进行沟通确认，最大限度减少争议。

2. 经济补偿金数额如超过免税额度，应依法代扣代缴个人所得税。根据

---

① 《浙江省高级人民法院民事审判第一庭、浙江省劳动人事争议仲裁院关于审理劳动争议案件若干问题的解答（二）》（浙高法民一〔2014〕7 号）第十二条："劳动者月工资高于用人单位所在直辖市、设区的市级人民政府公布的本地区上年度职工月平均工资三倍，其在用人单位的工作时间跨越 2008 年 1 月 1 日，劳动合同在劳动合同法施行后解除或者终止，劳动者要求用人单位支付经济补偿的，计算经济补偿的最高年限应如何认定？答：劳动合同法第四十七条第二款规定经济补偿的最高支付年限为十二年。劳动者工作时间跨越劳动合同法实施之日，依法计算的工作年限超过十二年的，经济补偿金最多支付十二个月工资。"

② 《广东省高级人民法院、广东省劳动人事争议仲裁委员会关于劳动人事争议仲裁与诉讼衔接若干意见》（粤高法发〔2018〕2 号）第十条："原劳动部《违反和解除劳动合同的经济补偿办法》废止后，经济补偿月数上限、工作年限不满六个月经济补偿计发月数、经济补偿的计发基数问题统一适用《劳动合同法》第四十七条的规定。根据《劳动合同法》第九十七条第三款的规定，《劳动合同法》施行之日存续的劳动合同在该法施行后解除或终止的，依照《劳动合同法》第四十六条规定用人单位应当支付经济补偿的，补偿年限从该法施行之日起计算。在《劳动合同法》施行前，按照当时的规定用人单位应当支付经济补偿的，仍适用当时规定。"

《财政部、税务总局关于个人所得税法修改后有关优惠政策衔接问题的通知》（财税〔2018〕164 号）第五条规定，个人与用人单位解除劳动关系取得一次性补偿收入（包括用人单位发放的经济补偿金、生活补助费和其他补助费），在当地上年职工平均工资 3 倍数额以内的部分，免征个人所得税；超过 3 倍数额的部分，不并入当年综合所得，单独适用综合所得税率表，计算纳税。

3. 根据法律规定，经济补偿金在员工完成工作交接后支付，如员工拒绝或拖延工作交接的，用人单位可以暂缓发放经济补偿金。

相关法规

《中华人民共和国劳动合同法》（2012 年 12 月 28 日修正）

第五十条第二款 劳动者应当按照双方约定，办理工作交接。用人单位依照本法有关规定应当向劳动者支付经济补偿的，在办结工作交接时支付。

《财政部、税务总局关于个人所得税法修改后有关优惠政策衔接问题的通知》（财税〔2018〕164 号）

五、关于解除劳动关系、提前退休、内部退养的一次性补偿收入的政策

（一）个人与用人单位解除劳动关系取得一次性补偿收入（包括用人单位发放的经济补偿金、生活补助费和其他补助费），在当地上年职工平均工资 3 倍数额以内的部分，免征个人所得税；超过 3 倍数额的部分，不并入当年综合所得，单独适用综合所得税率表，计算纳税。

……

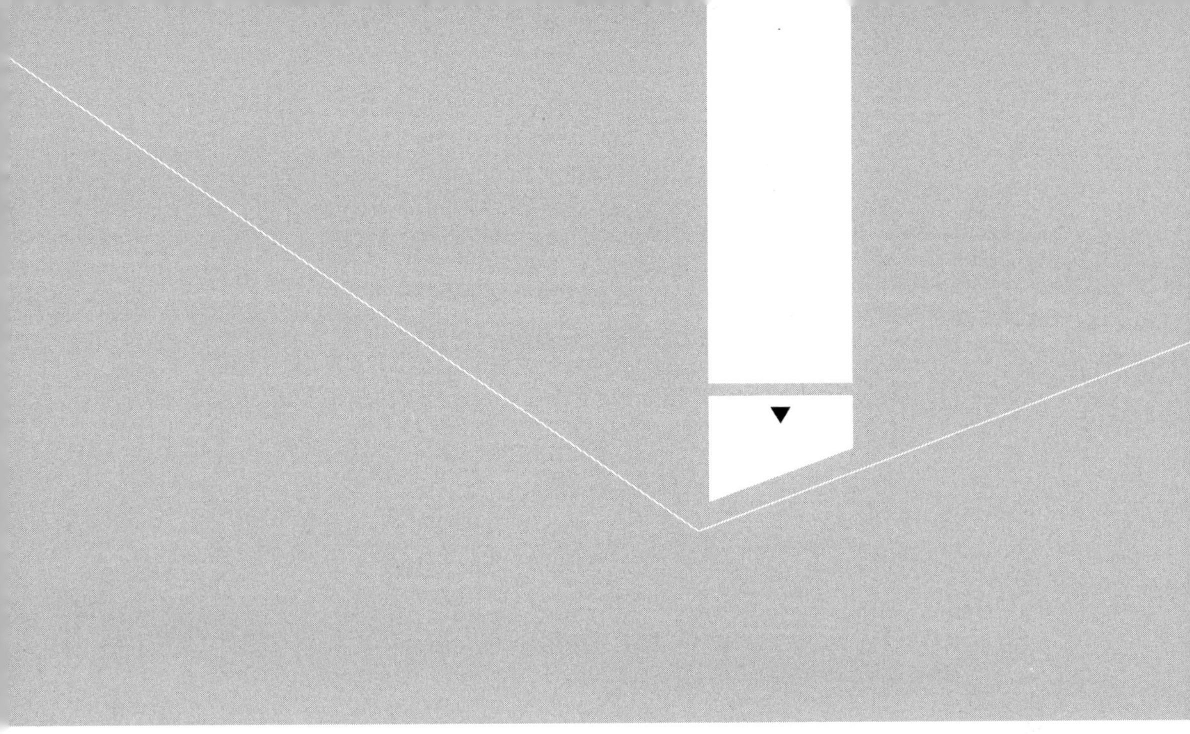

第四章

特殊员工篇

第一节
工伤处理合规指引

◆ 相关概念

1. 工伤

是指劳动者在从事职业活动或者与职业责任有关的活动时所遭受的事故伤害和职业病伤害。工伤一般以劳动者与用人单位存在劳动关系为前提，且需要经过劳动行政部门的工伤认定程序，涉及职业病的还需事先办理职业病鉴定程序。常见工伤情形主要包括：(1) 在工作时间和工作场所内，因工作原因受到事故伤害的；(2) 工作时间前后在工作场所内，从事与工作有关的预备性或者收尾性工作受到事故伤害的；(3) 在工作时间和工作场所内，因履行工作职责受到暴力等意外伤害的；(4) 患职业病的；(5) 因工外出期间，由于工作原因受到伤害或者发生事故下落不明的；(6) 在上下班途中，受到非本人主要责任的交通事故或者城市轨道交通、客运轮渡、火车事故伤害的。

2. 视同工伤

是指基于倾斜保护劳动者利益的原则，将个别情形纳入工伤覆盖范围的情形。视同工伤情形主要包括：(1) 在工作时间和工作岗位，突发疾病死亡或者在 48 小时之内经抢救无效死亡的；(2) 在抢险救灾等维护国家利益、公共利益活动中受到伤害的；(3) 职工原在军队服役，因战、因公负伤致残，已取得革命伤残军人证，到用人单位后旧伤复发的。

3. 工伤认定

是指就员工所发生的事故伤害、职业病等由劳动行政部门确定是否属于工伤的程序。工伤认定应由用人单位在员工发生事故伤害之日或被鉴定为职业病之日 30 日内发起申请，并由有管辖权的劳动行政部门经过调查后认定。在工伤认定过程中，用人单位否认工伤的，应承担举证责任。用人单位和劳动者对工伤认定结论不服的，可以申请行政复议或行政诉讼。

4. 劳动能力鉴定

是指职工被认定工伤后经治疗伤情相对稳定后，由劳动能力鉴定机构对职工是否存在残疾、影响劳动能力程度进行鉴别判定的程序。劳动能力鉴定包括劳动功能障碍程度和生活自理障碍程度的等级鉴定。劳动功能障碍分为十个伤残等级，最重的为一级，最轻的为十级。生活自理障碍分为三个等级：生活完全不能自理、生活大部分不能自理和生活部分不能自理。在伤情变化或当事人有异议的情况下，还可以启动复查鉴定或异议鉴定。

5. 停工留薪期

是指职工因工作遭受事故伤害或者患职业病需要暂停工作接受工伤医疗，原工资福利待遇不变的期限。停工留薪期从员工负伤之日起计算，一般不超过 12 个月，经过劳动能力鉴定委员会鉴定可以延长至 24 个月。此外，员工工伤复发或者经批准进入工伤康复程序①，也将计入停工留薪期，使得在个别情况下员工实际累计享受的停工留薪期可能超过 24 个月。

6. 伤残津贴

是指工伤职工经鉴定一级至六级后可逐月获得的津贴。伤残津贴按月支付，其中一级至四级由工伤保险基金支付；五级至六级由用人单位支付（难以安排工作的情形）。一级伤残的津贴为本人工资的 90%，二级伤残为本人工资的 85%，三级伤残为本人工资的 80%，四级伤残为本人工资的 75%，五级伤残为本人工资的 70%，六级伤残为本人工资的 60%。

7. 护理费

是指工伤员工生活不能自理情况下所产生的护理费用。护理费包括停工留薪期内的护理费和劳动能力鉴定之后的护理费，前者由所在单位负责，后者由工伤保险基金支付。停工留薪期内的护理费由各省市工伤保险实施办法

---

① 详见《工伤保险经办规程》（人社部发〔2012〕11 号）及各省市工伤康复管理办法。

另行规定，多根据当地护工标准支付。而评定伤残等级后的护理费按照生活自理障碍程度确定支付标准，其标准分别为统筹地区上年度职工月平均工资的50%（生活完全不能自理）、40%（生活大部分不能自理）或者30%（生活部分不能自理）。

8. 一次性工亡补助金

是指职工工亡后其近家属可获得一次性货币补偿。一次性工亡补助金执行“全国同命同价”，标准为上一年度全国城镇居民人均可支配收入的20倍，由工伤保险基金支付。一次性工亡补助金所指的“上一年度”应指工亡事件发生的上一年度。

9. 丧葬补助金

是指职工工亡或者符合条件的伤残职工死亡的，其近亲属可获得的一次性丧葬补助费用。丧葬补助金为6个月的统筹地区上年度职工月平均工资，由工伤保险基金支付。丧葬补助金不仅适用于工亡职工，还适用于如下两种额外情形：（1）伤残职工在停工留薪期内因工伤导致死亡；（2）一级至四级伤残职工在停工留薪期满后死亡的①。

10. 供养亲属抚恤金

是指职工工亡或者一级至四级伤残职工在停工留薪期满后死亡的，按照职工本人工资的一定比例发给由职工生前提供主要生活来源、无劳动能力的亲属的抚恤费用。供养亲属抚恤金标准为：配偶每月40%（按照职工本人工资），其他亲属每人每月30%，孤寡老人或者孤儿每人每月在上述标准的基础上增加10%。核定的各供养亲属的抚恤金之和不应高于因工死亡职工生前的工资。

11. 因工死亡供养亲属

是指职工因工死亡后，可领取供养亲属抚恤金的近亲属范围。近亲属包括配偶、子女、父母、祖父母、外祖父母、孙子女、外孙子女、兄弟姐妹。有下列情形之一的，可按规定申请供养亲属抚恤金：（1）完全丧失劳动能力的；（2）工亡职工配偶男年满60周岁、女年满55周岁的；（3）工亡职工父母男年满60周岁、女年满55周岁的；（4）工亡职工子女未满18周岁的；

① 《工伤保险条例》第三十九条。

（5）工亡职工父母均已死亡，其祖父、外祖父年满 60 周岁，祖母、外祖母年满 55 周岁的；（6）工亡职工子女已经死亡或完全丧失劳动能力，其孙子女、外孙子女未满 18 周岁的；（7）工亡职工父母均已死亡或完全丧失劳动能力，其兄弟姐妹未满 18 周岁的。

12. 一次性伤残补助金

是指职工因工致残后，根据《工伤保险条例》等有关规定可获得的一次性货币化补偿。一次性伤残补助金根据伤残评定等级确定并由工伤保险基金支付，一级伤残为 27 个月的本人工资，二级伤残为 25 个月的本人工资，三级伤残为 23 个月的本人工资，四级伤残为 21 个月的本人工资，五级伤残为 18 个月的本人工资，六级伤残为 16 个月的本人工资，七级伤残为 13 个月的本人工资，八级伤残为 11 个月的本人工资，九级伤残为 9 个月的本人工资，十级伤残为 7 个月的本人工资。上述本人工资系按照事故伤害或者患职业病前 12 个月平均月缴费工资计算。

13. 一次性就业补助金

是指职工因工致残在解除终止劳动合同以后，根据《工伤保险条例》等有关规定可获得的一次性就业补助。就业补助金在员工离职后由用人单位支付，具体标准按各省市相关规定执行。部分地区与人均寿命、距离法定退休年龄的时间长短、离职形式等挂钩。

14. 一次性医疗补助金

是指职工因工致残在解除终止劳动合同以后，根据《工伤保险条例》等有关规定可获得的一次性医疗补助。就业补助金在员工离职后由工伤保险基金支付，具体标准按各省市相关规定执行。

◆ 典型案例

事故发生后缴纳工伤保险费能否理赔工伤待遇？

王某系甲公司员工，签订有《劳动合同书》（劳务派遣）。甲公司派驻王某到北京从事消防中控员工作。2019 年 5 月 15 日 7 时许，王某在中控室交接工作时，突然晕倒，经抢救无效后死亡。根据居民死亡医学证明（推断）书记载，王某为猝死，死亡时间为2019年5月15日9时16分。甲公司在网上为王某申请了社保增员（五险同增），申请操作时间为2019年5月15日9时31分。

人社局作出《认定工伤决定书》，认为王某受到的事故伤害，符合《工伤保险条例》第十五条第一款第一项之规定，属于工伤认定范围，认定为视同工伤。甲公司申请王某的工伤待遇支付，社保中心未予核定支付。后甲公司提起诉讼，要求延庆区社保中心履行职责，按照工伤赔偿标准向其支付王某的工伤待遇，包括丧葬补助金和一次性工亡补助金，延庆区社保中心承担本案诉讼费。

专家分析

根据《工伤保险条例》第六十二条第二款、第三款的规定，依照本条例规定应当参加工伤保险而未参加工伤保险的用人单位职工发生工伤的，由该用人单位按照本条例规定的工伤保险待遇项目和标准支付费用。用人单位参加工伤保险并补缴应当缴纳的工伤保险费、滞纳金后，由工伤保险基金和用人单位依照本条例的规定支付新发生的费用。根据《人力资源社会保障部关于执行〈工伤保险条例〉若干问题的意见（二）》（人社部发〔2016〕29号）第三条规定，《工伤保险条例》第六十二条规定的“新发生的费用”，是指用人单位参加工伤保险前发生的费用，按不同情况予以处理，因工死亡的，支付参保后新发生的符合条件的供养亲属抚恤金。本案中，王某发生工伤时，甲公司尚未为其办理社保增员及缴纳社会保险，相关社保增员手续和社保费用系王某发生工伤后办理和缴纳的，故社保中心认为原告申请核定支付一次性工亡补助金和丧葬补助金不符合上述规定并作出不予支付的答复，并无不当。法院审理后认为，根据《工伤保险条例》第六十二条第三款的规定，用人单位参加工伤保险并补缴应当缴纳的工伤保险费、滞纳金后，由工伤保险基金和用人单位依照本条例的规定支付新发生的费用。本案中，在案证据可以证明，王某死亡时甲公司尚未为其办理参加工伤保险手续并缴纳工伤保险费。甲公司诉请延庆区社保中心给付的工伤保险待遇，不属于上述规定所述的“新发生的费用”范围。故终审法院判决驳回甲公司的诉讼请求，并无不当。

◆ 合规指引

第一步：依法及时为员工缴纳社保

操作说明

用人单位依法为员工缴纳工伤保险费是控制员工工伤风险的最关键环节，由于社会保险费缴纳的强制性，用人单位应确保社保缴纳的主体、基数、时点完全符合国家和地方性法规要求。

注意事项

1. 用人单位应当为所有建立劳动关系的职工缴纳工伤保险费，且按照社会保险属地缴纳的要求，用人单位委托第三方并以第三方名义缴纳社保可能会面临理赔不能的风险。

2. 用人单位一般应在员工入职当月缴纳社保，考虑到部分地区要求参保后才能享受工伤保险待遇，故用人单位应在当月尽早为职工办理参保登记。

3. 包括工伤保险费在内的社保缴费基数应符合地方性法规要求，如用人单位低于劳动者工资总额缴纳社会保险费，由此导致员工工伤待遇存在损失的，用人单位应承担赔偿责任。

示范文本

关于社会保险缴纳的劳动合同条款

甲方应按照国家和地方有关规定，按比例为乙方缴纳社会保险和住房公积金，乙方也应当按比例缴纳其应承担的部分，并由甲方在乙方工资内代为扣除。乙方保证应在入职当月向甲方递交办理社会保险和住房公积金的有效凭证，如因乙方迟延递交或因其他原因导致无法缴纳的，相应的损失由乙方承担，而甲方不承担任何责任。

相关法规

《工伤保险条例》（2010年12月20日发布）

第十条 用人单位应当按时缴纳工伤保险费。职工个人不缴纳工伤保险费。

用人单位缴纳工伤保险费的数额为本单位职工工资总额乘以单位缴费费率之积。

对难以按照工资总额缴纳工伤保险费的行业，其缴纳工伤保险费的具体方式，由国务院社会保险行政部门规定。

《中华人民共和国社会保险法》（2018 年 12 月 29 日修正）

第五十八条　用人单位应当自用工之日起三十日内为其职工向社会保险经办机构申请办理社会保险登记。未办理社会保险登记的，由社会保险经办机构核定其应当缴纳的社会保险费。

自愿参加社会保险的无雇工的个体工商户、未在用人单位参加社会保险的非全日制从业人员以及其他灵活就业人员，应当向社会保险经办机构申请办理社会保险登记。

国家建立全国统一的个人社会保障号码。个人社会保障号码为公民身份号码。

第二步：发生事故后及时送医治疗

操作说明

在职工发生事故伤害的前提下，用人单位应以“治疗抢救”为第一原则，安排合适的人员在第一时间将伤员送到附近或合适的医疗机构就诊、抢救，避免延误时机。事故现场有关人员应当立即报告本单位负责人。如涉及安全生产事故，单位的主要负责人应当立即组织抢救，并按照国家有关规定立即如实报告当地负有安全生产监督管理职责的部门，并不得在事故调查处理期间擅离职守。

注意事项

1. 配合治疗抢救是用人单位的基本义务，在用人单位安排工伤员工送医治疗的情况下，劳动者无垫付能力的，一般由用人单位垫付工伤医疗费。

2. 用人单位垫付工伤医疗费的，应保留相应的凭证和单据以便事后核算理赔。

3. 考虑到工伤理赔的风险，用人单位安排送医治疗，一般首选在签订服务协议的医疗机构就医，情况紧急时可以先到附近的医疗机构急救。

相关法规

《中华人民共和国安全生产法》（2021 年 6 月 10 日修正）

第八十五条　有关地方人民政府和负有安全生产监督管理职责的部门的

负责人接到生产安全事故报告后，应当按照生产安全事故应急救援预案的要求立即赶到事故现场，组织事故抢救。

参与事故抢救的部门和单位应当服从统一指挥，加强协同联动，采取有效的应急救援措施，并根据事故救援的需要采取警戒、疏散等措施，防止事故扩大和次生灾害的发生，减少人员伤亡和财产损失。

事故抢救过程中应当采取必要措施，避免或者减少对环境造成的危害。

任何单位和个人都应当支持、配合事故抢救，并提供一切便利条件。

第三步：及时调查取证并在法定时限内申报工伤

操作说明

用人单位在事故发生后应及时了解并处理现场工作，保护事发现场，通过拍照、人员访谈等收集调查资料，经评估属于工伤的，应在 30 日内依法申报工伤。

注意事项

1. 考虑到工伤员工更了解事故情况，故用人单位宜制定规章制度明确员工发生事故后的报告义务，如要求事故发生当日立即向上级主管报告。

2. 用人单位应及时安排员工访谈、做好相应的笔录，固定与事故伤害有关的证据。如员工在外发生事故（如上下班途中发生交通事故），则可以要求涉事员工提供交通事故认定书等相关证明材料。

3. 用人单位应在事故发生之日起 30 日内申报工伤，否则在此期间发生符合本条例规定的工伤待遇等有关费用由该用人单位负担。

4. 对于个别无法判定是否属于工伤或者材料不齐全的情形（如员工在国外出差发生事故，难以迅速取得死亡证明），则用人单位可以先在 30 日内提交部分材料，后续再补充相关材料以避免错过申报期限。

示范文本

关于工伤假期的制度条款

员工在工作时间、工作场所内因工作原因受伤，应在当日下班前向公司报告（紧急情况除外），经公司初步审核符合工伤申报条件的，公司将依法申报工伤。员工因工伤停止工作进行治疗和休息的，仍应提供病假证明或住院证明，以便核算员工的停工留薪期，工伤停工留薪期最长不超过12个月，地方政府有具体规定的，按照当地政策确定停工留薪期的具体期限。

员工在停工留薪期满后仍未返岗的，可提前两周向公司申请延长停工留薪期，公司将配合办理相关鉴定手续，并以劳动能力鉴定委员会的结论作为确定停工留薪期长短的依据。

停工留薪期内工资待遇保持不变，如员工和公司就是否构成工伤存在异议的，在员工事故被认定工伤前，员工已提交符合要求的病假资料，公司可先行按照病假工资标准支付工资，事后被认定工伤的，再按照原工资标准一次性补发工资。

员工伤情稳定（如停工留薪期结束或员工已停止用药治疗），应按公司要求办理劳动能力鉴定手续，如员工未在规定时间内完成鉴定将视为停工留薪期终结，公司停止按照原工资标准发放工资。

相关法规

《工伤保险条例》（2010年12月20日发布）

第十四条　职工有下列情形之一的，应当认定为工伤：

（一）在工作时间和工作场所内，因工作原因受到事故伤害的；

（二）工作时间前后在工作场所内，从事与工作有关的预备性或者收尾性工作受到事故伤害的；

（三）在工作时间和工作场所内，因履行工作职责受到暴力等意外伤害的；

（四）患职业病的；

（五）因工外出期间，由于工作原因受到伤害或者发生事故下落不明的；

（六）在上下班途中，受到非本人主要责任的交通事故或者城市轨道交通、客运轮渡、火车事故伤害的；

（七）法律、行政法规规定应当认定为工伤的其他情形。

第十五条　职工有下列情形之一的，视同工伤：

（一）在工作时间和工作岗位，突发疾病死亡或者在48小时之内经抢救无效死亡的；

（二）在抢险救灾等维护国家利益、公共利益活动中受到伤害的；

（三）职工原在军队服役，因战、因公负伤致残，已取得革命伤残军人证，到用人单位后旧伤复发的。

职工有前款第（一）项、第（二）项情形的，按照本条例的有关规定享受工伤保险待遇；职工有前款第（三）项情形的，按照本条例的有关规定享受除一次性伤残补助金以外的工伤保险待遇。

第十七条 职工发生事故伤害或者按照职业病防治法规定被诊断、鉴定为职业病，所在单位应当自事故伤害发生之日或者被诊断、鉴定为职业病之日起30日内，向统筹地区社会保险行政部门提出工伤认定申请。遇有特殊情况，经报社会保险行政部门同意，申请时限可以适当延长。

用人单位未按前款规定提出工伤认定申请的，工伤职工或者其近亲属、工会组织在事故伤害发生之日或者被诊断、鉴定为职业病之日起1年内，可以直接向用人单位所在地统筹地区社会保险行政部门提出工伤认定申请。

按照本条第一款规定应当由省级社会保险行政部门进行工伤认定的事项，根据属地原则由用人单位所在地的设区的市级社会保险行政部门办理。

用人单位未在本条第一款规定的时限内提交工伤认定申请，在此期间发生符合本条例规定的工伤待遇等有关费用由该用人单位负担。

《劳动和社会保障部关于实施〈工伤保险条例〉若干问题的意见》（劳社部函〔2004〕256号）

六、条例第十七条第四款规定“用人单位未在本条第一款规定的时限内提交工伤认定申请的，在此期间发生符合本条例规定的工伤待遇等有关费用由该用人单位负担”。这里用人单位承担工伤待遇等有关费用的期间是指从事故伤害发生之日或职业病确诊之日起到劳动保障行政部门受理工伤认定申请之日止。

第四步：及时管理工伤员工的停工留薪期

操作说明

员工发生工伤后暂停工作接受治疗，由此进入停工留薪期。用人单位应对工伤员工停工留薪期进行管理，停工留薪期届满的应及时安排员工进行劳动能力鉴定并评定伤残等级。

注意事项

1. 工伤停工留薪期一般不超过 12 个月，具体期限需根据地方性法规合理判断。主要包括以下几种确定方法：(1) 停工留薪期分类目录确定法，如北京市、天津市、山东省、福建省等地出台了具体停工留薪期目录；(2) 工伤医疗机构诊断证明确定，如上海、江苏等地；(3) 由劳动能力鉴定部门通过鉴定确定具体截止时间，如广东省；(4) 以劳动能力鉴定结论作出之日作为停工留薪期截止时间。

2. 员工工伤复发或者经批准进入工伤康复程序，也将计入停工留薪期，使得在个别情况下员工实际累计享受的停工留薪期可能超过 24 个月。

3. 员工伤情稳定后用人单位应及时通知员工办理劳动能力鉴定手续，如存在需要二次手术等特殊情形且停工留薪期已超过 12 个月的，应安排员工办理延长停工留薪期确认申请。对于员工无正当理由拒绝鉴定的情形，可以纳入规章制度处理。

相关法规

《工伤保险条例》(2010 年 12 月 20 日发布)

第三十三条 职工因工作遭受事故伤害或者患职业病需要暂停工作接受工伤医疗的，在停工留薪期内，原工资福利待遇不变，由所在单位按月支付。

停工留薪期一般不超过 12 个月。伤情严重或者情况特殊，经设区的市级劳动能力鉴定委员会确认，可以适当延长，但延长不得超过 12 个月。工伤职工评定伤残等级后，停发原待遇，按照本章的有关规定享受伤残待遇。工伤职工在停工留薪期满后仍需治疗的，继续享受工伤医疗待遇。

生活不能自理的工伤职工在停工留薪期需要护理的，由所在单位负责。

第五步：依法结算和理赔各项工伤待遇

操作说明

员工经评定伤残等级后应及时申领工伤保险待遇，包括工伤医疗费、一次性伤残补助金等。对于属于工伤保险基金支付的费用，用人单位需协助申报理赔；对于属于用人单位支付的费用，用人单位应依法及时支付。

注意事项

1. 用人单位应承担的工伤待遇主要包括：（1）停工留薪期工资；（2）停工留薪期内需要护理的护理费；（3）五级至六级伤残津贴；（4）一次性就业补助金。其他费用则主要由工伤保险基金支付。

2. 对于超出工伤保险医疗目录范围的费用，现行《工伤保险条例》没有明确规定，各地司法实践中存在较大差异，常见的观点主要包括：（1）以没有法律依据为由不支持劳动者主张用人单位承担费用①；（2）由用人单位承担举证责任，如无法举证劳动者过度医疗系属于必要治疗费用，费用由用人单位承担②；（3）基于公平原则由用人单位承担③。用人单位需要根据各地司法实践进行判断。

3. 对于第三人侵权导致的工伤事故理赔（如因交通事故发生的工伤），劳动者能否同时主张工伤待遇和侵权赔偿责任，各地司法实践中也存在较大差异④。但主流司法实践仍支持劳动者除医疗费外，可以同时主张工伤待遇

---

① 如（2021）沪 01 民终 15424 号判决。

② 如（2018）沪 02 民终 3745 号判决。

③ 如（2022）京 03 民终 3871 号判决。

④ 如《浙江省工伤保险条例》第三十二条第二款规定，工伤职工先向第三人要求赔偿后，赔偿数额低于其依法应当享受的工伤保险待遇的，可以就差额部分要求工伤保险基金或者用人单位支付。上海一中院 2020 年 8 月发布的《工伤保险待遇纠纷案件的审理思路和裁判要点》，明确在工伤保险赔偿与第三人侵权损害赔偿竞合时，重复赔偿项目应按照“就高原则”确定赔偿标准，并明确了重复项目包括医疗费、停工留薪期工资、护理费、辅助器具费、康复费、住院伙食补助费等。而一次性伤残补助金（残疾赔偿金）、一次性工亡补助金（死亡赔偿金）属于可兼得项目；一次性就业补助金、一次性医疗补助金属于工伤保险待遇专属项目。《深圳市中级人民法院关于审理工伤保险待遇案件的裁判指引》第十一条则规定，不能重复享有的仅限在医疗费、丧葬费和辅助器具更换费，其余项目可以获得双赔。在北京市第二中级人民法院（2020）京 02 民终 6373 号判决书中，法院认为，杜某系因交通事故引发工伤，在此情形下同时产生了人身损害赔偿请求权和工伤保险赔偿请求权……但两者部分赔偿项目相同或相似，全部兼得会违背“不应获得意外利益”的原则，加重用人单位负担、浪费社会资源，故对误工费（停工留薪期工资）、医疗费、康复费、护理费、辅助器具费（残疾辅助器具费）、住院伙食补助费、交通费、外省市就医食宿费等实际支出费用或损失应就高抵扣，劳动者不能获得重复赔偿，除此之外的人身损害赔偿和工伤保险待遇具体项目，劳动者可以兼得。北京市第一中级人民法院在（2020）京 01 民终 8398 号案件中指出，劳动者因第三人的原因导致工伤，除工伤医疗费的赔偿适用填平原则并不享受双重赔偿标准之外，我国现行立法并未禁止工伤职工获得民事赔偿后，再享受工伤保险待遇。

和侵权责任①。对该类案件，用人单位应积极关注劳动者就第三人侵权的获偿情况，固定相关证据以减少公司损失。

相关法规

《工伤保险条例》（2010 年 12 月 20 日发布）

第三十四条　工伤职工已经评定伤残等级并经劳动能力鉴定委员会确认需要生活护理的，从工伤保险基金按月支付生活护理费。

生活护理费按照生活完全不能自理、生活大部分不能自理或者生活部分不能自理 3 个不同等级支付，其标准分别为统筹地区上年度职工月平均工资的 50%、40%或者 30%。

第三十五条　职工因工致残被鉴定为一级至四级伤残的，保留劳动关系，退出工作岗位，享受以下待遇：

（一）从工伤保险基金按伤残等级支付一次性伤残补助金，标准为：一级伤残为 27 个月的本人工资，二级伤残为 25 个月的本人工资，三级伤残为 23 个月的本人工资，四级伤残为 21 个月的本人工资；

（二）从工伤保险基金按月支付伤残津贴，标准为：一级伤残为本人工资的 90%，二级伤残为本人工资的 85%，三级伤残为本人工资的 80%，四级伤残为本人工资的 75%。伤残津贴实际金额低于当地最低工资标准的，由工伤保险基金补足差额；

（三）工伤职工达到退休年龄并办理退休手续后，停发伤残津贴，按照国家有关规定享受基本养老保险待遇。基本养老保险待遇低于伤残津贴的，由工伤保险基金补足差额。

职工因工致残被鉴定为一级至四级伤残的，由用人单位和职工个人以伤残津贴为基数，缴纳基本医疗保险费。

第三十六条　职工因工致残被鉴定为五级、六级伤残的，享受以下待遇：

（一）从工伤保险基金按伤残等级支付一次性伤残补助金，标准为：五

① 《最高人民法院公报》2021 年第 6 期（总第 296 期）吴江市佳帆纺织有限公司诉周某坤工伤保险待遇纠纷一案中，法院认为劳动者因第三人侵权造成人身损害并构成工伤的，在停工留薪期间内，原工资福利待遇不变，由所在单位按月支付。用人单位以侵权人已向劳动者赔偿误工费为由，主张无需支付停工留薪期间工资的，人民法院不予支持。

级伤残为18个月的本人工资，六级伤残为16个月的本人工资；

（二）保留与用人单位的劳动关系，由用人单位安排适当工作。难以安排工作的，由用人单位按月发给伤残津贴，标准为：五级伤残为本人工资的70%，六级伤残为本人工资的60%，并由用人单位按照规定为其缴纳应缴纳的各项社会保险费。伤残津贴实际金额低于当地最低工资标准的，由用人单位补足差额。

经工伤职工本人提出，该职工可以与用人单位解除或者终止劳动关系，由工伤保险基金支付一次性工伤医疗补助金，由用人单位支付一次性伤残就业补助金。一次性工伤医疗补助金和一次性伤残就业补助金的具体标准由省、自治区、直辖市人民政府规定。

第三十七条 职工因工致残被鉴定为七级至十级伤残的，享受以下待遇：

（一）从工伤保险基金按伤残等级支付一次性伤残补助金，标准为：七级伤残为13个月的本人工资，八级伤残为11个月的本人工资，九级伤残为9个月的本人工资，十级伤残为7个月的本人工资；

（二）劳动、聘用合同期满终止，或者职工本人提出解除劳动、聘用合同的，由工伤保险基金支付一次性工伤医疗补助金，由用人单位支付一次性伤残就业补助金。一次性工伤医疗补助金和一次性伤残就业补助金的具体标准由省、自治区、直辖市人民政府规定。

第三十八条 工伤职工工伤复发，确认需要治疗的，享受本条例第三十条、第三十二条和第三十三条规定的工伤待遇。

第三十九条 职工因工死亡，其近亲属按照下列规定从工伤保险基金领取丧葬补助金、供养亲属抚恤金和一次性工亡补助金：

（一）丧葬补助金为6个月的统筹地区上年度职工月平均工资；

（二）供养亲属抚恤金按照职工本人工资的一定比例发给由因工死亡职工生前提供主要生活来源、无劳动能力的亲属。标准为：配偶每月40%，其他亲属每人每月30%，孤寡老人或者孤儿每人每月在上述标准的基础上增加10%。核定的各供养亲属的抚恤金之和不应高于因工死亡职工生前的工资。供养亲属的具体范围由国务院社会保险行政部门规定；

（三）一次性工亡补助金标准为上一年度全国城镇居民人均可支配收入的20倍。

伤残职工在停工留薪期内因工伤导致死亡的，其近亲属享受本条第一款规定的待遇。

一级至四级伤残职工在停工留薪期满后死亡的，其近亲属可以享受本条第一款第（一）项、第（二）项规定的待遇。

第四十条　伤残津贴、供养亲属抚恤金、生活护理费由统筹地区社会保险行政部门根据职工平均工资和生活费用变化等情况适时调整。调整办法由省、自治区、直辖市人民政府规定。

第四十一条　职工因工外出期间发生事故或者在抢险救灾中下落不明的，从事故发生当月起3个月内照发工资，从第4个月起停发工资，由工伤保险基金向其供养亲属按月支付供养亲属抚恤金。生活有困难的，可以预支一次性工亡补助金的50%。职工被人民法院宣告死亡的，按照本条例第三十九条职工因工死亡的规定处理。

《最高人民法院关于审理工伤保险行政案件若干问题的规定》（法释〔2014〕9号）

第八条　职工因第三人的原因受到伤害，社会保险行政部门以职工或者其近亲属已经对第三人提起民事诉讼或者获得民事赔偿为由，作出不予受理工伤认定申请或者不予认定工伤决定的，人民法院不予支持。

职工因第三人的原因受到伤害，社会保险行政部门已经作出工伤认定，职工或者其近亲属未对第三人提起民事诉讼或者尚未获得民事赔偿，起诉要求社会保险经办机构支付工伤保险待遇的，人民法院应予支持。

职工因第三人的原因导致工伤，社会保险经办机构以职工或者其近亲属已经对第三人提起民事诉讼为由，拒绝支付工伤保险待遇的，人民法院不予支持，但第三人已经支付的医疗费用除外。

《最高人民法院关于审理人身损害赔偿案件适用法律若干问题的解释》（法释〔2022〕14号）

第三条　依法应当参加工伤保险统筹的用人单位的劳动者，因工伤事故遭受人身损害，劳动者或者其近亲属向人民法院起诉请求用人单位承担民事赔偿责任的，告知其按《工伤保险条例》的规定处理。

因用人单位以外的第三人侵权造成劳动者人身损害，赔偿权利人请求第三人承担民事赔偿责任的，人民法院应予支持。

第二节 病假管理合规指引

◆ 相关概念

病假

是指劳动者因疾病或非因工负伤，因治疗或身体康复需要休息而停止工作的期间。病假是一个事实概念，用于判断劳动者可否因正当理由而缺勤以及累计医疗期计算。何种情况可认定为病假，实践中有两种观点。一种观点采事实说，认为病假应以劳动者事实上有疾病且持有医院诊断证明为准，即使劳动者的事前请假手续存在瑕疵，事后向用人单位告知并提交相关手续亦可；另一种观点采规范说，认为请休病假必须有患病的事实且需严格履行用人单位的请假手续，否则均视为未履行请假手续，不属于病假。笔者倾向于认为，由于疾病的突发性和复杂性，劳动者往往无法预计疾病的发生，导致劳动者无法事先履行正常的请假手续，故首次病假宜采事实说，但连续病假的，对后续病假采规范说，劳动者理应事先履行正常的请假手续。

◆ 典型案例

员工拒绝病假复查的，可否作出违纪处分？

王某原系某劳务公司员工，双方签订的最后一份劳动合同约定：劳动合同履行期限为 2019 年 12 月 26 日至 2021 年 12 月 25 日；王某工作岗位为销售岗位；王某每月工资2480元；劳务公司请假制度包括：员工请病假有下列情形之一的属合理怀疑，劳务公司有就近指定上海市第七人民医院或其他专科医院复查的权利，并可派员陪同为员工排队挂号等，复查费用均由劳务公司承担：病假单或病历上注明“本人要求休息……”或其他相当情形的。劳务公司可解除与王某的劳动合同，且不支付经济补偿金的情形包括：因病假存在合理怀疑情形之一的，经二次告知，王某无正当理由或客观事实拒不服从复诊安排的。

2020年11月10日，劳务公司通过EMS快递向王某发送《告知书》，表示已收到王某提交的上海市东方医院出具的2020年10月30日至2020年11月12日期间病情证明单，并根据过往就医记录显示内容，要求王某到劳务公司说明不遵医嘱进行CT或MRI检查的原因及该病休究属病理需要医生要求的病休还是本人要求的病休。同时，劳务公司告知王某本次病休期结束，届时若无须再就诊的，自11月13日起应当到岗工作；若仍须就诊的，基于已提供的病历已形成合理怀疑，根据公司制度，王某须在2020年11月13日9：30至10：00携带社保卡到达劳务公司，劳务公司将派员陪同至上海市第七人民医院脊椎外科进行复诊（最终以复诊结论为准，复诊费用由王某个人支付部分、交通与午餐费由劳务公司承担）。该快件次日送达，王某收到后未予配合。

2020年11月13日、11月18日两次通知前往医院复诊，王某均未予配合。2020年11月24日，劳务公司通知王某解除劳动合同。

经查，2019年7月31日起至2020年11月24日，王某以腰痛、颈椎病、肩颈痛等事由向劳务公司提交病情证明单及就医记录等就诊资料。就医记录显示，上述期间王某共计存在6次未遵医嘱拒绝CT或MRI检查及14次主诉要求休息或开具病假的记录。

专家分析

根据王某提交的病历，王某在长期病休期间共计存在6次未遵医嘱拒绝进行CT和MRI检查，并14次向医生要求病休的情况，这样的病历资料有违常理。且劳务公司就此病历资料向相关医院和医生进行了核实，确认系王某主动要求病休。综上，劳务公司对王某提供的病情证明单和病历产生怀疑具备事实基础。在此前提下，劳务公司两次要求王某前往指定医院复诊并对病历资料上载明的不遵医嘱进行检查、要求病休等情况进行说明。然而王某均置若罔闻。依据劳动合同的约定，劳务公司对员工请病假的理由存在合理怀疑的，可以要求员工进行复查，如员工经过二次告知，无正当理由或客观事实拒不服从复诊安排的，劳务公司有权解除与王某的劳动合同。最终法院认定，劳务公司解除与王某的劳动合同并非违法解除，王某要求劳务公司支付违法解除劳动合同赔偿金的诉讼请求，不予支持。

◆ 合规指引

第一步：依法制定病假管理制度

操作说明

用人单位对员工病假进行管理，有赖于制定较为完善的规章制度，包括明确员工请病假单具体程序、用人单位对员工病假可采取的相关管理措施等。

注意事项

1. 病假管理制度涉及劳动者切身利益，除履行法定民主程序和告知程序外，相关制度内容应合法合理，避免过于扩大公司自主权。如有些公司规定，员工晚提供病假单的一律视为旷工，该等制度条款对劳动者过于严苛难以获得法院支持。

2. 用人单位一般应明确规定员工履行病假应办理的手续，包括何时通过何种方式请假、提供哪些病假材料、逾期未提供的后果等。

3. 用人单位还可在制度中规定用人单位可采取的管理措施，如安排制定医院复查、安排工作交接、对病假进行调查核实等，并就员工拒绝公司指令设置相应的纪律惩戒条款。

示范文本

病假管理制度条款

1. 病假程序

考虑到不同类型的疾病员工的请假困难程度不同，公司根据病休类型不同确定不同的请假规则：

急诊：员工如因急诊不能直接到公司履行请假手续，应在就诊当日提早一小时以电话、短信或电子邮件告知直属上级。同时在就诊后3日内在公司内部系统上申请病假并上传病假资料。

门诊：至少提前1个工作日在系统上办理请假手续并于就诊后3日内提交病假资料。

2天及2天以上的病假均应在就诊后3日内提供病假单（但公司对病假真实性存疑的除外），经公司要求时，员工应提供相关病假资料以便于公司审核。

相关病假资料包括：挂号单复印件、病假单/病情证明单原件、病历复印件、诊断证明/医疗费票据复印件。如果员工在境外患病或非因工负伤，应在就诊之日起30日内提交相关病假资料的翻译件以及上述病假资料经所在国公证机构、中国驻外使领馆办理公证认证手续的材料。

病假资料的提交方式：员工可通过系统上传病假资料，经公司要求时员工应配合有关材料原件的核查。员工可以委托他人（应出具授权委托书）或亲自将前述资料以面交方式提交人力资源部，面交资料确有困难的，可通过快递方式寄送给人力资源部。为加强病假的有序管理，公司不接受以短信、微信等方式发送的病假资料的扫描件、复印件。

2. 病假管理措施

员工病假，仍应配合公司的相关管理措施，具体包括：

公司对员工病假有疑问，可要求员工陈述就诊的具体经过，病假期间的具体去向、回答有关病假和诊断的问题，以便于核实病假是否成立。员工病假期间在外旅游、兼职以及从事其他与病假目的不相符的活动将被视为严重违纪行为。

员工提交的病假资料有瑕疵或者公司有合理疑问的，如病假单有涂改痕迹、倒开病假单、就诊科室与开具病假单医生不对应、无挂号手续、特殊疾病无诊断证明、长期病假（超过1个月以上）、同一病情不断更换医院或主治医师、连续以不同病情申请病假以及其他违背医院诊疗流程、诊疗规律和生活经验常识等，公司可要求员工前往指定医院复查，相应的复查费用将由公司承担。

员工病假期间，公司或部门可根据业务需要要求员工配合办理工作交接手续。工作交接可以电子邮件、电话或登门拜访等多种方式进行。

3. 病假违规处理

员工拒绝公司执行的与病假有关的管理措施可导致纪律处分，具体如下：

员工违反病假管理中的有关程序性规定，包括但不仅限于未申请或未及时申请病假、未及时提交病假资料、提交病假资料不完整、拒绝回复公司有关询问、拒绝前往指定医院复查等，均属于不服从公司合理管理指令的行为，公司可给予书面警告处分。

未办理任何请假手续的员工，又不能提供请假障碍的证明材料的，以旷工处理。

员工病假期间伪造或者提供虚假的病假资料，或者在病假过程中弄虚作假，虚假陈述的，或者无正当理由拒绝工作交接者将被视为严重违纪行为。

如员工病假程序或实体条件不符合本手册规定，或者未执行公司相关管理指令，公司可暂缓或取消病假工资发放。

相关法规

《中华人民共和国劳动合同法》（2012 年 12 月 28 日修正）

第四条 用人单位应当依法建立和完善劳动规章制度，保障劳动者享有劳动权利、履行劳动义务。

用人单位在制定、修改或者决定有关劳动报酬、工作时间、休息休假、劳动安全卫生、保险福利、职工培训、劳动纪律以及劳动定额管理等直接涉及劳动者切身利益的规章制度或者重大事项时，应当经职工代表大会或者全体职工讨论，提出方案和意见，与工会或者职工代表平等协商确定。

在规章制度和重大事项决定实施过程中，工会或者职工认为不适当的，有权向用人单位提出，通过协商予以修改完善。

用人单位应当将直接涉及劳动者切身利益的规章制度和重大事项决定公示，或者告知劳动者。

第二步：评估员工的病假缺勤状态

操作说明

劳动者因病缺勤其是否履行请假手续、请假手续到何种程度以及劳动者具体诊疗情况是用人单位病假管理的重点。用人单位在实施各类管理措施之前应准确评估员工的请假状态。

注意事项

1. 如员工提供的病假材料无论从实体还是程序上都满足公司要求，则一般视为合法有效的病假，用人单位应予以批准。

2. 对于员工病假存在问题的情形，主要分为两个阶段。（1）就诊环节的瑕疵，主要包括：①员工并未前往医院就诊，而是通过伪造或者购买等方式获得虚假的病假资料，鉴于该种行为实质系骗取病假，严重违反诚信原则，在规章制度明确的情况下，用人单位可以解除劳动合同。②员工并未前往医院就诊，而系找他人代为就诊，该种行为性质与第一种行为类似，同样属于骗取病假的行为，用人单位可实施违纪处分。③员工前往医院就诊但并未挂号，而系直接开具病假单，该种情形应当根据所在医院的诊疗程序综合判断，如果医院明确规定必须挂号就诊（实际上大部分医院都这样要求），那么未经挂号，病人与医院未建立医患关系，员工开具的病假单无效。④员工未经诊断开具病假单的，此时应根据诊疗规范综合判断，如果所患疾病（如炎症等）应当进行验血、验尿等必经程序，则未进行相关程序属于违反诊疗规范的行为，所开具的病假单无效；但如果员工只是拒绝一些辅助诊断（如医院设备检查，B 超、CT 等），并不影响医生作出诊断结论，则不影响病假单的有效性。⑤员工的病假单存在表面瑕疵，如员工病假只有医生签章而没有医院盖章，此时还需结合病假单记载是否与病例相吻合，而不能仅仅以无医院盖章判定病假单无效；但如果员工病假单系员工个人要求开具，且结合病例记载并无明显症状，则该类病假单可认定无证明力。（2）请假环节的瑕疵，主要包括：①员工获得有效病假单，但并未向公司履行任何请假手续。②病假手续办理或病假资料提交的及时性、完整性不能满足公司规章制度要求，或延期提交或不够完整。

3. 用人单位应当仔细审核员工提供的材料，是否有涂改、材料之间不一致等情形。

相关法规

《劳动部、国务院经贸办、卫生部、国家工商行政管理局、中华全国总工会关于加强企业伤病长休职工管理工作的通知》（劳险字〔1992〕14 号）

二、要坚持和完善企业伤病职工的休假和复工制度。职工因伤病需要休假的，应凭企业医疗机构或指定医院开具的疾病诊断证明，并由企业审核批准。伤病职工需要转入长休的，根据企业医疗机构或指定医院开具的疾病诊断证明，由企业劳动鉴定委员会（小组）作出鉴定，经企业行政批准。要建立定期家访制度，及时了解长休职工的伤、病、残情况变化，及时通知已恢复劳动能力的职工按时复工；根据劳动能力恢复情况，安排一定的试工期或调换适当工作；要加强企业劳动纪律，对逾期不复工或不服从工作安排的，可停发伤病保险待遇，并按旷工处理。

第三步：分类处理员工的瑕疵病假，采取合理管理措施

操作说明

用人单位在评估员工病假现状的前提下，病假无明显瑕疵的，应审核批准病假，对于其他问题病假，则应根据规章制度分类进行处理，必要时可以开展相应的调查。

注意事项

1. 如员工病假的程序和实体均符合制度要求，则一般应纳入医疗期管理，用人单位正常审核病假并核发病假待遇。

2. 对于存在问题的病假，用人单位应根据病假瑕疵的具体情况进行处理。员工仅在程序上存在瑕疵的，如晚提交病假、病假资料不够完整等，一般不宜按照旷工处理，用人单位可根据规章制度给予相应的警告并要求补正。但对于一些伪造病假单、未办理任何请假手续的情形，用人单位在给予员工申辩机会后可采取较重的处罚措施，如经催告后仍缺勤的可按旷工处理、提供虚假病假的可按严重违纪处理等。对于一些存疑的病假，如违反诊疗程序、拒绝医疗建议、病假单存在表面瑕疵等，用人单位可安排

员工进行相应复查，如拒绝复查则按不服从公司管理指令实施纪律处分。

3. 用人单位可就员工提供的材料进行自主核实，比如前往医院核实员工是否就诊、是否挂号和病假是否属实等，如查实员工存在弄虚作假或明显有悖诚信的情况，可在要求员工进行解释后作出相应的处分。用人单位还可以对员工缺勤时间的行为进行必要调查，如查实员工病假期间在外兼职、长途跋涉旅行等，亦可按照规章制度作出处分。

4. 为了保证业务连续性，用人单位也可以要求员工在病假前或病假期间办理工作交接手续。

示范文本

病假复查通知

______（员工姓名）：

您在______年______月______日至______年______月______日期间提交病假申请单并申请病假。经查，公司认为您的病假存在如下问题：

□违反正常的诊疗程序；

□病假单、病史记录册有涂改/倒开痕迹；

□就诊科目与医生专业资质不符；

□您拒绝了医生建议的医学检查；

□医生开具了药方，但您最终未购置药品；

□其他：

现公司通知您在×个工作日内前往×××医院或×××医院进行复查，并提交全部就诊资料原件，包括但不限于：挂号单据、病例本、诊断证明、各项检查结果报告等以供公司核实。相关复查费用由公司承担。在此期间，公司将暂停发放您的病假工资直到您提交以上材料为止。

如您未能按照上述要求复查并提供资料，公司将按照员工手册相关规定处理。

联系人：×××

联系电话：×××

×××公司（盖章）

年　月　日

相关法规

《劳动部、国务院经贸办、卫生部、国家工商行政管理局、中华全国总工会关于加强企业伤病长休职工管理工作的通知》（劳险字〔1992〕14号）

四、伤病休假职工不得从事有收入的活动。机关、事业单位、社会团体和企业不得聘用伤病休假职工。对利用伤病假从事有收入活动的职工，要停止其伤病保险待遇，不予报销医疗费，并限期返回单位复工。经批评教育不改的，可按《企业职工奖惩条例》和辞退违纪职工的规定处理。

第四步：依法及时处理员工的病假待遇，最好证据管理

操作说明

无论员工的病假处于何种状态，用人单位均应及时处理病假待遇，同时就病假过程中用人单位履行沟通和管理义务的相关凭证、劳动者提供的相关材料应予以妥善保管。

注意事项

1. 对于审核批准的病假，用人单位应当按照国家或地方性法规发放病假待遇，病假待遇不得低于最低工资的80%。异地用工且双方无特别约定的，按照劳动合同履行地规定发放病假待遇。

2. 如劳动者病假仅存在程序瑕疵，则用人单位正常发放病假工资往往会被视为对员工病假的认可，故对于存疑的病假，用人单位可以暂缓发放病假待遇直至相关问题被合理处置。

3. 用人单位应保留病假管理的相关凭证，包括妥善保管员工提供的材料，避免员工个人信息外泄，同时为避免分歧，用人单位履行沟通义务时应同时通过电话、邮件、短信和微信进行，保留相关的沟通凭证。

相关法规

《劳动部关于贯彻执行〈中华人民共和国劳动法〉若干问题的意见》（劳部发〔1995〕309号）

59. 职工患病或非因工负伤治疗期间，在规定的医疗期间内由企业按有关规定支付其病假工资或疾病救济费，病假工资或疾病救济费可以低于当地最低工资标准支付，但不能低于最低工资标准的80%。

附表：部分省市病假工资分段计算办法一览表

<table>
<tr><th>省份</th><th>病休情形</th><th>计算基数</th><th>情形</th><th>计算比例</th><th>依据</th></tr>
<tr><td>深圳</td><td>所有情形</td><td>本人标准工资</td><td>医疗期内</td><td>60%</td><td>《深圳市员工工资支付条例》（2022年7月28日修正）</td></tr>
<tr><td rowspan="2">山东</td><td>停工医疗累计不超过180天的</td><td rowspan="2">本人工资</td><td rowspan="2">医疗期内</td><td>70%</td><td rowspan="2">《山东省劳动厅转发劳动部〈关于发布《企业职工患病或非因工负伤医疗期规定》的通知〉的通知》（鲁劳发〔1995〕67号）</td></tr>
<tr><td>停工医疗期累计超过180天的</td><td>60%</td></tr>
<tr><td rowspan="7">重庆</td><td rowspan="4">医疗期内停工治疗在6个月以内</td><td rowspan="7">本人工资</td><td>连续工龄不满10年</td><td>70%</td><td rowspan="7">《重庆市企业职工病假待遇暂行规定》（渝府发〔2000〕47号）</td></tr>
<tr><td>满10年不满20年</td><td>80%</td></tr>
<tr><td>满20年不满30年</td><td>90%</td></tr>
<tr><td>满30年及其以上</td><td>95%</td></tr>
<tr><td rowspan="3">医疗期内停工治疗在6个月以上</td><td>连续工龄不满10年</td><td>60%</td></tr>
<tr><td>满10年不满20年</td><td>65%</td></tr>
<tr><td>满20年及其以上</td><td>70%</td></tr>
<tr><td>陕西</td><td>规定医疗期内</td><td>约定工资标准</td><td>医疗期内</td><td>70%</td><td>《陕西省企业工资支付条例》（2015年5月28日修订）</td></tr>
<tr><td rowspan="8">上海</td><td rowspan="5">疾病或非因工负伤连续休假在6个月以内</td><td rowspan="8">本人工资（按职工正常情况下实得工资的70%）</td><td>连续工龄不满2年</td><td>60%</td><td rowspan="8">《上海市劳动局关于加强企业职工疾病休假管理保障职工疾病休假期间生活的通知》（沪劳保发〔1995〕83号）</td></tr>
<tr><td>满2年不满4年</td><td>70%</td></tr>
<tr><td>满4年不满6年</td><td>80%</td></tr>
<tr><td>满6年不满8年</td><td>90%</td></tr>
<tr><td>满8年及以上</td><td>100%</td></tr>
<tr><td rowspan="3">连续休假超过6个月</td><td>连续工龄不满1年</td><td>40%</td></tr>
<tr><td>满1年不满3年</td><td>50%</td></tr>
<tr><td>满3年及以上</td><td>60%</td></tr>
</table>

第三节
“三期”员工管理合规指引

◆ 相关概念

1. “三期”

是指女职工孕期、产期、哺乳期。是否未婚先孕、是否违反计划生育政策不影响对女职工“三期”状态的判断。

2. 生育津贴

是指依法缴纳生育保险的女职工产假期间可享受的一次性津贴。女职工产假期间的生育津贴，对已经参加生育保险的，按照用人单位上年度职工月平均工资标准由生育保险基金支付；对未参加生育保险的，按照女职工产假前工资标准由用人单位支付。如生育津贴低于本人工资，则用人单位依法补足。

3. 产前检查

是指怀孕女职工前往医疗机构进行身体检查的活动。根据《女职工劳动保护特别规定》第六条第三款的规定，怀孕女职工在劳动时间内进行产前检查，所需时间计入劳动时间。此外，产前检查次数目前无法律规定，一般以医疗机构出具的建议为准。

4. 工间休息

是指女职工妊娠 7 个月以上，用人单位应当在劳动时间内安排的休息期间。工间休息期间计入劳动时间，按正常出勤对待。

5. 哺乳时间

是指女职工在哺乳期内正常提供劳动期间用人单位应当用于哺乳的时

间。用人单位应当在每天的劳动时间内为哺乳期女职工安排 1 小时哺乳时间；女职工生育多胞胎的，每多哺乳 1 个婴儿每天增加 1 小时哺乳时间。哺乳时间在实践中可以通过早下班、晚上班或集中折算等方式执行。

6. 育儿假

是指用人单位根据地方性法规，对符合法律法规规定生育的夫妻，在其子女年满特定周岁之前给予一定天数的假期。育儿假无国家统一规定，属于地方计划生育奖励措施，具体天数按地方性法规执行。

表 4-1　全国各地区婚假、产假、护理假一览表

地区	婚假	产假（含延长生育假期）	陪产假/护理假	育儿假（子女满 3 周岁前）
北京	10 天	158 天	15 天	夫妻各 5 日每年
天津	10 天	158 天	15 天	夫妻各 10 日每年
山东	3 天	158 天	15 天	夫妻各 10 日每年
上海	10 天	158 天	10 天	夫妻各 5 日每年（按子女人数）
浙江	3 天	158 天（一孩） 188 天（二孩或三孩）	15 天	夫妻各 10 日每年
安徽	13 天	158 天	30 天	夫妻各 10 日每年（子女 6 周岁之前）
江西	18 天	158 天	30 天	夫妻各 10 日每年
福建	15 天	158 天至 180 天	15 天	夫妻各 10 日每年
广东	3 天	178 天	15 天	夫妻各 10 日每年
广西	3 天	158 天（一孩） 168 天（二孩） 178 天（三孩）	25 天	夫妻各 10 日每年
湖北	3 天	158 天	15 天	夫妻各 10 日每年
山西	30 天	158 天	15 天	夫妻各 15 日每年
宁夏	10 天+3 天（婚检）	158 天	25 天	夫妻各 10 日每年

续表

地区	婚假	产假（含延长生育假期）	陪产假/护理假	育儿假（子女满3周岁前）
陕西	13 天	158 天 173 天（三孩）	15 天（异地20 天）	夫妻各 10 日每年
四川	3 天	158 天	20 天	夫妻各 10 日每年
吉林	15 天	180 天	25 天	夫妻各 20 日每年
辽宁	10 天	158 天	20 天	夫妻各 10 日每年
青海	15 天	188 天	15 天	夫妻各 15 日每年
河北	18 天	158 天（一孩、二孩） 188 天（三孩）	15 天	夫妻各 10 日每年
河南	21 天+7 天（婚检）	98 天+3 个月	1 个月	夫妻各 10 日每年
江苏	13 天	158 天	15 天	夫妻各 10 日每年
吉林	15 天	180 天	25 天	夫妻各 20 日每年
重庆	15 天	178 天	20 天	夫妻 5~10 天每年 （子女 6 周岁前）
云南	18 天	158 天	30 天	夫妻各 10 日每年+5 日每年 （二个不满 3 周岁子女）
湖南	3 天	158 天	20 天	夫妻各 10 日每年
甘肃	30 天	180 天	30 天	夫妻各 15 日每年
海南	13 天	98 天+3 个月	15 天	夫妻各 10 日每年
贵州	13 天	158 天	15 天	夫妻各 10 日每年
内蒙古	18 天	158 天（一孩、二孩） 188 天（三孩）	25 天	夫妻各 10 日每年
黑龙江	15 天+10 天（婚检）	180 天	15 天	夫妻各 10 日每年
新疆	23 天	158 天	20 天	夫妻各 10 日每年

◆ 典型案例

“三期”女职工请假不规范能否按旷工处罚?

2021年6月26日，殷某入职某营销公司，岗位为销售副总监，双方签订书面劳动合同，期限为2021年6月26日至2023年5月27日。2022年4月7日，殷某生育第二胎。8月18日，殷某返岗工作。9月7日，营销公司向殷某出具《员工调动通知书》，将殷某调动至营销公司代理销售的天津国际新城，调动后职级、岗位和薪资待遇不变。殷某于当日签收该通知书，但因身体原因未再到岗工作。10月15日，营销公司向殷某通过短信及邮寄方式送达《限期返岗通知书》，要求殷某10月21日前返岗，殷某于10月16日签收。10月28日，营销公司以殷某在未履行任何合法请假手续的情况下擅自离岗，并未按公司要求返岗工作，属于恶意旷工，向殷某出具《解除劳动合同通知书》。后殷某申请仲裁，要求营销公司支付违法解除劳动合同的赔偿金。庭审中，殷某主张其自2022年9月9日起多次通过电话、微信及钉钉申报的方式向部门经理、人事部请病假，并提交病历、诊断证明、门诊票据、病假条、钉钉请假截图及与公司领导及人事的沟通记录，营销公司对殷某提交的病历、诊断证明、门诊票据、病假条的真实性无异议，但不认可证明目的，对钉钉请假截图及其与公司领导及人事的沟通记录不认可，认为殷某的主管领导未审批其请假申请，故请假流程不符合公司规定。

专家分析

根据《妇女权益保障法》等相关规定，任何用人单位不得因结婚、怀孕、产假、哺乳等情形，降低女职工的工资和福利待遇，辞退女职工，单方解除劳动（聘用）合同或者服务协议。但是，女职工要求终止劳动（聘用）合同或者服务协议的除外。本案中，殷某在产假期满后曾因身体原因至医院进行治疗，并多次向部门经理、人事部通过电话、微信、钉钉等方式进行申报并提交由医院开具的病假条，现营销公司对病假条的真实性并未予以否认，但抗辩殷某未遵循公司请假流程，显然与殷某提交证据不符。结合殷某提交的证据可知，殷某曾就病假情况多次申报，其主管领导未进行审批，因此未请假手续未履行完毕的责任并非在于殷某，故营销公司以殷某未履行合法请假手续为由认定殷某擅自离岗属恶意旷工，从而单方解除劳动合同，实属不妥。最终法院判决营销公司败诉并应向殷某支付违法解除劳动合同的赔偿金。

◆ 合规指引

第一步：孕期履行劳动保护义务

操作说明

女职工怀孕后，用人单位应积极履行劳动保护义务，避免侵犯孕期女职工合法权益。

注意事项

1. 女职工怀孕后，用人单位首先应避免安排其从事女职工存在劳动禁忌的工作内容，根据《女职工劳动保护特别规定》，具体包括：（1）作业场所空气中铅及其化合物、汞及其化合物、苯、镉、铍、砷、氰化物、氮氧化物、一氧化碳、二硫化碳、氯、己内酰胺、氯丁二烯、氯乙烯、环氧乙烷、苯胺、甲醛等有毒物质浓度超过国家职业卫生标准的作业；（2）从事抗癌药物、己烯雌酚生产，接触麻醉剂气体等的作业；（3）非密封源放射性物质的操作，核事故与放射事故的应急处置；（4）高处作业分级标准中规定的高处作业；（5）冷水作业分级标准中规定的冷水作业；（6）低温作业分级标准中规定的低温作业；（7）高温作业分级标准中规定的第三级、第四级的作业；（8）噪声作业分级标准中规定的第三级、第四级的作业；（9）体力劳动强度分级标准中规定的第三级、第四级体力劳动强度的作业；（10）在密闭空间、高压室作业或者潜水作业，伴有强烈振动的作业，或者需要频繁弯腰、攀高、下蹲的作业。如存在上述工作内容，应安排合理的岗位调整。

2. 女职工怀孕后，用人单位对劳动者因病请假需要承担更多的包容义务，对于女职工产前安排检查的，应按正常劳动时间处理并正常发放工资。

3. 女职工怀孕 28 周以上，用人单位不得安排加班或夜班劳动。同时在女职工工作期间，用人单位还需要给予工间休息时间。

4. 用人单位可以指定相关制度对女职工“三期”的相关待遇、请假程序作出明确规定。

示范文本

关于女职工生育类假期的制度条款

1. 产假

1.1 产假天数

根据国家和地方政府相关人口和计划生育条例，符合条件的员工可申请产假。

产假98天（延长生育假按地方规定执行）。

配偶生育，男员工可享受陪产假或护理假，按地方规定执行。

延长生育假具体天数按照员工劳动合同履行地相关法规执行。产假和延长生育假应当合并使用，上述假期应至少提前60天办理请假手续并提供医学证明复印件。男性员工申请陪产假，凭结婚证书和子女出生医学证明向直属上级及人力资源部提出申请，经批准后方可休假，陪产假为日历天数，7个日历天数为一个申请单位，剩余一次性休完，此外陪产假在配偶产假期间内使用完毕，逾期不补。

产假开始时间一般为预产期提前15日（含双休日和法定节假日），但最迟不得晚于实际生产当日。最终具体开始休产假日期以员工申请以及部门经理/人事部门批准确认为准。

员工产假期间包括双休日和法定节假日。

1.2 产假待遇

产假、延长生育假及陪产假待遇按地方规定执行，地方政府规定由员工自行申领生育保险待遇的，公司将停止支付工资，员工一般应在生产后3个月内办理申领生育生活津贴手续，因员工未及时办理导致无法领取生育津贴的，员工自行承担后果。员工领取生育生活津贴后须在1个月内向公司提交付款凭证，以便于公司判断是否应补发工资，生育津贴低于本人工资的，公司将在收到员工提交的付款凭证后于最近一个工资支付周期一次性补发工资差额并履行个人所得税代扣代缴义务。

对于由单位申领生育保险待遇的地区，由公司先行向员工垫付产假期间的工资，但员工须在产假结束后1个月内提交用于办理申领生育保险待遇的材料，具体以公司书面通知为准。如因员工原因导致公司无法申领待遇，视为员工给公司造成损失，公司可在员工其他应付报酬中扣回。

符合条件的产假、陪产假，对于非因员工原因社保机构未予理赔的部分(如收养子女产假、超过法定天数的)，公司将正常支付工资。

地方政府有不同规定的，按地方政府规定执行。

2. 产前检查

女员工在劳动时间内产前检查所需时间视为劳动时间，产前检查以半天为单位，员工需提前1个工作日申请。休假时间建议如下（如医疗机构的产前检查档案资料上记载的意见与本规定不一致的，以医生意见为准)：

孕13周前，产前检查1次。

孕28周前，每3周产前检查1次。

孕28周至36周，每2周产前检查1次。

孕36周后，每周产前检查1次。

3. 工间休息和哺乳时间

女员工怀孕7个月以上，公司可在劳动时间内安排一定的休息时间。上述休息时间可以选择提前1小时下班或延迟1小时上班，一经选择原则上不允许变更。

女员工产假后返岗并在子女出生1年以内，每天有1个小时的哺乳时间。哺乳时间可以选择提前1小时下班或延迟1小时上班，一经选择原则上不允许变更。

因特殊原因（如出差）经直属上级批准，可以采用其他形式合并使用哺乳时间。

相关法规

《女职工劳动保护特别规定》（2012年4月28日发布）

第六条 女职工在孕期不能适应原劳动的，用人单位应当根据医疗机构的证明，予以减轻劳动量或者安排其他能够适应的劳动。

对怀孕7个月以上的女职工，用人单位不得延长劳动时间或者安排夜班劳动，并应当在劳动时间内安排一定的休息时间。

怀孕女职工在劳动时间内进行产前检查，所需时间计入劳动时间。

第二步：产期依法支付产假待遇

操作说明

女职工产假期间，用人单位应按照国家和地方性法规给予相应的产假和延长生育假待遇，其中社保给付的生育津贴低于本人工资的，用人单位还应进行“补差”，如延长生育假期间社保不予给付生育津贴的，用人单位仍应正常支付工资。

注意事项

1. 女职工进入产期，其享受的产假天数为 98 天，流产、难产、多胞胎的，按照相关规定调整相应的假期天数。在产假结束后一般女职工仍可享受各地计划生育条例规定的延长产假天数。

2. 女职工产假期间其收入不应受影响，依法缴纳生育保险的，女职工可享受生育津贴，如生育待遇低于本人工资（一般按照产前 12 个月平均工资计算），用人单位应予以补足；如生育津贴高于本人工资，用人单位不得截留。

3. 女职工在产假期间提前返岗或居家办公的，易导致是否应支付二倍工资（生育津贴+正常出勤工资）的争议。用人单位宜事先与劳动者明确约定或通过规章制度规定，如系用人单位安排员工提前返岗，则劳动者可以同时领取正常出勤工资和生育待遇。

4. 用人单位不得因为女职工怀孕或生产，降低工资标准或福利待遇，包括各类奖金的发放不得对产假员工作歧视性处理。

相关法规

《中华人民共和国妇女权益保障法》（2022 年 10 月 30 日修订）

第四十八条 用人单位不得因结婚、怀孕、产假、哺乳等情形，降低女职工的工资和福利待遇，限制女职工晋职、晋级、评聘专业技术职称和职务，辞退女职工，单方解除劳动（聘用）合同或者服务协议。

女职工在怀孕以及依法享受产假期间，劳动（聘用）合同或者服务协议期满的，劳动（聘用）合同或者服务协议期限自动延续至产假结束。但是，用人单位依法解除、终止劳动（聘用）合同、服务协议，或者女职工依法要求解除、终止劳动（聘用）合同、服务协议的除外。

用人单位在执行国家退休制度时，不得以性别为由歧视妇女。

《女职工劳动保护特别规定》（2012 年 4 月 28 日发布）

第七条 女职工生育享受 98 天产假，其中产前可以休假 15 天；难产的，增加产假 15 天；生育多胞胎的，每多生育 1 个婴儿，增加产假 15 天。

女职工怀孕未满 4 个月流产的，享受 15 天产假；怀孕满 4 个月流产的，享受 42 天产假。

第八条 女职工产假期间的生育津贴，对已经参加生育保险的，按照用人单位上年度职工月平均工资的标准由生育保险基金支付；对未参加生育保险的，按照女职工产假前工资的标准由用人单位支付。

女职工生育或者流产的医疗费用，按照生育保险规定的项目和标准，对已经参加生育保险的，由生育保险基金支付；对未参加生育保险的，由用人单位支付。

第三步：哺乳期内谨慎操作劳动合同变更和解除终止

操作说明

女职工结束产假后返岗上班，用人单位除履行哺乳期劳动保护义务外，需要谨慎操作调岗调薪和劳动合同解除终止。

注意事项

1. 在女职工哺乳期内，用人单位仍需履行劳动保护义务，包括给予 1 小时哺乳时间，不得安排加班或夜班劳动。在哺乳时间的具体享受方式上，应体恤劳动者的实际困难，如因为公司班车原因劳动者无法执行提前下班或晚上班，应允许按一定周期折算使用哺乳时间。

2. 女职工结束产假返岗后往往存在原职位已取消或被其他人顶替的情况，用人单位如需调岗，仍需要满足合理原则，即确保工资待遇不变，新的工作内容劳动者能够完全胜任，如调岗调薪需与女职工协商一致。

3. 女职工“三期”内劳动合同到期的，按照相关规定，劳动合同应顺延至相应情形消失，用人单位不得在“三期”内以合同期满为由终止劳动合同。

4. 女职工“三期”内，用人单位不得对女职工实施经济性裁员或者按照《劳动合同法》第四十条规定实行医疗满解除、不胜任解除或客观情况发生变化解除。如解除劳动合同后发现女职工怀孕的，则应撤销解除通知书并继续履行劳动合同。

5. 女职工“三期”内，用人单位实行协商解除或违纪解除等并无法律禁止，但协商解除应就协商解除条件进行充分磋商并签署相应的解除协议，如用人单位以劳动者存在严重违纪等情形实行过错解除，则负有充分举证义务，在违纪事实、违纪严重程度等存在争议的情况下，仲裁和法院往往会作出对女职工有利的判断。

示范文本

劳动合同顺延通知书

致______先生/女士：

公司与您于______年______月______日签订了《劳动合同》，该劳动合同在______年______月______日期满，但您存在：

□孕期、产期、哺乳期情形。

根据有关规定，劳动合同期限顺延相应情形消失时终止。

备注：此通知书通过□面交；□快递；□电子邮件；□手机短信；□微信 任意一种或多种方式同步送达，以最先收到的为准。

×××公司（盖章）

年 月 日

相关法规

《女职工劳动保护特别规定》（2012年4月28日发布）

第九条 对哺乳未满1周岁婴儿的女职工，用人单位不得延长劳动时间或者安排夜班劳动。

用人单位应当在每天的劳动时间内为哺乳期女职工安排1小时哺乳时间；女职工生育多胞胎的，每多哺乳1个婴儿每天增加1小时哺乳时间。

《中华人民共和国劳动合同法》（2012年12月28日修正）

第四十二条 劳动者有下列情形之一的，用人单位不得依照本法第四十条、第四十一条的规定解除劳动合同：

……

（四）女职工在孕期、产期、哺乳期的；

……

第四十五条 劳动合同期满，有本法第四十二条规定情形之一的，劳动合同应当续延至相应的情形消失时终止。但是，本法第四十二条第二项规定丧失或者部分丧失劳动能力劳动者的劳动合同的终止，按照国家有关工伤保险的规定执行。

第四节
外籍用工合规指引

◆ 相关概念

外国人在中国就业

是指没有取得定居权的外国人在中国境内依法从事社会劳动并获取劳动报酬的行为。用人单位聘用外国人，须为该外国人申请就业许可，经获准并取得《中华人民共和国外国人就业许可证书》后方可聘用。如非法聘用外国人，将遭受行政处罚，即每非法聘用一人1万元、总额不超过10万元的罚款；有违法所得的，没收违法所得。

表4-2 外籍员工与中国籍员工劳动法律适用对比

比较项目	外籍（取得永久居留权除外）	中国籍
用工方式	限境外派遣、本地劳动合同雇用以及符合条件的外籍学生实习，不包括兼职、派遣、外包等	标准用工和灵活用工（派遣、外包、兼职）均不受限制
就业审批	需办理就业许可审批	无

续表

比较项目	外籍（取得永久居留权除外）	中国籍
劳动合同	不超过5年	特定情形下应签署无固定期限劳动合同
五险一金	应缴纳社保 自愿缴纳住房公积金	应缴纳五险一金
解除终止	恢复劳动关系 存在就业证期限限制	无限制

◆ 典型案例

就业证到期能否终止劳动合同?

2020年3月10日，李某（外国人）与某动力系统公司签订自2020年4月1日起至按中国法律规定导致合同终止的事由出现时止的无固定期限劳动合同，约定李某担任大中华区人力资源总监。月工资为111857元。2021年3月1日，李某经诊断为应激性抑郁、失眠，某医院出具医疗证明，载明李某病假为2021年3月1日至8日。同日，李某通过电子邮件将医疗证明告知公司。3月2日，公司向李某作出通知函，载明公司决定暂停李某的工作职责，安排李某休“花园假期”至4月2日；4月2日，李某的外国人就业证期满，公司不再续展，因此双方劳动合同同时终止；2021年3月2日至劳动合同终止日期间，李某的薪资待遇不变，若需要申请病假，薪资福利将按照公司的相关制度及法律规定支付。4月2日，公司向李某出具离职证明，载明李某于2008年7月1日入职公司，劳动关系于2021年4月2日终止。后李某申请仲裁，要求公司恢复劳动关系并支付恢复期间的工资损失。公司则主张李某的外国人就业证到期，公司无续展就业证的义务，故可依法终止合同。

专家分析

根据《外国人在中国就业管理规定》，用人单位聘用外国人须为该外国人申请就业许可，经获准并取得《中华人民共和国外国人就业许可证书》后方可聘用。尽管本案中李某与动力系统公司签订了无固定期限劳动合同，但该合同的履行仍然会受到就业许可的限制。在李某就业证到期后，动力系统公司并无续展就业证的法定义务。最终法院认定李某的外国人就业证于 2021 年 4 月 2 日到期，动力系统公司通知李某于 2021 年 4 月 2 日终止劳动合同符合法律规定，据此判决李某败诉。

◆ 合规指引

第一步：确定外籍员工的用工方式

操作说明

用人单位聘用外籍员工主要存在两种用工方式，包括境外派遣和本地雇用，用人单位需事先确定用工方式和用工主体，合理确定双方权利义务关系。

注意事项

1. 境外派遣是指外籍员工与境外母公司签订劳动合同并派往中国公司提供劳动，该种情况下境内中国公司可依据派遣函等文件为该员工办理工作许可，需要注意的是如果中国公司直接以签署劳动合同的方式办理工作许可，将可能导致劳动关系主体争议。

2. 对于境外派遣的外籍员工，一般由境外关联公司直接向外籍员工发送录用通知。如系本地雇用，则由境内公司向外籍员工发送录用通知。

3. 实践中亦存在外籍员工在中国为多家公司提供服务的情形，一般限于关联方兼职，即就业证在 A 公司办理，外籍员工同时为 B 公司提供服务，该种情况应注意就业地域的限制，如 A 公司和 B 公司不在同一城市，则可能属于非法就业。

相关法规

《中华人民共和国出境入境管理法》（2012 年 6 月 30 日发布）

第八十条 外国人非法就业的，处五千元以上二万元以下罚款；情节严重的，处五日以上十五日以下拘留，并处五千元以上二万元以下罚款。

介绍外国人非法就业的，对个人处每非法介绍一人五千元，总额不超过五万元的罚款；对单位处每非法介绍一人五千元，总额不超过十万元的罚款；有违法所得的，没收违法所得。

非法聘用外国人的，处每非法聘用一人一万元，总额不超过十万元的罚款；有违法所得的，没收违法所得。

第二步：发送录用通知、签署劳动合同并办理工作许可

操作说明

用人单位完成招聘活动后一般应先向候选人发送录用通知，之后着手准备相关签证和工作许可办理事宜。

注意事项

1. 除境外派遣外，用人单位应确保录用通知发送主体与最终劳动合同签订主体、就业许可办理主体保持一致，避免张冠李戴。同时考虑在办理签证、工作许可过程中可能出现的障碍，用人单位宜在录用通知中明确如因个人原因无法办理来华签证或工作许可的，则用人单位可以取消录用或延展实际报到日期。

2. 在工作许可申请过程中，一般需提供工作资历证明、最高学历证明、无犯罪记录证明、体检证明等，相关材料应提前办理公证认证手续并按照受理部门的要求事先准备。

3. 用人单位与外籍员工签订劳动合同的，关于期限的约定应考虑就业证期限的限制且不得超过 5 年，比如约定劳动合同期限与实际办理就业证期限不一致的，以后者为准，避免劳动合同期限与就业证期限不一致的情况。同时用人单位应避免签订双份劳动合同的情况，即用于办理就业许可的劳动合同与双方实际签订的劳动合同不一致，否则将为双方纠纷埋下隐患。

相关法规

《外国人在中国就业管理规定》（2017 年 3 月 13 日修正）

第五条　用人单位聘用外国人须为该外国人申请就业许可，经获准并取得《中华人民共和国外国人就业许可证书》（以下简称许可证书）后方可聘用。

第十七条　用人单位与被聘用的外国人应依法订立劳动合同。劳动合同的期限最长不得超过五年。劳动合同期限届满即行终止，但按本规定第十八条的规定履行审批手续后可以续订。

第三步：依法执行劳动标准，妥善处理工时休假工伤等事宜

操作说明

用人单位应当按照合同约定和法律规定履行雇主责任，包括及时足额支付工资福利、安排休息休假并依法缴纳各项社会保险费，如外籍员工发生事故伤害，应依法处理；如涉及死亡，应同时向家属和使领馆报告。

注意事项

1. 外籍员工办理工作许可后，其执行的劳动标准仍应参照中国籍员工适用，包括最低工资、最高工时限制、加班、劳动保护、职业危害防护、带薪休假、社会保险费等。

2. 外籍员工的薪酬福利条件较为复杂，用人单位应通过补充协议等方式明确，包括是否可以报销、提供何种票据、如何申报境内外个人所得税、商业保险的险种是什么等。

3. 如外籍员工发生工伤事故，用人单位仍应依法申报工伤并依法进行工伤理赔。如涉及死亡事件（包括因工死亡或其他非因工死亡），用人单位应立即联络家属并向所在国使领馆报告，积极做好沟通协调。

4. 如外籍员工已取得永久居留权，则与中国公民享有同等劳动权利，包括依法获得缴纳住房公积金的权利，且无需办理就业许可，执行《劳动合同法》第十四条所列的无固定合同权利。

相关法规

《外国人在中国就业管理规定》（2017 年 3 月 13 日修正）

第二十一条 用人单位支付所聘用外国人的工资不得低于当地最低工资标准。

第二十二条 在中国就业的外国人的工作时间、休息、休假劳动安全卫生以及社会保险按国家有关规定执行。

第二十三条第一款 外国人在中国就业的用人单位必须与其就业证所注明的单位相一致。

《在中国境内就业的外国人参加社会保险暂行办法》（2011 年 9 月 6 日发布）

第三条 在中国境内依法注册或者登记的企业、事业单位、社会团体、民

办非企业单位、基金会、律师事务所、会计师事务所等组织（以下称用人单位）依法招用的外国人，应当依法参加职工基本养老保险、职工基本医疗保险、工伤保险、失业保险和生育保险，由用人单位和本人按照规定缴纳社会保险费。

与境外雇主订立雇用合同后，被派遣到在中国境内注册或者登记的分支机构、代表机构（以下称境内工作单位）工作的外国人，应当依法参加职工基本养老保险、职工基本医疗保险、工伤保险、失业保险和生育保险，由境内工作单位和本人按照规定缴纳社会保险费。

《外国人在中国永久居留享有相关待遇的办法》（人社部发〔2012〕53号）

一、除政治权利和法律法规规定不可享有的特定权利和义务外，原则上和中国公民享有相同权利，承担相同义务。

……

四、在中国就业，免办《外国人就业证》；符合条件的，可优先办理《外国专家证》、《回国（来华）专家证》以及各地人才工作居住证。

……

十、可按照《住房公积金管理条例》等规定，在工作地缴存和使用住房公积金，离开该地区时，可按规定办理住房公积金的提取或转移手续。

第四步：依法处理外籍员工合同解除终止事宜并办理工作许可注销手续

操作说明

用人单位应当按照合同约定和法律规定执行劳动合同解除终止，同时在解除终止后应及时办理工作许可注销手续。

注意事项

1. 外籍员工的劳动合同解除终止条件原则上按照《劳动合同法》等规定执行[①]，如用人单位违法解除劳动合同，仍可能存在支付赔偿金的可能性，

---

① 涉及劳动合同解除终止，各地司法实践存在一定差异，如上海允许双方约定解除条件，但全国多数地区仍应参照劳动合同法执行解除终止。如《上海市高级人民法院2013年劳动争议案件审理要件指南（一）》第十一条规定，外国人、台港澳居民、定居国外华侨主张按照《劳动法》《劳动合同法》适用相关劳动标准，应举证证明如下要件事实：（1）主张的劳动权利涉及最低工资、工作时间、休息休假、劳动安全卫生等方面；（2）劳动合同未对上述劳动权利进行约定或约定的标准低于劳动法律相关法定标准。

但考虑就业证的限制，外籍员工被解除后要求恢复劳动关系的，一般难以支持。此外，外籍员工达到退休年龄的能否终止劳动合同在实践中亦存在争议，如用人单位办理就业许可时外籍员工已超过退休年龄，则不宜以达到退休年龄为由终止劳动合同。

2. 如系境外派遣的外籍员工，则中国企业一般不宜发出解除劳动合同通知，而应通知终止工作关系并将员工退回境外关联公司，但境内工作许可注销手续不应受影响。

3. 如外籍员工同时担任董事、监事、法定代表人身份的，用人单位宜先完成相关工商变更手续，后处理劳动合同解除终止事宜。此外，用人单位一般应在离职后10个工作日内办理工作许可注销手续，外籍员工拒绝配合的，应向就业许可办理机构书面报告。

示范文本

办理工作许可注销通知

______（员工姓名）（护照号码：__________）：

经查，本公司已于______年______月______日与您解除/终止劳动合同关系，但您拒不配合办理工作许可注销手续，包括在解除劳动合同通知上签名等。本公司已于______年______月______日至××市出入境管理局提交申请，根据出入境机构给我们的指示，请您收到此通知后，必须在十个工作日内提交本人就业证、居留许可证至××市出入境管理局办理注销手续。逾期延误者，××市出入境管理局可能将在十个工作日后自动注销您在中国境内有效期内的就业证和居留许可证，并将影响您出境、再次入境，及下次申请工作签证等。请慎重对待！

×××公司（盖章）

年　　月　　日

相关法规

《外国人在中国就业管理规定》（2017年3月13日修正）

第二十五条　用人单位与被聘用的外国人发生劳动争议，应按照《中华人民共和国劳动法》和《中华人民共和国企业劳动争议调解仲裁法》处理。

《外国人来华工作许可服务指南（暂行）》（外专发〔2017〕36号）

八、申请材料目录

（一）申请材料清单

7. 申请外国人来华工作许可注销

外国人来华工作许可有效期届满未延续的，自动注销；依法被撤销、撤回的，以及许可证件依法被吊销的，由决定机构注销。申请人死亡或者丧失行为能力或者提前终止合同、解除聘用关系的，用人单位应当于事项发生之日起10个工作日内向决定机构申请注销。用人单位被终止的，申请人可以向决定机构申请注销工作许可。

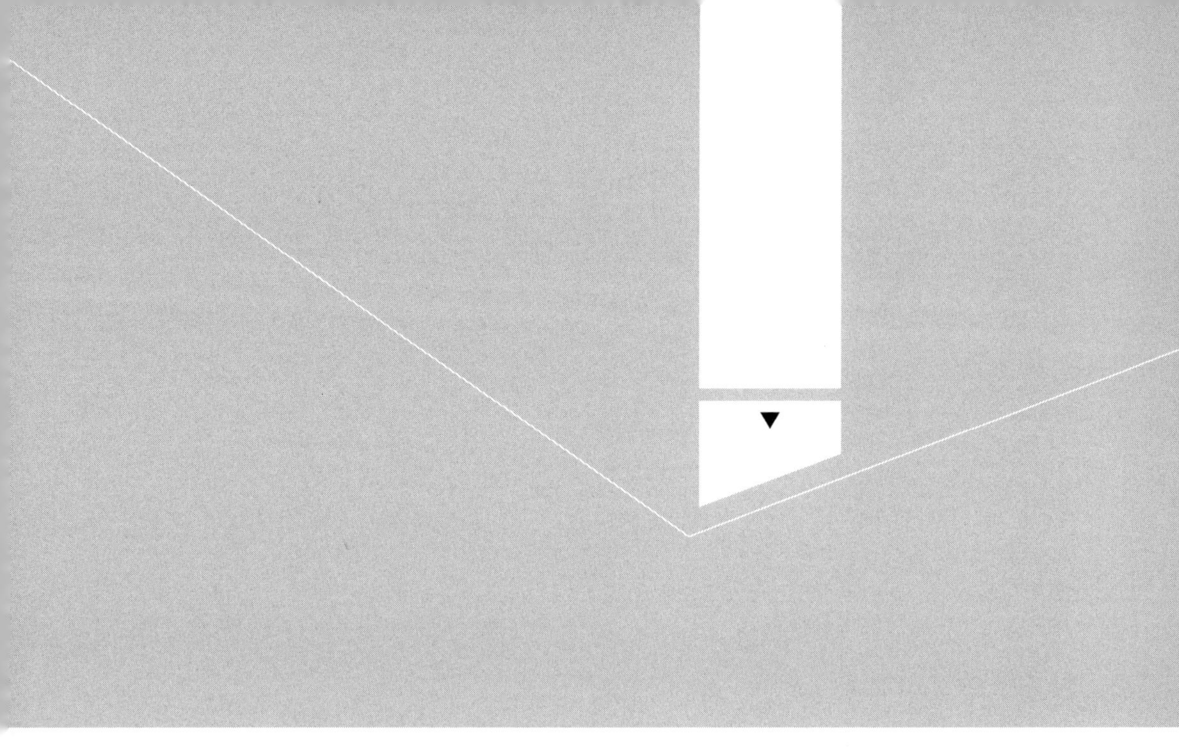

第五章

灵活用工篇

第一节
劳务派遣用工合规指引

◆ 相关概念

1. 劳务派遣

是指由劳务派遣单位与被派遣劳动者签订劳动合同，然后向用工单位派出该劳动者，使其在用工单位的工作场所内劳动，接受用工单位的指挥、监督，以完成劳动力和生产资料的结合的一种特殊用工方式。劳务派遣是一种劳动力使用和雇用分离的用工方式，被派遣劳动者与劳务派遣单位签订劳动合同，受其“雇用”，但实际为用工单位提供劳动，接受其管理，受其“使用”，这种分离导致三方劳务派遣关系的权利义务较为复杂，因此受到国家法律的严格约束。

2. 用工单位

是指依法注册成立，与劳务派遣单位签订劳务派遣协议，接受劳务派遣单位派遣劳动力的组织。用工单位的范围略宽于用人单位，实践中还包括外国企业常驻代表机构、外国驻华外交代表机构，但不包括境外用人单位、家庭及自然人。用工单位在劳务派遣用工中虽享有部分劳动人事管理权（包括考勤、考核、奖惩等），但由于并非与被派遣劳动者签订劳动合同，故不能直接行使解除、终止劳动合同的权利。

3. 跨地区派遣

是指劳务派遣单位向注册在其他省市的用工单位派遣劳动者的行为。跨地区劳务派遣中，劳务派遣单位与用工单位注册在不同省市，而不同省市的最低工资、社会保险缴费、劳动保护标准不同，故《劳动合同法》第六十一条规定，跨地区劳务派遣的，劳动者的劳动报酬和劳动条件按用工单位所在地标准执行。

4. “三性”岗位

“三性”岗位包括临时性岗位、辅助性岗位和替代性岗位。其中，临时性岗位是指存续时间不超过 6 个月的岗位；辅助性岗位是指为主营业务岗位提供服务的非主营业务岗位；替代性岗位是指用工单位的劳动者因脱产学习、休假等原因无法工作的一定期间内，可以由其他劳动者替代工作的岗位。

5. 劳务派遣用工比例

是指用工单位通过劳务派遣用工数量占用工总量的比例。根据法律规定，用工单位应当严格控制劳务派遣用工数量，使用的被派遣劳动者数量不得超过其用工总量的 10%。用工总量是指用工单位订立劳动合同人数与使用的被派遣劳动者人数之和。

6. 退回

是指用工单位终止被派遣劳动者的派遣用工关系，将被派遣劳动者退回至劳务派遣单位的行为。用工单位退回被派遣劳动者将导致被派遣劳动者、劳务派遣单位、用工单位三方派遣关系的终止，但被派遣劳动者与劳务派遣单位的劳动合同关系并非当然解除或终止。根据《劳动合同法》第六十五条的规定，用工单位不能任意退回被派遣劳动者。

◆ 典型案例

异地派遣应在何地缴纳社会保险费？

谢某与广州某餐饮公司自 2012 年 3 月至 2018 年 8 月 31 日期间存在劳动关系；2018 年 9 月 1 日，谢某与广州某人力资源公司常德分公司（以下简称人力资源公司）签订劳动合同，并重新派回至餐饮公司处工作。谢某实际在广州工作，岗位系连锁餐厅服务员。谢某与人力资源公司建立劳动关系后，人力资源公司在湖南省常德市为谢某缴纳工伤保险。2019 年 11 月 16 日，谢某在上班途中发生交通事故受伤；2020 年 1 月 15 日，被认定为工伤，后被评定为十级伤残。2021 年 4 月，谢某申请仲裁要求两公司按照广州当地标准支付一次性伤残补助金和一次性就业补助金。两公司则主张应按社保缴费地常德的标准给付工伤待遇。

专家分析

根据《劳动合同法》第九十二条、《劳动合同法实施条例》第三十五条的规定，用工单位违反《劳动合同法》及其实施条例有关劳务派遣规定的，给被派遣劳动者造成损害的，劳务派遣单位和用工单位承担连带赔偿责任。根据《劳务派遣暂行规定》第十八条、第十九条规定，劳务派遣单位跨地区派遣劳动者的，应当在用工单位所在地为被派遣劳动者参加社会保险，按照用工单位所在地的规定缴纳社会保险费，被派遣劳动者按照国家规定享受社会保险待遇。劳务派遣单位未在用工单位所在地设立分支机构的，由用工单位代劳务派遣单位为被派遣劳动者办理参保手续，缴纳社会保险费。本案中，人力资源公司作为劳务派遣单位应当在餐饮公司所在地为谢某缴纳社会保险费用，而人力资源公司未在餐饮公司所在地设立分支机构，故应由餐饮公司代人力资源公司为谢某办理参保手续并缴纳社会保险费。根据前述关于劳务派遣单位跨地区参保事实的认定，两公司没有在用工地广州市为谢某参保及足额缴纳社保费用，并因此给谢某造成相关工伤保险待遇的实际损失，两公司对此均有过错。根据上述法律规定，餐饮公司应就谢某主张的工伤待遇与人力资源公司承担连带赔偿责任。

◆ 合规指引

第一步：选择适格的劳务派遣供应商

操作说明

根据相关规定，经营劳务派遣业务应当获得行政许可，故用人单位采用劳务派遣用工的，应与取得劳务派遣营业许可证的劳务派遣单位合作。

注意事项

1. 用人单位选择劳务派遣供应商应审查其派遣资质，即是否取得劳务派遣营业许可证，根据法律规定，经营劳务派遣需具备相关条件，包括 200 万元注册资金等。

2. 劳务派遣营业许可证登记的单位名称应与实际签署服务合同的单位相符，避免关联公司混用劳务派遣营业许可证。

3. 考虑到异地劳务派遣应在用工单位所在地参保，故用人单位应优先选择本地的劳务派遣供应商，确保社保缴费在用工单位所在地执行。

相关法规

《中华人民共和国劳动合同法》（2012年12月28日修正）

第五十七条 经营劳务派遣业务应当具备下列条件：

（一）注册资本不得少于人民币二百万元；

（二）有与开展业务相适应的固定的经营场所和设施；

（三）有符合法律、行政法规规定的劳务派遣管理制度；

（四）法律、行政法规规定的其他条件。

经营劳务派遣业务，应当向劳动行政部门依法申请行政许可；经许可的，依法办理相应的公司登记。未经许可，任何单位和个人不得经营劳务派遣业务。

第六十一条 劳务派遣单位跨地区派遣劳动者的，被派遣劳动者享有的劳动报酬和劳动条件，按照用工单位所在地的标准执行。

《劳务派遣暂行规定》（2014年1月24日发布）

第十八条 劳务派遣单位跨地区派遣劳动者的，应当在用工单位所在地为被派遣劳动者参加社会保险，按照用工单位所在地的规定缴纳社会保险费，被派遣劳动者按照国家规定享受社会保险待遇。

第十九条 劳务派遣单位在用工单位所在地设立分支机构的，由分支机构为被派遣劳动者办理参保手续，缴纳社会保险费。

劳务派遣单位未在用工单位所在地设立分支机构的，由用工单位代劳务派遣单位为被派遣劳动者办理参保手续，缴纳社会保险费。

第二步：审核劳务派遣的岗位和比例限制

操作说明

用人单位选择劳务派遣用工，应首先评估是否满足法律规定的岗位限制和比例限制。其中劳务派遣岗位应局限于“临时性、辅助性或替代性”岗位，而劳务派遣的用工比例不能超过用工总数的10%。

注意事项

1. 根据相关规定，究竟哪些岗位属于“辅助性”岗位，一般由用工单位按照法定程序确定。即用工单位决定使用被派遣劳动者的辅助性岗位，应当经职工代表大会或者全体职工讨论，提出方案和意见，与工会或者职工代表平等协商确定，并在用工单位内公示。

2. 劳务派遣10%的比例计算应按照同一用人单位测算，即同一用人单位劳务派遣人数除以用工总量，其中用工总量是指用工单位订立劳动合同人数与使用的被派遣劳动者人数之和。

3. 如果用工单位违反劳务派遣的岗位和比例限制，则属于违法行为，将面临行政处罚的风险，给劳动者造成损害的，还需承担赔偿责任。

相关法规

《劳务派遣暂行规定》（2014年1月24日发布）

第三条 用工单位只能在临时性、辅助性或者替代性的工作岗位上使用被派遣劳动者。

前款规定的临时性工作岗位是指存续时间不超过6个月的岗位；辅助性工作岗位是指为主营业务岗位提供服务的非主营业务岗位；替代性工作岗位是指用工单位的劳动者因脱产学习、休假等原因无法工作的一定期间内，可以由其他劳动者替代工作的岗位。

用工单位决定使用被派遣劳动者的辅助性岗位，应当经职工代表大会或者全体职工讨论，提出方案和意见，与工会或者职工代表平等协商确定，并在用工单位内公示。

第四条 用工单位应当严格控制劳务派遣用工数量，使用的被派遣劳动者数量不得超过其用工总量的10%。

前款所称用工总量是指用工单位订立劳动合同人数与使用的被派遣劳动者人数之和。

计算劳务派遣用工比例的用工单位是指依照劳动合同法和劳动合同法实施条例可以与劳动者订立劳动合同的用人单位。

第三步：与供应商签订劳务派遣协议

操作说明

用工单位采用劳务派遣用工的，应当与劳务派遣单位签订书面劳务派遣协议，劳务派遣协议应当约定派遣岗位和人员数量、派遣期限、劳动报酬和社会保险费的数额与支付方式以及违反协议的责任。

注意事项

1. 用工单位应当先与劳务派遣单位签署派遣协议，之后才能接受劳务派遣用工。

2. 劳务派遣协议应重点关注劳务派遣人员、工资社保费用缴费承担（尤其关注残疾人保障金、欠薪保证金等非常规性收费项目）以及人员退回处理的规则和责任承担。为了避免社保风险，劳务派遣协议应明确约定派遣员工社保缴纳的主体、地域和缴费基数。

3. 用工单位应当确保劳务派遣协议约定的主体与实际支付工资、缴纳社保的主体一致，避免协议主体和实际履行主体分离从而导致争议的情形。

示范文本

劳务派遣协议

甲方（公司）：

法定代表人：

注册地址：

电话：

指定联系人电子邮件：

乙方：

地址：

邮编：

电话：

传真：

指定联系人电子邮件：

根据《民法典》《劳动法》《劳动合同法》等有关法律法规的规定，甲乙双方经友好协商，就人才派遣事宜达成本劳务派遣协议（以下简称本协议）。

第一章　总　　则

第一条　有关名词定义

除本协议另有规定外，本协议中下列名词的含义应依据如下解释。

1.1　劳务派遣：系指乙方按照甲方出具的《派遣员工签约通知书》，依法与员工签订劳动合同或劳务合同或其他用工合同，并将其派往甲方工作且根据本协议约定为甲方提供相应人事服务的行为。

1.2　派遣员工：系指甲方需要使用并书面通知乙方，由乙方依法办理相关用工手续，派遣到甲方的中国公民。

1.3　代收代付费用：系指乙方支付员工全部或部分劳动报酬时，乙方除支付派遣员工工资外，还应根据国家和地方有关法律法规代员工扣缴或支付的费用。一般包括：依法由乙方缴纳和代扣的员工社会保险费用、经济补偿金、医疗补助费等。具体收费范围由甲乙双方以附件形式约定。

1.4　管理费：系指甲方使用乙方员工而应支付给乙方的各种费用的总和（派遣员工工资和代收代付费用除外）。一般包括：甲方就乙方提供本协议所约定的服务而支付给乙方的服务费和按照有关法律规定应由乙方单方承担的各项税费。

1.5　法律：系指中华人民共和国法律、法规、规章、规范性文件等。

第二条　本协议条文、附件和段落的标题仅为方便阅读而使用，并不具有任何法律效力，不应被用于对本协议的解释。

第三条　在履行本合同过程中，甲方有权根据实际情况委托乙方将人员派遣至甲方下属各关联公司（甲方出具关联公司证明）。项目公司享有与本合同项下甲方之同等待遇，各方权利义务仍按照本合同约定执行，并由甲方下属关联公司支付本合同款项至乙方账户，乙方将发票根据甲方指令分别开给甲方下属关联公司。

第二章　派遣事宜

第四条　服务内容及收费标准

甲乙双方根据法律规定，经双方协商后，乙方为甲方提供人才派遣的服务内容及收费标准。

第五条 派遣岗位

甲方在乙方提供服务时应提前向乙方出具《派遣员工签约通知书》，派遣员工签约通知书内容包括员工姓名、工作岗位、派遣期限（即劳动合同期限/其他用工期限）、劳动报酬等，并由甲方盖章确认，《派遣员工签约通知书》为本协议不可分割的附件。

第六条 派遣员工数量

本协议签订时，乙方向甲方派遣员工______人（具体名单详见《派遣员工签约通知书》）。在本协议履行期间派遣员工数量变更的，以实际人员数量为准。

第七条 用工关系和派遣期限

派遣员工与乙方签订劳动合同的，由乙方负责为派遣员工办理录用/退工、档案托管、缴纳当地各项社会保险（养老、医疗、失业、工伤及生育保险等）、住房公积金等服务事项。乙方与派遣员工签订的劳动合同应当在派遣员工入职前提交甲方备案。如乙方未及时签订劳动合同或者在合同期满后未及时续订，导致的损失由乙方自行承担。

根据《劳动合同法》及其他法律法规规定，乙方应与派遣员工订立两年以上的劳动合同。

第八条 派遣员工的劳动条件和劳动保护

甲方应规定派遣员工的工作时间、工作岗位和工作职责，以上内容必须符合《劳动法》《劳动合同法》及其他劳动人事法规的规定，甲方提供的工作岗位应具备必要的劳动条件和劳动保护措施。

第九条 社会保险等其他法定福利

乙方根据国家和派遣员工实际工作地的规定为派遣员工办理并缴纳社会保险、法定福利及法定征缴费用，以上费用甲方有义务及时确认并进行相应调整，通过乙方或乙方在国内异地城市的合作单位或乙方授权的关联单位为派遣员工办理；乙方据此与甲方结算相关费用。

以上费用的缴纳比例和缴费基数均以国家或用工当地法律法规和政策为准。各地的社会保险、法定福利及法定征缴费用的基数与缴费比例等的调整，具体按照各地规定实施。如甲方在《派遣员工签约通知书》中确定的数据或金额低于国家或派遣员工实际工作地法律法规和政策的强制标准，则乙方按强制标准执行。

第十条 派遣员工的退回

10.1 派遣员工有下列情形之一的，甲方可立即将其退回乙方：

(1)《劳动合同法》《劳务派遣暂行规定》规定的可以退回的情形；

(2) 甲乙双方劳务派遣协议提前解除的；

(3) 派遣员工达到法定退休年龄或劳动合同期满不续签的；

(4) 派遣员工书面通知甲方或乙方要求终止派遣关系或劳动关系的；

(5) 甲方、乙方及派遣员工三方协商一致退回的；

(6) 因本派遣协议被认定无效或者派遣员工岗位不符合“三性要求”或比例要求的；

(7) 在甲方愿意承担退回法律风险的情况下向乙方发出明确的退回指示的。

10.2 甲方按照前述第10.1条约定将派遣员工退回至乙方后，甲方可书面通知乙方继续履行/解除派遣员工劳动合同的决定，如继续履行，则应按照法律规定支付退回期间的最低工资。如指示乙方解除劳动合同，则根据相关法律规定确定是否支付经济补偿金。派遣员工如发生仲裁诉讼且因甲方违法退回导致需向派遣员工支付离职赔偿的，由甲方实际承担所产生赔偿费用。但如果乙方拒绝按照甲方的指示接受派遣员工的退回、继续履行合同或解除合同，则所产生的所有争议和费用由乙方自行承担。

10.3 甲乙双方可以协商派遣员工离职的相关费用（含经济补偿金、医疗期补助费、代通知金等）。在协商不一致的情况下，如因乙方过错导致需要向派遣员工支付经济补偿金或赔偿金，由乙方自行承担赔偿责任，因甲方过错导致需要向派遣员工支付经济补偿金或赔偿金的，由甲方自行承担赔偿责任。

第三章 费用及结算

第十一条 费用结算

11.1 甲方按月向乙方支付派遣管理费为每人每月（人民币）100元，（注：以上管理费均已含税），自员工被派遣至甲方之日起，到员工与甲方依法结束派遣劳动关系之日止。

11.2 甲方应按照《用工单位签约情况登记表》中约定的时间节点向乙方提供人员异动清单，并在约定时间前以转账或现金方式将本协议所涉及的总费用汇入乙方指定账户（甲方无正当理由而逾期不付所造成的损失，由甲方承担），乙方或乙方通知在国内异地城市的合作单位或乙方授权的关联单位根据当地政府规定的时间为派遣员工缴纳法定社会保险，任何一方无正当理由而逾期操作所造成的损失由该方承担。

11.3 双方约定：派遣员工的劳动报酬按以下办法发放。

在甲方按时向乙方支付包含派遣员工劳动报酬在内的所有应付费用后，由乙方向派遣员工发放劳动报酬。乙方于每月收到甲方支付款项的次日向派遣员工发放上月的劳动报酬（逢法定节假日可提前）；如遇特殊情况，甲乙双方应提早沟通，务必保证每月按期发放派遣员工的劳动报酬；员工个人应负担的社会保险费、公积金及个人所得税等费用由乙方代为扣缴。经乙方同意，甲方可以直接向派遣员工发放除劳动报酬以外的其他福利费用，该福利费用的标准、发放时间等由甲方自行决定。

11.4 如在协议期内，甲乙双方另行约定代收代付的服务内容和费用的，此代为支付的费用需凭合法的第三方收费凭证并经甲方书面确认后由乙方先行支付，再向甲方收取。

11.5 根据服务内容所协商的甲方应支付给乙方的管理费、代收代付费用按公历月周期与乙方以人民币进行结算。乙方应出具结算单交甲方审核，甲方审核确认后通知乙方开具相应金额的正式发票。

11.6 乙方每次出具的结算单收费项应包括但不限于该月员工工资，补缴上月的社保、公积金，本月的社保、公积金，乙方应收取的管理费及甲乙两方约定的其他应支付费用。乙方开具发票后的1个工作日内需将确认后的结算单以扫描件形式发送给甲方授权的邮件对接人（所有正式通知及文件发送均以此人为准）。原件应在开具发票后2个工作日内寄达甲方，以快递签收时间为准。

11.7 甲、乙双方应按约定的如下时间节点提供考勤、结算单和开具发票，确保结算顺利进行。（逢法定节假日调整以邮件通知为准）

(1) 甲方考勤提交日：每月______日（提交当月实际考勤，结算周期为上月26日至当月25日，如因节假日调整以邮件通知为准）；

(2) 乙方结算单出单日：每月______日；

(3) 甲方结算单确认日：每月______日；

(4) 乙方发票开具日：每月______日；

(5) 甲方最迟付款到账日：每月______日上午；

(6) 乙方最迟发放员工工资日：每月______日下午。

11.8　本协议期限内每逢一个新的社会保险、住房公积金年度，甲方向乙方支付的代收代付费用中有关社会保险费、住房公积金的付费标准，应按照当地政府颁布的社会保险费用、住房公积金调整比例作相应的调整。

11.9　乙方银行账户信息

乙方名称：

乙方开户行：

账　　号：

本协议项下所有费用，双方均以人民币结算。

11.10　因甲方无正当理由延期，未足额支付管理费或未及时足额支付员工劳动报酬等相关费用，导致员工和乙方权益受损时，甲方应承担相应的责任；因乙方原因导致员工和甲方权益受损时，乙方应承担相应责任，具体赔偿金额应由甲乙双方协商解决。

第四章　赔偿或补偿

第十二条　赔偿补偿责任

派遣工作期间，如乙方违反本协议约定给派遣员工合法利益造成损害的，由乙方承担相应责任。如派遣员工向甲方主张权益并经司法判决甲方需承担赔偿责任或连带责任的，或者甲方被行政处罚的，相应的赔偿、罚款等损失由乙方承担。

如派遣员工在甲方工作期间发生患职业病、工伤、因工或非因工伤亡等情况的，甲方应根据《劳动合同法》和其他相关法律法规或政策的规定，全额承担用人单位应付的费用（社保基金应承担的除外），并通过乙方支付给派遣员工或其法定继承人，但乙方应负责社保基金支付部分的理赔，在甲方已支付社保费用的情况下如存在无法理赔或者无法全额理赔的情况，相应的损失由乙方承担；如因派遣员工的合法权益受到甲方侵犯而发生劳动争议或法律诉讼，经劳动争议仲裁委员会、人民法院等机构调解、裁决或判决应给予派遣员工赔偿或补偿，则甲方应根据判决或裁决的结果全额承担该等赔偿或补偿费用，此等赔偿或补偿以及相关费用不受本协议期限限制。

第五章 违约责任

第十三条 一般违约责任

本协议的任何一方违反本协议及相关附件的任何约定，导致另一方遭受任何损失、处罚、索赔的，均应由违约方在守约方提出要求时向守约方作出足额补偿。任何一方依据本协议及其附件的约定承担了其他责任的，并不能免除其作为违约方应承担的本条约定的违约责任。

第十四条 迟延支付派遣员工法定费用的违约责任

甲方或乙方无正当理由延迟向派遣员工支付工资的，应根据国家及地方政府的有关规定向派遣员工加付赔偿金。

甲方延误应支付给乙方的费用，经乙方书面通知后仍未履行导致乙方不能按时向派遣员工履行法定义务（如及时足额支付工资的义务），由此产生的一切责任（包括但不限于任何处罚、索赔、损失或支付赔偿金等）均由甲方全部承担。如因乙方原因导致不能按时向派遣员工履行法定义务（如及时足额支付工资的义务），由此产生的一切责任（包括但不限于任何处罚、索赔、损失或支付赔偿金等）均由乙方全部承担。

如甲方在本协议约定的退回员工条件出现时，不能按照本协议规定向员工或通过乙方向员工支付经济补偿金，甲方除应支付经济补偿金之外，还应根据国家及地方政府的有关规定支付赔偿金。

第十五条 不当解除派遣员工的责任

甲方违反《劳动合同法》《劳务派遣暂行条例》等规定退回派遣员工的，甲方应承担由此产生的责任；派遣使用关系因客观情况无法恢复的，或派遣员工不要求继续履行劳动合同的，甲方应依据法律规定支付赔偿金。

第十六条 协议解除权

任何一方违反本协议的约定，经守约方书面通知后超过 30 日仍未改正的，守约方有权书面通知违约方解除本协议，本协议自书面通知发出之日起即行解除。违约方应承担由此对守约方及派遣员工造成的所有损失。

第六章 附 则

第十七条 协议期限

本协议有效期从　　年　月　日起，到　　年　月　日止。如果甲方所使用的派遣员工与乙方建立的劳动或劳务关系的终止日期超出本协议有效期，则本协议的有效期顺延，顺延期限以本协议项下甲方所使用的派遣员工中用工关系的最晚终止日期为准。

第十八条 甲方单独与派遣员工签订协议

甲方与派遣员工签订商业保密协议、竞业禁止协议或服务期协议的，均须依法订立并自行承担有关的责任。

第十九条 提前解除协议派遣员工的费用责任

任何一方解除或终止本协议，应提前60日书面通知另一方。甲方解除或终止本协议后，甲方使用的员工在劳动合同期内的，之后的员工工资、法定保险、管理费、经济补偿金等所有费用均由主动解除协议方自行承担。

第二十条 法律适用和争议解决

本协议的订立、效力、解释、履行和争议的解决均适用中华人民共和国法律。如双方在本协议执行过程中发生争议，应本着平等互利的原则友好协商，如协商不成，任何一方均可在原告所在地有管辖权的人民法院提起诉讼。

第二十一条 日常工作的沟通方式

为保证甲乙双方合作的实效性，甲乙双方均认可双方联系人通过电子邮件沟通，同时认可电子邮件沟通的法律效力。但甲乙双方联系人应根据实际情况定期出具加盖公章的书面材料，用作文书备案。

第二十二条 保密原则

甲乙双方对本协议的内容，以及在本协议履行过程中获得的对方的信息，均负有保密的义务。除甲乙双方另有约定外，保密信息包括但不限于本协议报价、协议文本、员工的基本信息，以及双方其他业务往来文件。

第七章 其他事宜

第二十三条 在甲方和员工及时提交完整的相关材料后，乙方应准备有关合同，通知员工与乙方及时建立劳动关系或劳务关系或其他用工关系。

第二十四条 如果出现乙方对接人因病、因假或其他原因，未交接或及时对接工作；或员工对乙方服务团队有投诉情况，甲方有权要求更换对接人或服务团队。如果更换后情况仍无改善或未能达到甲方要求，甲方有权要求解除协议。

第二十五条 本协议在履行过程中如发现未尽事宜，应由甲乙双方依法律规定另行订立补充约定作为本协议的附件。

第二十六条 除本协议另有约定外，任何一方需在协议有效期内变更本协议的，均应提前30日以书面形式通知对方。另一方在收到通知后30日内同意变更的，双方就变更条款达成一致并签订书面变更协议。逾期双方仍不能达成一致的，本协议原条款应继续有效，双方必须继续履行。

第二十七条 本协议以及本协议的所有附件，构成甲乙双方之间所达成的完整的协议。本协议或附件任何条款不合法或无效，不应影响本协议和附件任何其他条款的有效性。

第二十八条 本协议一式两份，经甲乙双方授权代表签署后生效，甲乙双方各执一份，具有同等法律效力。

（以下无正文）

甲　　方：	乙　　方：
法定代表人或授权代理人：	法定代表人或授权代理人：
日　　期：	日　　期：
签订地点：	

相关法规

《中华人民共和国劳动合同法》（2012年12月28日修正）

第五十九条 劳务派遣单位派遣劳动者应当与接受以劳务派遣形式用工的单位（以下称用工单位）订立劳务派遣协议。劳务派遣协议应当约定派遣岗位和人员数量、派遣期限、劳动报酬和社会保险费的数额与支付方式以及违反协议的责任。

用工单位应当根据工作岗位的实际需要与劳务派遣单位确定派遣期限，不得将连续用工期限分割订立数个短期劳务派遣协议。

第四步：管控劳务人员的劳动合同和社保缴纳

操作说明

虽然劳务派遣员工与劳务派遣单位签订书面劳动合同，但考虑到用工单位可能承担连带责任，故仍应审查劳务派遣员工是否签订书面劳动合同，劳动合同类型是否合规等，在完成劳动合同审核后方可办理入职手续。

注意事项

1. 根据法律规定，劳务派遣员工应当签订 2 年以上固定期限劳动合同。故在劳务派遣员工进入用工单位经营场所提供劳动之前，用工单位可以要求劳务派遣单位提供书面劳动合同备案。如用工单位不注意审查合同签订情况，极有可能导致员工未与任何一家单位签订书面劳动合同的情形从而产生事实劳动关系风险。

2. 用工单位应当与劳务派遣单位事先确定社保缴费地、缴费主体等以确保完全合规。

3. 考虑劳务派遣用工仍由用工单位行使劳动管理权，故劳务派遣员工入职仍需办理相应的手续，包括要求劳务派遣员工签署用工单位的相关规章制度。

4. 为了更好地界定用工单位和派遣员工的权利义务关系，用工单位也可与员工签署岗位协议等，明确岗位管理的相关事项。

相关法规

《中华人民共和国劳动合同法》（2012 年 12 月 28 日修正）

第五十八条 劳务派遣单位是本法所称用人单位，应当履行用人单位对劳动者的义务。劳务派遣单位与被派遣劳动者订立的劳动合同，除应当载明本法第十七条规定的事项外，还应当载明被派遣劳动者的用工单位以及派遣期限、工作岗位等情况。

劳务派遣单位应当与被派遣劳动者订立二年以上的固定期限劳动合同，按月支付劳动报酬；被派遣劳动者在无工作期间，劳务派遣单位应当按照所在地人民政府规定的最低工资标准，向其按月支付报酬。

第五步：对劳务派遣员工正确行使管理权

操作说明

根据法律规定，劳务派遣员工享有同工同酬的权利，用工单位对劳务派遣员工行使管理权，包括考勤、休假、奖惩、薪酬福利、规章制度适用等一般不得实施歧视性处理。

注意事项

1. 除劳动合同签订、劳动合同解除终止、工资发放和社保公积金缴纳等事项外，劳务派遣员工的其他事项通常由用工单位行使管理权，故用工单位应将涉及员工管理的规章制度告知派遣员工。

2. 用人单位在制定薪酬福利制度时，对劳务派遣员工应同等对待，不得实施歧视性处理，如相同岗位既有直接雇用员工又有劳务派遣员工，则在年终奖发放、高温费发放等问题上应一视同仁。涉及工伤申报的，由劳务派遣单位申报，用工单位予以协助。

3. 涉及劳动合同解除终止的管理权由劳务派遣单位行使，用工单位不得直接向派遣员工发送解除或终止劳动合同通知。

相关法规

《中华人民共和国劳动合同法》（2012 年 12 月 28 日修正）

第六十二条　用工单位应当履行下列义务：

（一）执行国家劳动标准，提供相应的劳动条件和劳动保护；

（二）告知被派遣劳动者的工作要求和劳动报酬；

（三）支付加班费、绩效奖金，提供与工作岗位相关的福利待遇；

（四）对在岗被派遣劳动者进行工作岗位所必需的培训；

（五）连续用工的，实行正常的工资调整机制。

用工单位不得将被派遣劳动者再派遣到其他用人单位。

第六十三条　被派遣劳动者享有与用工单位的劳动者同工同酬的权利。用工单位应当按照同工同酬原则，对被派遣劳动者与本单位同类岗位的劳动者实行相同的劳动报酬分配办法。用工单位无同类岗位劳动者的，参照用工单位所在地相同或者相近岗位劳动者的劳动报酬确定。

劳务派遣单位与被派遣劳动者订立的劳动合同和与用工单位订立的劳务派遣协议，载明或者约定的向被派遣劳动者支付的劳动报酬应当符合前款规定。

《劳务派遣暂行规定》（2014 年 1 月 24 日发布）

第九条　用工单位应当按照劳动合同法第六十二条规定，向被派遣劳动者提供与工作岗位相关的福利待遇，不得歧视被派遣劳动者。

第六步：妥善劳务派遣员工的退回和解雇

操作说明

用工单位需终止特定员工的劳务派遣用工关系的，应按照法律规定执行“退回”并与劳务派遣单位就后续处理进行充分沟通，避免劳动争议。

注意事项

1. 何种情形下用工单位可以退回被派遣劳动者需基于法律的明确规定，目前各地主流司法实践并不支持用工单位与劳务派遣单位“约定”退回条件。

2. 用工单位如需依法执行退回，应同时向派遣劳动者和劳务派遣单位送达退回通知，明确退回的理由和时间，退回的同时可以要求被派遣劳动者办理交接手续。

3. 用工单位执行退回以后，劳务派遣单位常见的操作包括：（1）在无工作期间支付最低工资维持劳动合同关系；（2）改派至其他用工单位提供服务；（3）与派遣员工解除或终止劳动合同关系。

4. 如果被派遣劳动者存在“三期”、工伤等《劳动合同法》第四十二条规定的情形，则用工单位不得以经济性裁员、客观情况发生重大变化等事由执行退回，需待相应情形消失后方可退回。

示范文本 1

退回通知书（致劳务派遣单位）

________公司：

您好，

贵公司派遣至我公司的员工________，因下列原因：

□派遣员工存在《劳动合同法》第三十九条所列的情形，具体为：____；

□存在《劳动合同法》第四十条所列的情形，具体为：______________；

□存在《劳动合同法》第四十一条所列的情形，具体为：____________；

□劳务派遣协议期满终止；

□本单位决定提前解散；

□其他：______________。

按照《劳动合同法》以及劳务派遣协议的相关约定，我司决定自即日起终止其劳务派遣关系并将其退回贵司，请贵司及时通知该员工办理后续事宜。

×××公司（盖章）

年　月　日

示范文本 2

退回通知书（致派遣员工）

______（员工姓名）：

您好，

您经由__________公司派遣至我公司从事______岗位工作，因下列原因：

□您存在《劳动合同法》第三十九条所列的情形，具体为：__________；

□存在《劳动合同法》第四十条所列的情形，具体为：______________；

□存在《劳动合同法》第四十一条所列的情形，具体为：____________；

□劳务派遣协议期满终止；

□本单位决定提前解散；

□其他：______________。

按照《劳动合同法》等相关规定，我司决定于即日与您终止劳务派遣用工关系并将您退回至______公司，请您及时前往______公司报到。

×××公司（盖章）

年　月　日

相关法规

《中华人民共和国劳动合同法》（2012 年 12 月 28 日修正）

第六十五条　被派遣劳动者可以依照本法第三十六条、第三十八条的规定与劳务派遣单位解除劳动合同。

被派遣劳动者有本法第三十九条和第四十条第一项、第二项规定情形的，用工单位可以将劳动者退回劳务派遣单位，劳务派遣单位依照本法有关规定，可以与劳动者解除劳动合同。

《劳务派遣暂行规定》（2014 年 1 月 24 日发布）

第十二条 有下列情形之一的，用工单位可以将被派遣劳动者退回劳务派遣单位：

（一）用工单位有劳动合同法第四十条第三项、第四十一条规定情形的；

（二）用工单位被依法宣告破产、吊销营业执照、责令关闭、撤销、决定提前解散或者经营期限届满不再继续经营的；

（三）劳务派遣协议期满终止的。

被派遣劳动者退回后在无工作期间，劳务派遣单位应当按照不低于所在地人民政府规定的最低工资标准，向其按月支付报酬。

第十三条 被派遣劳动者有劳动合同法第四十二条规定情形的，在派遣期限届满前，用工单位不得依据本规定第十二条第一款第一项规定将被派遣劳动者退回劳务派遣单位；派遣期限届满的，应当延续至相应情形消失时方可退回。

第二节
非全日制用工合规指引

◆ 相关概念

非全日制用工

是指以小时计酬为主，劳动者在同一用人单位一般平均每日工作时间不超过 4 小时，每周工作时间累计不超过 24 小时的用工形式。非全日制的核心特点是劳动者工作时间灵活，但其在正常提供劳动期间仍需接受用人单位管理，用人单位则可以随时终止用工，无需支付经济补偿金。

◆ 典型案例

兼职是否一定为非全日制用工？

吴某于2020年6月1日就职于某教育公司，任晚托班辅导老师，双方未签订劳动合同。教育公司为吴某办理了起止时间分别为2020年6月1日、2021年6月30日的招退工登记备案手续，用工形式为非全日制，并为吴某缴纳了2020年9月至2021年6月期间的上海市社会保险费。经查明，非学生暑假期间，吴某每周一至周五至某小学接五年级学生放学，周六、周日休息。某小学五年级学生周一至周四的放学时间为15：15至15：25，周五的放学时间为14：30至14：40，吴某周一至周五的下班时间均为20：00。暑假的工作时间为每周一至周五9：00至17：00，其间包含午饭时间。吴某离职后申请仲裁，要求教育公司支付未签订书面劳动合同期间的二倍工资5万余元。教育公司则主张，吴某为兼职工作人员，工作时间为每天15：30至20：00，双方之间系非全日制用工劳动关系，故双方无需签订书面劳动合同。

专家分析

非全日制用工，以小时计酬为主，劳动者在同一用人单位一般平均每日工作时间不超过4小时，每周工作时间累计不超过24小时，且劳动报酬结算支付周期最长不得超过15日。本案中，吴某每日平均工作时间已超过4小时，而暑假期间每日工作时间远超4小时。科技公司每月支付吴某一次工资，显然不符合非全日制用工劳动报酬结算支付周期最长不得超过15日的规定。因此，吴某与教育公司之间不符合非全日制用工关系。根据法律规定，建立劳动关系，应当订立书面劳动合同。用人单位自用工之日起超过一个月不满一年未与劳动者订立书面劳动合同的，应当向劳动者每月支付二倍的工资。最终法院判决教育公司应向吴某支付未签订劳动合同的双倍工资51500元。

◆ 合规指引

第一步：签订非全日制劳动合同

操作说明

尽管法律规定非全日制用工可以签订口头合同，但基于审判实践中书面合同对于双方用工方式有明确的证明作用，建议用人单位在采用非全日制用工之初即与员工签订书面劳动合同。

注意事项

1. 与全日制用工于用工之日起一个月内签订书面合同不同，用人单位宜在员工入职前或入职当日与员工签订非全日制劳动合同，最大限度地避免在入职当月产生用工方式界定的争议。

2. 非全日制劳动合同应明确双方权利义务，尤其应约定工作时间、报酬计算方式和支付方式。约定的工作时间不应超过每周 24 小时，报酬宜约定为按小时计算而非按月计算，支付周期约定为 15 日，如按两周支付薪资确有困难，应明确系员工提出按月发放且经公司同意。

3. 非全日制的劳动合同可以约定自动续约条款，比如约定合同到期无异议的，自动续约一年。

示范文本

合同编号：__________

劳 动 合 同

（非全日制从业人员使用）

甲方：	乙方：
公司名称：	姓名：　　　　　　性别：
法定地址：	身份证号码：
营业地址：	户口所在地址：
邮政编码：	居住地址：
法定代表人：	联系电话：

根据《劳动合同法》的规定，甲、乙双方本着平等自愿、协商一致、公

正公平、诚实信用的原则，签订本合同，建立劳动关系，并承诺共同遵守。

第一条　劳动合同期限

1.1 双方同意约定合同期限为从______年______月______日起至______年______月______日止。

第二条　工作内容和工作地点

2.1　乙方同意根据甲方工作需要，完成甲方分配的工作任务。

2.2　甲、乙双方确认工作地点在__________，根据甲方的工作需要，经甲、乙双方协商一致，可以变更工作地点。

2.3　甲方因生产经营需要调整乙方的工作岗位，经甲、乙双方协商一致，可变更本合同。

2.4　乙方应按照甲方制定的岗位职责和要求履行职务，按时、按质、按量完成规定的工作。

第三条　工作时间和休息休假

3.1　甲、乙双方约定工作时间为：每周工作______日，每日工作______小时，累计每周不超过24小时。

3.2　甲方因生产（工作）需要，经与乙方协商后可以延长工作时间，但应当按照法律规定支付延长工作时间的劳动报酬。

第四条　劳动报酬

4.1　甲方按小时计酬，不得低于当地政府规定的最低小时工资标准，为每小时______元，以货币形式支付乙方工资，上述费用已包含乙方可自行缴纳的灵活就业人员社会保险费。

4.2　甲方按______（日/周）支付乙方工资，工资结算支付周期最长不得超过十五日。(经乙方申请、甲方同意，出于结算薪资的便利，甲方可按月向乙方发放工资，上述薪资支付周期调整不改变双方非全日制用工性质)

4.3　甲方无需承担乙方的养老、医疗、失业、生育保险和公积金费用。但甲方应为乙方购买工伤保险。甲方可视情况为乙方同时投保雇主责任险。

第五条　劳动保护、劳动条件和职业危害防护

5.1　甲方应提供安全、卫生的工作环境，并根据工作需要，按国家规定向乙方提供劳动保护工具和保健用品。

5.2　甲方如安排乙方从事接触职业病危害作业的工作，应事先告知乙方，并进行职业危害防范专项培训，采取针对性的劳动防护措施，提供上岗前、在岗和离岗前职业健康检查。

5.3　乙方须遵守甲方制定的作业指导书、操作规程、劳动安全卫生制度，自觉预防事故和职业病的发生。

第六条　劳动合同的变更

6.1　有下列情形之一的，甲、乙双方可以变更本合同的内容，变更后的劳动合同，文本由甲、乙双方各执一份：

6.1.1　双方协商一致同意变更的；

6.1.2　劳动合同订立时所依据的客观情况发生了重大变化，甲、乙双方协商一致同意变更的；

6.1.3　由于不可抗力的因素致使劳动合同无法完全履行的；

6.1.4　劳动合同订立时所依据的法律、法规被废止或修改的；

6.1.5　法律、法规规定的其他情形。

第七条　劳动合同的终止

7.1　甲、乙双方当事人任何一方都可以随时通知对方终止用工。终止用工，甲方不向乙方支付经济补偿。

第八条　特别约定

8.1　乙方可以与一个或者一个以上用人单位订立劳动合同，但是，不得影响本劳动合同的履行。

8.2　乙方应当保守甲方的商业秘密。

8.3　乙方在劳动合同解除或终止后，应当按照诚实信用原则办理工作交接手续。

8.4　乙方确认，甲方已如实告知乙方工作内容、工作条件、工作地点、职业危害、安全生产状况、劳动报酬，以及乙方要求了解的其他情况。

8.5　甲方依法制定的规章制度（包括《员工手册》）作为本合同附件一并执行，乙方确认已充分阅读甲方规章制度并愿意遵照执行。

8.6　乙方确认，甲方有关文书在无法直接送达给乙方的情形下（包括但不限于乙方拒收、下落不明等情形），乙方在本合同中填写的住址为甲方邮寄送达地址。

第九条　劳动争议解决

9.1　因本协议引起的或与本协议有关的任何争议，双方应协商解决。若协商不成的，任何一方可向甲方所在地人民法院起诉。

第十条　劳动合同的生效

10.1　本合同自甲、乙双方签字盖章之日起生效。

10.2　本合同未尽事宜，双方可另协商解决；与今后国家法律、行政法规有关规定相悖的，按有关规定执行。

10.3　本合同一式两份，甲、乙双方各执一份，均具同等法律效力。

甲方（签章）：　　　　　　　　　　　　　乙方（签章）：

年　　月　　日　　　　　　　　　　　　　年　　月　　日

相关法规

《中华人民共和国劳动合同法》（2012年12月28日修正）

第六十八条　非全日制用工，是指以小时计酬为主，劳动者在同一用人单位一般平均每日工作时间不超过四小时，每周工作时间累计不超过二十四小时的用工形式。

第六十九条　非全日制用工双方当事人可以订立口头协议。

从事非全日制用工的劳动者可以与一个或者一个以上用人单位订立劳动合同；但是，后订立的劳动合同不得影响先订立的劳动合同的履行。

第七十条　非全日制用工双方当事人不得约定试用期。

第二步：办理用工登记并交纳工伤保险费

操作说明

非全职用工仍属于劳动关系范畴，用人单位应当在录用后到当地劳动保障行政部门办理录用备案手续，同时根据规定为员工缴纳工伤保险费。

注意事项

1. 用人单位为非全日制员工办理用工登记备案，有助于确定双方的用工关系性质，如因当地政策无法备案的除外。

2. 根据法律规定，用人单位应当为非全日制员工缴纳工伤保险费，其他保险险种可由劳动者自行缴纳，用人单位可与员工约定工资已包含社保费用。

3. 按当地政策确无法实现单独购买工伤保险的，用人单位可购买雇主责任险来降低事故伤害赔偿风险。

表 5-1 非全日制劳动关系与全日制劳动关系主要特征对比

比较项目	非全日制劳动关系	全日制劳动关系
劳动合同	可以订立口头协议	应当签订书面合同
试用期	不得约定	可以约定
工作时间	每周不得超过 24 小时	一般每周不超过 40 小时
工资标准	执行小时最低工资标准	执行月最低工资标准
工资周期	不得超过 15 日	按月发放
社会保险	应当缴纳工伤保险	应当缴纳“五险”
加班费	无	有
年休假	无	有
解约条件	随时解约	根据法定条件方可解约
解约补偿	无	有（视情形）

相关法规

《实施〈中华人民共和国社会保险法〉若干规定》（2011 年 6 月 29 日发布）

第九条 职工（包括非全日制从业人员）在两个或者两个以上用人单位同时就业的，各用人单位应当分别为职工缴纳工伤保险费。职工发生工伤，由职工受到伤害时工作的单位依法承担工伤保险责任。

《劳动和社会保障部关于非全日制用工若干问题的意见》（劳社部发〔2003〕12 号）

一、关于非全日制用工的劳动关系

……

5. 用人单位招用劳动者从事非全日制工作，应当在录用后到当地劳动保障行政部门办理录用备案手续。

……

第三步：依法管理工时、工资和工伤

操作说明

在非全日制用工期间，用人单位仍需履行雇主责任，避免通过加班等方式突破非全日制用工小时上限，工资发放则应满足最低小时工资标准，如发生工伤事故，应依法申报并进行理赔。

注意事项

1. 用人单位采用非全日制用工，应确保每周不得超过 24 小时，用人单位无法通过支付加班费方式来实现工时延长，否则有变成全日制劳动关系的风险。

2. 按照法律规定，工资支付周期不得超过 15 日，实践中大多数公司无法满足该要求，如按月发放工资应与员工充分达成合意并书面确认。

3. 非全日制用工仍属劳动关系范畴，如在工作中发生事故伤害，仍可以正常申报工伤并理赔，相关工伤待遇按照各省市的工伤保险办法执行。

相关法规

《中华人民共和国劳动合同法》（2012 年 12 月 28 日修正）

第七十二条 非全日制用工小时计酬标准不得低于用人单位所在地人民政府规定的最低小时工资标准。

非全日制用工劳动报酬结算支付周期最长不得超过十五日。

第四步：依法终止书面劳动合同

操作说明

用人单位如需终止非全日制用工，可书面通知员工终止劳动合同无需支付经济补偿金，但应控制工作移交的风险。

注意事项

1. 根据法律规定，用人单位可随时终止非全日制劳动合同，但仍应履行通知义务，如通过快递、邮件等送达终止劳动合同通知。

2. 由于双方均可随时终止劳动关系，用人单位应提前规划工作移交手续。

3. 用人单位除依法结算在职期间劳动报酬外，如已办理用工登记备案的，还应完成退工登记备案。

示范文本

终止劳动合同通知书

______（员工姓名）（身份证号码：__________）：

鉴于您曾与公司签订非全日制劳动合同，现公司基于法律规定自即日起终止劳务合同关系：

请您根据合同约定办结工作交接手续，公司将支付您劳动报酬至实际离职之日。您离职以后仍应继续履行劳动合同约定的保密义务，不从事损害公司利益的活动。特此通知。

备注：此通知书通过□面交；□快递；□电子邮件；□手机短信；□微信 任意一种或多种方式同步送达，以最先收到的为准。

×××公司（盖章）

年 月 日

相关法规

《中华人民共和国劳动合同法》（2012 年 12 月 28 日修正）

第七十一条 非全日制用工双方当事人任何一方都可以随时通知对方终止用工。终止用工，用人单位不向劳动者支付经济补偿。

第三节
劳务外包合规指引

◆ 相关概念

1. 劳务外包

是指企业将其部分业务或职能工作发包给相关机构，由该机构自行安排人员按照发包企业的要求完成相应的业务或工作。在标准的业务外包下，发包单位与承包单位之间系基于契约的民事关系，与实际提供承揽服务的自然人建立用工关系的单位是外包单位，发包单位与劳动者之间没有建立用工关系，不行使劳动管理控制权。实践中，涉及派遣用工与外包的区分问题时，需结合规章制度的适用、用人单位所行使指挥管理权的强弱程度，以及经营范围、开具发票类型等因素综合作出判断。

2. 人力资源服务外包

又称“人事代理”，是指用人单位将部分人力资源事务委托第三方代为办理的情形，如代为办理劳动用工登记、社会保险缴费手续等。虽然人事代理的费用也可能体现为类似劳务派遣管理费的按月收取，但劳动者与用人单位的劳动关系与实际用工并未分离。根据《人力资源市场暂行条例》第三十条的规定，经营性人力资源服务机构接受用人单位委托提供人力资源服务外包的，不得改变用人单位与个人的劳动关系，不得与用人单位串通侵害个人的合法权益。

◆ 典型案例

外包用工是否存在事实劳动关系风险？

2020 年 7 月 8 日，某保洁公司与某物业管理公司签订《清洁服务承包合同（含消杀）》，约定甲方即物业公司将招商公园等一切公共区域的日常清洁、循环保洁、定期清洗、拖洗等工作承包给乙方，承包期限自 2020 年 6 月 28 日至 2021 年 6 月 27 日。乙方应为其派到甲方的工作人员办理合法的劳动用工手续，必须与其所有员工签订劳动合同，为员工购买社会保险，发放劳动保护费用。2021 年 6 月 4 日下午，张某前往物业公司面试。6 月 6 日早 8 时许，张某身着物业公司工装，出现在小区内人行道旁，手持园林绿化水管约半分钟后蹲下，后物业公司两名工作人员从张某身旁走过，约一分钟后张某站起并手扶人行道旁的路灯杆，随即向后倒地不起。当日 8：50，急救车到达现场并进行抢救。10 时许，张某被送至医院，因抢救无效，于当日 14：31 被宣布临床死亡。后张某近亲属提起仲裁，要求确认与物业公司存在事实劳动关系。物业公司则认为相关业务已外包给保洁公司，与张某不存在劳动关系。

专家分析

本案中虽然物业公司与保洁公司签订了服务承包合同，但张某并未与任何一方签订劳动合同，根据查明事实，张某实际到物业公司进行面试并通过，之后于2021年6月6日在物业公司经营场所提供劳动，其提供的劳动属于物业公司的业务组成部分，可以认定张某与物业公司已建立事实劳动关系，物业公司主张系保洁公司的服务外包人员，但并未提供相关证据加以证明，最终法院判决物业公司败诉。

◆ 合规指引

第一步：选择适格的供应商

操作说明

劳务外包涉及第三方，用人单位需确定合格的服务供应商，确保供应商的经营范围与实际提供的服务相符。

注意事项

1. 通常，用人单位选择劳务外包服务供应商，因审查其经营方位与所提供的服务是否一致，比如提供保安保洁服务，则其营业执照登记的经营方应有相应的记载。

2. 目前人力资源公司提供服务外包业务的并不少见，一些人力资源公司既经营劳务派遣业务又经营劳务外包业务，但实际并未安排人员管理服务外包人员，该等劳务外包较容易认定为“真派遣、假外包”。用人单位应首选非人力资源公司作为服务供应商。

3. 考虑到外包服务人员可能在用人单位经营场所提供劳动，故从依法维护外包服务人员社保利益角度考虑，用人单位应选择本地供应商以确保社保缴费在本地。

4. 用人单位不得选择个人作为服务供应商，否则作为承包方的自然人再行招募雇员发生事故伤害的，用人单位需承担工伤赔偿责任。

相关法规

《劳务派遣暂行规定》（2014年1月24日发布）

第二十七条 用人单位以承揽、外包等名义，按劳务派遣用工形式使用劳动者的，按照本规定处理。

《人力资源市场暂行条例》（2018年6月29日发布）

第三十条 经营性人力资源服务机构接受用人单位委托提供人力资源服务外包的，不得改变用人单位与个人的劳动关系，不得与用人单位串通侵害个人的合法权益。

《财政部、国家税务总局关于进一步明确全面推开营改增试点有关劳务派遣服务、收费公路通行费抵扣等政策的通知》（财税〔2016〕47号）

三、其他政策

（一）纳税人提供人力资源外包服务，按照经纪代理服务缴纳增值税，其销售额不包括受客户单位委托代为向客户单位员工发放的工资和代理缴纳的社会保险、住房公积金。向委托方收取并代为发放的工资和代理缴纳的社会保险、住房公积金，不得开具增值税专用发票，可以开具普通发票。

一般纳税人提供人力资源外包服务，可以选择适用简易计税方法，按照5%的征收率计算缴纳增值税。

《最高人民法院关于审理工伤保险行政案件若干问题的规定》（法释〔2014〕9号）

第三条 社会保险行政部门认定下列单位为承担工伤保险责任单位的，人民法院应予支持：

……

（四）用工单位违反法律、法规规定将承包业务转包给不具备用工主体资格的组织或者自然人，该组织或者自然人聘用的职工从事承包业务时因工伤亡的，用工单位为承担工伤保险责任的单位；

（五）个人挂靠其他单位对外经营，其聘用的人员因工伤亡的，被挂靠单位为承担工伤保险责任的单位。

前款第（四）、（五）项明确的承担工伤保险责任的单位承担赔偿责任或者社会保险经办机构从工伤保险基金支付工伤保险待遇后，有权向相关组织、单位和个人追偿。

第二步：签订外包服务合同

操作说明

用人单位接受第三方提供服务，应当在接受服务之前签订书面服务合同，明确各项权利义务，特别是关于服务人员的雇主责任。

注意事项

1. 用人单位应极力避免在未签署服务合同的前提下接受第三方提供服务，此时不仅容易导致两公司之间的服务合同纠纷，更可能导致服务人员与用人单位之间产生事实劳动关系争议。

2. 为避免争议，用人单位与供应商应当明确约定服务内容、服务时间、服务人员的具体名单以及相应的雇主责任（包括合同签订、工资发放、社保缴纳、离职补偿等）。

3. 外包服务合同应当避免体现用人单位可以对供应商安排的服务人员进行直接劳动管理的条款，否则可能导致“假外包、真派遣”的风险。

示范文本

服务外包合同

甲方：

乙方：

甲乙双方就服务外包事宜，根据《民法典》等有关法律法规，本着诚实信用、平等互利原则，经过友好协商达成本协议，双方承诺共同遵守本协议所列条款。

一、服务外包释义

1. 本协议所指的“服务外包”是指，甲方将部分××服务委托乙方来提供，乙方员工依据甲方的服务质量要求及培训的操作要求提供标准服务，并且甲方按月向乙方支付外包服务费。

2. 《服务确认书》为本协议附件之一，是本协议重要组成部分，系双方明确每项具体服务的期限、地点、内容、要求、人员部署等其他相关事项。

3. 双方可就甲方委托的外包服务的具体内容、服务流程、服务要求签署《服务确认书》，乙方提供的外包服务以双方签署的《服务确认书》约定的内容、要求为准。

二、协议期限

本协议期限自______年______月______日起，至______年______月______日止，本协议到期前35日，双方应就续签事宜进行协商，如未达成一致的，本协议到期即告终止；若期限届满时，本协议项下仍有多份《服务确认书》尚未到期并在实际履行中，则本协议顺延至最后一份《服务确认书》履行完毕。

三、甲方权利义务

1. 甲方有权要求乙方提供在本协议约定的服务范围和服务质量的外包服务，并根据《服务确认书》对服务结果进行监督检查。

2. 甲方应为乙方提供必要的服务所需的工作场所、办公用品、工作设施、技术支持与服务指导，并配合乙方履行职责。

3. 甲方应当按照本协议约定及时、足额支付乙方各项费用。

4. 甲方保证对乙方服务人员的个人信息（包括但不限于姓名、性别、电话、地址、电子邮箱、身份证号码、社保公积金账号）予以保密，不用于履行本协议之外的目的。

5. 如因乙方过错造成生产安全隐患、经营场所秩序混乱、严重违反《服务确认书》约定的服务质量标准，甲方有权书面通知乙方纠正，或自行采取补救措施；造成甲方损失的，乙方应予以赔偿。乙方纠正弥补后书面通知甲方。

6. 甲方应配合乙方加强对现场服务人员的日常管理，并保证乙方服务人员所执行的业务流程、操作规范、监督以及风险防控机制等均已获得提前告知和培训。

7. 甲方至少委派一名负责人与乙方委托的管理人员进行对接，根据本协议的约定就乙方现场服务人员完成工作任务情况进行审核和确认。

8. 乙方提供的服务仅限于约定的服务内容，甲方保证工作场所和安全卫生条件符合法律规定，否则由此给乙方服务人员或者其他第三方造成损害的，均由甲方承担相应责任。

9. 甲方有权在乙方外包岗位期限届满后聘用该外包岗位的服务人员，且无需向乙方支付招聘服务费。如甲方在乙方外包岗位期限内聘用该外包岗位的工作人员或通过第三方使用该外包岗位的工作人员，甲方需要向乙方支付该外包岗位两个月的服务费总额作为乙方的招聘服务费，同时因甲方直接聘用乙方服务人员而导致乙方延迟或无法完成本合同项下服务的，乙方不承担违约责任。

四、乙方权利义务

1. 乙方应具备履行本服务协议相应的经营资质，并将相关资质的复印件交甲方备案。

2. 乙方承诺与服务人员依法建立劳动关系、签署劳动合同，保证服务人员享有不低于法定且符合本协议约定的薪资报酬，承担劳动法项下用人单位基本义务。如乙方违反法定或约定义务给服务人员造成任何权利侵害的，由乙方自行承担相关责任，如乙方服务人员同时向甲方主张权益且相关裁决或判决判定甲方应承担责任或连带责任的，相关赔偿责任由乙方实际承担。

3. 乙方为独立服务承包商，乙方保证其服务人员与甲方不构成任何劳动关系。

4. 乙方应根据本协议及附件的服务要求，对其服务人员进行劳动过程管理，包括向服务人员安排工作任务，对任务完成情况进行考核，并有权对考核不合格的人员进行调岗和换员。

5. 乙方服务人员发生工伤意外的，由乙方按照相关法律规定为其申请、办理工伤理赔手续。甲方在此工伤意外中存在过错的，乙方有权要求甲方按其过错程度承担责任。

6. 乙方有权要求甲方依据本合同规定保障乙方服务外包人员的合法权益，若发现甲方有侵害乙方服务外包人员合法权益的行为，乙方可以提出书面意见和要求。甲方应在收到乙方的书面意见后十个工作日内以书面形式回复乙方。

7. 乙方委派至少一位负责人对所有乙方服务人员进行管理，负责教育、督促乙方服务外包人员在为甲方提供服务期间按《服务确认书》确定的标准服务要求及培训操作要求完成相应服务工作，服从甲方完成业务所需的标准服务要求，接受甲方的检查和纠正意见。

8. 乙方应为其服务人员缴纳社保及购买合适的商业保险。乙方服务人员在提供服务中非因甲方原因给自己或乙方或甲方或任何第三方造成损害的，均由乙方负责及时处理及承担责任。若乙方在甲方书面通知后仍未能及时处理，造成甲方损失的，甲方有权立即解除本协议，并要求乙方赔偿损失。

五、双方管理权限

1. 乙方通过相关流程对其服务人员履行如下直接用工管理：

（1）服务流程监管，包括服务标准监管、服务报告管理；

（2）现场紧急处置，包括违规操作纠正、过错员工教育；

（3）临时任务指令，包括紧急任务安排、外包衍生任务安排；

（4）劳动合同管理，包括劳动合同签订、续签、变更、解除、终止、纠纷处理；

（5）员工关系管理，包括履行劳动用工登记、劳动纪律管理、转接社保公积金及人事档案等；

（6）薪酬福利管理，包括依法支付薪资，缴纳社会保险、住房公积金及其他各项福利保障；

（7）其他双方约定的由用人单位行使的管理职责或服务要求。

2. 甲方可以对本协议第××条乙方管理权限的第××项内容提出改进意见，乙方应当接受；甲方可以通过乙方的管理人员对服务人员履行间接管理，以满足甲方的业务需求。

3. 乙方对所提供的服务事项行使必要的管理权限，该权限的行使不得违背甲方商业利益，且不得有违甲方对完成本协议服务事项的基本要求。管理权限除前述条款约定外还包括但不限于：服务人员选定、工作安排，绩效考核以及服务项目评估及验收。因服务需要，双方同意在为保证服务质量、现场流程控制的前提下，甲方有权在乙方不履行或者不按要求履行管理职责时直接行使对本条前述的相关管理权限，具体操作由双方协商确认。

六、服务费约定

1. 服务费标准

（1）根据本协议约定，甲方应当向乙方支付外包服务费，数额为甲方每月业务额的20%，具体以双方每月确认的《付款通知单及缴费明细单》为准，该费用均为含税价。

（2）由于法律政策等客观原因导致乙方服务成本增加的，乙方应及时告知甲方，可相应调整项目费用标准，双方应就调价事宜进行确认，并按照双方重新确认的服务费标准履行本协议。

2. 支付流程

（1）依据双方约定的操作流程，乙方于每月17日制作当月（每月×日至×日）的《付款通知单及缴费明细单》交付甲方，甲方收到《付款通知单及缴费明细单》后，于3个工作日内确认（逾期未确认的，视为无异议），并应于次月9日付款。乙方于次月10日向服务人员足额发放薪资。

（2）甲方不得向服务人员直接支付任何形式的报酬。如甲方违反上述约定，应向乙方支付与该报酬等额的违约金。

（3）甲方若收到乙方服务人员投诉乙方未能及时向其发放薪资或缴纳社会保险费，有权书面通知乙方整改，乙方拒绝整改或延期超过1个月整改的，甲方有权立即解除本协议，并扣除逾期发放薪资/社保总额的20%作为违约金。因乙方未能及时发放薪资导致其服务人员消极怠工或产生纠纷造成甲方损失的，乙方应赔偿甲方一切损失。

3. 乙方在收到甲方应付费用后2个工作日内按甲方付款数额开具符合国家法律法规和标准的增值税（□专用　□普通）发票。甲方的预付款由乙方开具收据。

4. 因国家税务政策变更或限制而需要合理调整开票种类、形式等内容的，甲乙双方应另行协商确认开票方式。

5. 甲方因纳税人信息变动需调整相应开票信息的，需提前10个工作日以书面形式通知乙方。如甲方未能按本协议约定提供完整、准确、有效的信息或未能及时通知而产生的任何损失由甲方承担。

6. 甲方的增值税开票信息如下：

公司名称：

地址：

电话：

账号：

开户行：

纳税人识别号：

7. 乙方指定的结算账户资料如下：

户　　名：

银行账号：

开户银行：

七、协议变更、解除

1. 甲乙双方协商一致，可以变更本协议及附件相关约定或直接解除本协议；本协议的变更、解除应以书面形式约定。

2. 除本协议另有约定之外，任何一方欲提前解除本协议的，应当提前35日书面通知对方；未能提前通知的，甲方应当在书面通知后继续支付35日的服务费，乙方应当继续提供35日的服务，以上责任不影响导致协议解除的违约方承担相应的赔偿责任。

3. 本协议中基于自身性质具有持续效力的条款在本协议解除后仍然有效。

八、违约责任

1. 任何一方违反或擅自变更本合同的约定，应当承担由此给对方造成的经济损失和相关责任。

2. 甲方逾期支付服务费的，乙方可要求甲方每日按应付款项的5‰支付违约金，违约金上限为甲方未付款部分的20%。经乙方催告后，甲方仍未支付上述服务费用的，除按本条约定支付违约金外，乙方有权单方解除本协议。

3. 协议期内任何一方有违法或违反本协议约定的行为，损害另一方或服务人员利益的，遭受损害方有权单方面解除本协议，解除通知自到达对方时生效。同时受损方有权要求另一方承担违约责任，赔偿受损方全部损失，包括受损方因维权而产生的诉讼案件受理费、律师费、评估费、鉴定费、保全费等。

九、其他约定

1. 甲乙双方各自的商业秘密及与知识产权相关的保密事项，均属于各自的财产和权利。甲乙双方保证对在服务期间接触到的（包括服务人员接触到的）对方的商业秘密及与知识产权相关的保密事项负有保密义务。在服务期间及之后，未经书面授权，不得以泄露、告知、公布、发布、出版、传授、转让或者其他任何方式使任何第三方知悉属于对方的秘密信息。

2. 甲乙双方确认，在服务提供过程中，乙方经甲方同意，可以使用甲方的商标、企业名称及相关标志。同时乙方仅为本协议目的，以符合本协议约定的方式使用甲方的商标、企业名称及相关标志。

3. 本协议以及本协议履行过程中与之相关的一切文件，包括但不限于合同的草稿、附件、报价、往来传真信函等，均为甲、乙双方之商业秘密，任何一方均不得以任何形式向第三方泄露，否则应承担相应法律责任。

十、附则

1. 本协议发生纠纷时，甲乙双方应协商解决，协商不成时，任何一方应向原告所在地人民法院提起诉讼，诉讼费用由过错方承担。

2. 协议首部约定的地址、电话、联系人和电子邮件地址等为双方指定的有效联系方式，任何从其发出或接收到的信息均视为获得了充分的授权和认可。

3. 协议首部约定的地址、电话、联系人、电子邮箱地址等作为双方履行协议、解决协议争议时接收其他方商业文件信函或司法机关（法院、仲裁机构等）诉讼、仲裁文书送达的通讯地址和联系方式。

4. 双方之间的任何通知及通讯应通过传真、专人派送、快递、挂号信或电子邮件方式送达协议首部约定的地址和联系人，双方变更以上信息均应提前 10 个工作日告知对方，否则由此产生的不利后果均由信息变更方承担。

5. 双方承诺：协议首部确定的通讯地址、联系方式真实有效，因己方提供或确认的通讯地址或联系方式不准确，或通讯地址变更后未及时告知对方、司法机关或当事人和指定接收人拒签等原因，导致诉讼文书未能被当事人实际接收的，邮寄送达以文书退回之日视为送达之日；直接送达以送达人当场在送达回证上记明情况之日视为送达之日。

6. 本协议一式二份，甲乙双方各执一份，具有同等法律效力。

（以下无正文）

甲方（签字或盖章）： 乙方（签字或盖章）：

日期： 日期：

相关法规

《中华人民共和国民法典》（2020 年 5 月 28 日发布）

第七百七十条 承揽合同是承揽人按照定作人的要求完成工作，交付工作成果，定作人支付报酬的合同。

承揽包括加工、定作、修理、复制、测试、检验等工作。

第七百七十一条 承揽合同的内容一般包括承揽的标的、数量、质量、报酬，承揽方式，材料的提供，履行期限，验收标准和方法等条款。

第三步：审查服务外包人员的合同关系，执行实名制登记管理

操作说明

服务外包合同签订以后，如供应商选派指定人员进入用人单位经营场所提供服务，应当审查该人员的用工状态，确定与供应商建立了合法的雇佣关系并做好相应的实名登记。

注意事项

1. 由于服务人员作为自然人在用人单位经营场所提供服务，如该服务人员未与供应商签订劳动合同，则极容易产生事实劳动关系争议。故而用人单位应当严格审查供应商选派人员的合同关系，包括可以要求供应商提供指定服务人员已签署的劳动合同。

2. 在服务外包人员实际进入用人单位经营场所前，用人单位可以执行必要的检查和确认，如制作供应商员工名册，要求外包人员自行签署确认其实际雇主，签订劳动合同情况等。

3. 实践中可能存在供应商通过灵活用工方式（如退休返聘、兼职等）提供服务人员的情况，此时应进一步确认具体用工方式并提交相关的用工合同作为证据。通常供应商再通过第三方用工（如劳务派遣、外包）来完成劳动力选配存在较大的复杂性，也给用人单位带来较大风险。

示范文本

供应商员工名册登记表

姓名：

身份证号码：

用人单位名称：

劳动合同期限：

本人确认系通过××公司安排至×××公司提供服务的人员，本人确认系××公司员工，与×××公司不存在劳动关系。

员工签名：

日期：

相关法规

《中华人民共和国民法典》（2020 年 5 月 28 日发布）

第七百七十二条　承揽人应当以自己的设备、技术和劳力，完成主要工作，但是当事人另有约定的除外。

承揽人将其承揽的主要工作交由第三人完成的，应当就该第三人完成的工作成果向定作人负责；未经定作人同意的，定作人也可以解除合同。

第四步：避免劳动管理越界

操作说明

在服务外包合同的履行过程中，一般由供应商对所选派的服务人员行使劳动管理权，而发包方则应避免越界管理，如直接行使考勤、考核、奖惩等属于用人单位的权利。

注意事项

1. 劳务外包与劳务派遣最大的区别在于劳动管理权的行使，如发包方对服务人员行使直接劳动管理权，则符合劳务派遣用工特点，在服务人员权益被侵害时，发包方将作为“用工单位”承担连带责任。

2. 劳动管理主要包括入职管理、考勤、休假、奖惩、规章制度约束、工作布置等。用人单位采用劳务外包用工，则应由供应商安排特定管理人员执行现场管理。

3. 如发包方对服务不满意，其应向供应商提出意见和建议，而非直接对服务人员作出管理指令。在司法实践中，一些涉及要求供应商员工履行保密义务、遵守现场安全秩序等一般不视为劳动管理范畴，不影响服务外包的性质。

相关法规

《长三角地区劳务派遣合规用工指引》（苏人社发〔2022〕89 号）

一、用工单位

……

（三）正确区分劳务派遣和劳务外包

……

劳务外包是指用人单位（发包单位）将业务发包给承包单位，由承包单位自行安排人员按照用人单位（发包单位）要求完成相应的业务或工作内容的用工形式。主要特征：发包单位与承包单位基于外包合同形成民事上的契约关系；发包单位和承包单位约定将发包单位一定工作交付给承包单位完成，由发包单位支付承包单位一定的费用；承包单位与所雇用的劳动者建立劳动关系并对劳动者进行管理和支配；发包单位不能直接管理与支配承包单位的劳动者。

劳务派遣与劳务外包的主要区别：

1. 主体方面：经营劳务派遣业务需要一定的资质，应取得《劳务派遣经营许可证》后方可经营劳务派遣业务；在劳务外包关系中，外包的项目不涉及国家规定的特许内容，无需办理行政许可，没有特别的资质要求。

2. 岗位要求方面：劳务派遣用工只能在临时性、辅助性或者替代性岗位上实施；劳务外包对岗位没有特殊限定和要求。

3. 法律关系方面：劳务派遣涉及三方关系，劳务派遣单位与用工单位之间的劳务派遣合同关系，劳务派遣单位与被派遣劳动者之间的劳动合同关系，用工单位与被派遣劳动者之间的实际用工关系；劳务外包涉及两方关系，发包单位与承包单位之间的合同关系，承包单位与劳动者的劳动合同关系。

4. 支配与管理方面：用工单位直接对被派遣劳动者日常劳动进行指挥管理，被派遣劳动者受用工单位的规章制度管理；劳务外包的发包单位不参与对劳动者指挥管理，由承包单位直接对劳动者进行指挥管理。

5. 工作成果衡量标准方面：在劳务派遣中，用工单位根据劳务派遣单位派遣的劳动者数量、工作内容和时间等与被派遣劳动者直接相关的要素，向劳务派遣单位支付服务费；在劳务外包关系中，发包单位根据外包业务的完成情况向承包单位支付外包费用，与承包单位使用的劳动者数量、工作时间等没有直接关系。

6. 法律适用方面：劳务派遣主要适用《中华人民共和国劳动合同法》《劳务派遣行政许可实施办法》《劳务派遣暂行规定》；劳务外包主要适用《中华人民共和国民法典》。

重点提示：

1. 用工单位在劳务外包时，应注意劳务外包与劳务派遣的区别，避免出现名为劳务外包实为劳务派遣的情形。比如企业将其业务发包给其他单位，但承包单位的劳动者接受企业的指挥管理、按照企业的安排提供劳动，或者以企业的名义提供劳动等，可能会被认定为劳务派遣而非劳务外包。

2. 发包单位应履行相关社会责任，选择具备合法经营资质、信誉良好的外包单位，并督促外包单位落实劳动者权益保障责任，严格执行劳动保障法律法规，依法依规用工，与建立劳动关系的劳动者签订劳动合同，参加社会保险，缴纳社会保险费。

3. 外包单位违规用工，损害劳动者权益的，根据发包单位与外包单位之间具体法律关系，依法确定两个单位应当承担的法律责任。

第五步：妥善处理人员退回等争议

操作说明

在服务外包合同的履行过程中，用人单位应谨慎处理有关服务人员的退回等问题，积极督促供应商履行雇主责任，最大限度避免争议。

注意事项

1. 尽管劳务外包中的服务人员系与供应商签订劳动合同并由供应商承担雇主责任，但若供应商怠于履行法定义务，则服务人员也可能将“矛头”指向发包方进行维权，此亦可能引发集体争议。故用人单位应在日常经营过程中积极督促供应商履行雇主责任，如要求提交为服务人员缴纳社保的凭证，定期进行合规审计等。

2. 在建设工程等领域，根据《保障农民工工资支付条例》等相关规定，如发生农民工欠薪等事件且外包供应商未履行支付义务，则应由发包方承担垫付责任。

3. 用人单位需要撤回部分服务外包人员的，应直接向供应商提出撤回建议，而非直接向服务人员发送解除通知书。

相关法规

《保障农民工工资支付条例》（2019 年 12 月 30 日发布）

第二十六条 施工总承包单位应当按照有关规定开设农民工工资专用账户，专项用于支付该工程建设项目农民工工资。

开设、使用农民工工资专用账户有关资料应当由施工总承包单位妥善保存备查。

第二十八条 施工总承包单位或者分包单位应当依法与所招用的农民工订立劳动合同并进行用工实名登记，具备条件的行业应当通过相应的管理服务信息平台进行用工实名登记、管理。未与施工总承包单位或者分包单位订立劳动合同并进行用工实名登记的人员，不得进入项目现场施工。

施工总承包单位应当在工程项目部配备劳资专管员，对分包单位劳动用工实施监督管理，掌握施工现场用工、考勤、工资支付等情况，审核分包单位编制的农民工工资支付表，分包单位应当予以配合。

施工总承包单位、分包单位应当建立用工管理台账，并保存至工程完工且工资全部结清后至少 3 年。

第五十六条 有下列情形之一的，由人力资源社会保障行政部门、相关行业工程建设主管部门按照职责责令限期改正；逾期不改正的，处 5 万元以上 10 万元以下的罚款：

……

（二）施工总承包单位未对分包单位劳动用工实施监督管理；

……

第四节
实习用工合规指引

◆ 相关概念

1. 勤工助学

是指学生在学校的组织下利用课余时间，通过劳动取得合法报酬，用于改善学习和生活条件的实践活动。学生在学校的组织下前往用人单位勤工助学，不视为就业，不建立劳动关系。[①]。如果在校学生未经学校同意或批准，擅自在用人单位以实习名义兼职，则不属于勤工助学范畴，如符合劳动关系特征，可依法认定劳动关系[②]。

2. 职业学校学生实习

是指实施全日制学历教育的中职学校、高职专科学校、高职本科学校学生按照专业培养目标要求和人才培养方案安排，由职业学校安排或者经职业学校批准自行到企（事）业等单位进行职业道德和技术技能培养的实践性教

---

① 《劳动部关于贯彻执行〈中华人民共和国劳动法〉若干问题的意见》（劳部发〔1995〕309号）第12条规定："在校生利用业余时间勤工助学，不视为就业，未建立劳动关系，可以不签订劳动合同。"

② 如《北京市高级人民法院、北京市劳动争议仲裁委员会关于劳动争议案件法律适用问题研讨会会议纪要（二）》（2014年5月7日）第二十三条规定："在校学生在用人单位进行实习，是否应认定劳动关系？在校学生在用人单位进行实习，应当根据具体事实进行判断，对完成学校的社会实习安排或自行从事社会实践活动的实习，不认定劳动关系。但用人单位与在校学生之间名为实习，实为劳动关系的除外。"《江苏省高级人民法院行政审判庭工伤认定行政案件审理指南（2011年）》规定："……但实践中也不能一概而论，应根据不同情况，区分处理。如果名义上是实习，实际上实习者所从事的劳动已经成为用人单位用工的组成部分，其与其他工人在对用人单位的贡献上已经没有多大的区别，特别是所谓的'实习生'已与用人单位签订劳动合同时，此时的实习已经构成劳动关系，符合工伤认定的条件。由用人单位承担工伤保险补偿责任也无可厚非。"

育教学活动，包括认识实习和岗位实习。职业学校学生实习，用人单位仍需遵守部分劳动标准，包括不得安排加班等。

◆ 典型案例

实习是否一定是劳务关系？

李某自2020年10月27日至某贸易公司工作，职务门店销售，双方未签订书面劳动合同，入职时李某年满20周岁。2021年5月16日，贸易公司向李某出具入职证明一份，内容为："兹证明李某于2020年10月27日入职我单位，工作岗位为销售，每月收入不低于人民币3800元。"在职期间，李某正常接受贸易公司的考勤管理，贸易公司则正常按月发放劳动报酬。2021年5月20日，李某以贸易公司不签订书面劳动合同、不按时足额发放工资及加班工资、不缴纳社保为由书面提出辞职，之后未再上班。后李某要求贸易公司补发加班工资、未签劳动合同期间的二倍工资及经济补偿金等。贸易公司则主张双方系实习关系，不存在劳动关系。经查，李某自2018年9月至2021年6月在某职业技术学院会计专业三年制专科学习。

专家分析

本案中，李某于2020年10月向贸易公司填写员工登记表时虽尚未大学毕业，但已年满18周岁，达到法定就业年龄，是适格的劳动者。嗣后，李某一直在贸易公司工作，受贸易公司的管理，并领取劳动报酬，双方已建立劳动关系。且贸易公司亦未提供证据证明李某持学校实习介绍信或由学校统一安排学生实习，双方也未就实习关系达成任何协议，故贸易公司应当与李某订立书面劳动合同而未订立，应向李某支付二倍工资的差额。李某以贸易公司未为其缴纳社会保险提出离职，要求贸易公司支付经济补偿金，符合法律规定。最终法院判决贸易公司败诉。

◆ 合规指引

第一步：审核在校学生身份确定实习性质

操作说明

用人单位招聘在校学生实习，应审核学生身份并确定实习性质，究竟是学校安排的勤工助学、职业学校安排的实习还是自主招募大学生提供劳动，如系所在学校安排的勤工助学或职业学校实习，则一般不认定劳动关系，如系在校学生自主求职，则可能存在认定劳动关系的风险。

注意事项

1. 用人单位使用在校学生，应确保学生已满 18 周岁，如系已满 16 周岁的未成年人实习，需征得父母的知情同意。用人单位不得安排未满 16 周岁的在校学生进行跟岗实习活动。

2. 用人单位应审查在校学生的身份状态，确定其是否系全日制学校在读，可以要求在校学生提供相关证件予以查验。

3. 用人单位可要求在校学生提供学校同意实习的证明、介绍信等，明确实习系社会实践组成部分，而非以获得劳动报酬为收入来源的活动。

相关法规

《高等学校勤工助学管理办法（2018 年修订）》（教财〔2018〕12 号）

第四条 本办法所称勤工助学活动是指学生在学校的组织下利用课余时间，通过劳动取得合法报酬，用于改善学习和生活条件的实践活动。

第六条 勤工助学活动由学校统一组织和管理。学生私自在校外兼职的行为，不在本办法规定之列。

第二步：与实习生签订书面实习协议

操作说明

无论何种性质的实习，用人单位均应与在校学生签署书面协议，明确实习活动性质、工作时间、劳动报酬等内容，如系职业学校安排实习，还应按照相关规定依法签署《三方实习协议》。

注意事项

1. 用人单位应在聘雇实习生之前先行签署书面实习协议，实习协议应明确双方法律关系的性质以及各方权利义务。

2. 如系职业学校实习，用人单位一般应与职业学校、在校学生本人共同签署《三方实习协议》。

3. 用人单位如系使用外籍实习生，还应向公安机关报告，外籍实习生应前往出入境管理部门办理实习签注手续。

示范文本

职业学校学生岗位实习三方协议

甲方（学校）：	乙方（实习单位）：
通讯地址：	通讯地址：
联系人：	联系人：
联系电话：	联系电话：
丙方（学生）：	丙方法定监护人（或家长）：
身份证号码：	身份证号码：
家庭住址：	家庭住址：
联系电话：	联系电话：

为规范和加强职业学校学生岗位实习工作，提升技术技能人才培养质量，维护学生、学校和实习单位的合法权益，根据国家相关法律法规及《职业学校学生实习管理规定》（2021 年修订），甲方拟安排__________级__________学院（系、部）__________专业学生__________（丙方）赴乙方进行岗位实习。为明确甲、乙、丙三方权利和义务，经三方协商一致，签订本协议。

一、基本信息

1. 实习项目（甲方填写）：

2. 实习岗位（乙方填写）：

3. 实习地点：

4. 实习时间：

5. 工作时间：

6. 实习报酬

报酬金额：

支付方式：

支付时间：

7. 食宿条件

就餐条件：

住宿条件：

8. 甲方实习指导教师：　　　　　　　联系电话：

9. 乙方实习指导人员：　　　　　　　联系电话：

二、甲方权利与义务

1. 负责联系乙方，并审核乙方实习资质及条件，确保乙方符合实习要求，提供的实习岗位符合专业培养目标要求，与学生所学专业对口或相近。不得安排丙方跨专业大类实习，不得仅安排丙方从事简单重复劳动。

2. 根据人才培养方案，会同乙方制订实习方案，明确岗位要求、实习目标、实习任务、实习标准、必要的实习准备和考核要求、实施实习的保障措施等，并向丙方下达实习任务。

3. 会同乙方制定丙方实习工作管理办法和安全管理规定、丙方实习安全及突发事件应急预案等制度性文件，对实习工作和丙方实习过程进行监管，并提供相应的服务。

4. 为丙方投保实习责任保险，责任保险范围应覆盖实习活动的全过程，包括丙方实习期间遭受意外事故及由于被保险人疏忽或过失导致的丙方人身伤亡，被保险人依法应当承担的赔偿责任以及相关法律费用等。丙方在实习期间受到人身伤害，属于保险赔付范围的，由承保保险公司按保险合同赔付标准进行赔付；不属于保险赔付范围或者超出保险赔付额度的部分，由乙方、甲方、丙方承担相应责任。甲方有义务协助丙方向侵权人主张权利。投保费用不得向丙方另行收取或从丙方实习报酬中抵扣。

5. 依法保障实习学生的基本权利，不得有以下情形：

（1）安排一年级在校丙方进行岗位实习；

（2）安排未满16周岁的丙方进行岗位实习；

（3）安排未成年丙方从事《未成年工特殊保护规定》中禁忌从事的劳动；

（4）安排实习的女学生从事《女职工劳动保护特别规定》中禁忌从事的劳动；

（5）安排丙方到酒吧、夜总会、歌厅、洗浴中心、电子游戏厅、网吧等营业性娱乐场所实习；

（6）通过中介机构或有偿代理组织、安排和管理学生实习工作；

（7）安排丙方从事Ⅲ级强度以上体力劳动或其他有害身心健康的实习；

（8）安排丙方从事法律法规禁止的其他活动。

6. 除相关专业和实习岗位有特殊要求，并事先报上级主管部门备案的实习安排外，应当保障丙方在岗位实习期间按规定享有休息休假、获得劳动卫生安全保护、接受职业技能指导等权利，并不得有以下情形：

（1）安排丙方从事高空、井下、放射性、有毒、易燃易爆，以及其他具有较高安全风险的实习；

（2）安排丙方在休息日、法定节假日实习；

（3）安排丙方加班和上夜班。

7. 不得向丙方收取实习押金、培训费、实习报酬提成、管理费、实习材料费、就业服务费或者其他形式的实习费用，不得扣押丙方的学生证、居民身份证或其他证件，不得要求丙方提供担保或者以其他名义收取丙方财物。

8. 为丙方选派合格的实习指导教师，负责丙方实习期间的业务指导、日常巡查和管理工作；开展实习前培训，使丙方和实习指导教师熟悉各实习阶段的任务和要求。对丙方做好思想政治、安全生产、道德法纪、工匠精神、心理健康等相关方面的教育。

9. 督促实习指导教师随时与乙方实习指导人员联系并了解丙方情况，共同管理，全程指导，做好巡查，并配合乙方做好丙方的日常管理和考核鉴定工作，及时报告并处理实习中发现的问题。

10. 实习期间，对丙方发生的有关实习问题与乙方协商解决；发生突发应急事件的，会同乙方按安全及突发事件应急预案及时处置。

11. 实习期满，根据丙方的实习报告、乙方对丙方的实习鉴定和甲方实习评价意见，综合评定丙方的实习成绩。

12. 公布热线电话（邮箱），对各方的咨询及时回复，对反映的问题按管理权限和职责分工组织进行整改。

热线电话： 邮箱：

13. 甲方对违反规章制度、实习纪律、实习考勤考核要求以及本协议其他规定的丙方进行思想教育，对丙方违规行为依照甲方规章制度和有关规定进行处理。对违规情节严重的，经甲乙双方研究后，由甲方给予丙方纪律处分。给乙方造成财产损失的，丙方依法承担相应责任。

14. 组织做好丙方实习工作的立卷归档工作。实习材料包括：(1) 实习三方协议；(2) 实习方案；(3) 学生实习报告；(4) 学生实习考核结果；(5) 学生实习日志；(6) 实习检查记录；(7) 学生实习总结；(8) 有关佐证材料（如照片、音视频等）等。

三、乙方权利与义务

1. 向甲方提供真实有效的单位资质、诚信状况、管理水平、实习岗位性质和内容、工作时间、工作环境、生活环境，以及健康保障、安全防护等方面的材料。

2. 严格执行国家及地方安全生产和职业卫生有关规定，会同甲方制定安全生产事故应急预案，保障丙方实习期间的人身安全和身体健康。协助甲方制定丙方岗位实习方案，保障丙方的实习质量。

3. 定期向甲方通报丙方实习情况，遇重大问题或突发事件应立即通报甲方，并按照应急预案及时处置。

4. 甲乙双方经协商，可以由乙方为丙方投保实习责任保险。责任保险范围应覆盖实习活动的全过程，包括丙方实习期间遭受意外事故及由于被保险人疏忽或过失导致的丙方人身伤亡，被保险人依法应当承担的赔偿责任以及相关法律费用等。丙方在实习期间受到人身伤害，属于保险赔付范围的，由承保保险公司按保险合同赔付标准进行赔付；不属于保险赔付范围或者超出保险赔付额度的部分，由乙方、甲方、丙方依法承担相应责任。乙方会同甲方做好丙方及其法定监护人（或家长）等善后工作。乙方有义务协助丙方向侵权人主张权利。投保费用不得向丙方另行收取或从丙方实习报酬中抵扣。

5. 按照本协议规定的时间和岗位为丙方提供实习机会，所安排的工作要符合法律规定且不损害丙方身心健康；不得仅安排丙方从事简单重复劳动。为丙方提供劳动保护和劳动安全、卫生、职业病危害防护条件。落实法律规定的反性骚扰制度，不得体罚、侮辱、骚扰丙方，保护丙方的人格权等合法权益。

6. 依法保障实习学生的基本权利，不得有以下情形：

（1）接收一年级在校丙方进行岗位实习；

（2）接收未满16周岁的丙方进行岗位实习；

（3）安排未成年丙方从事《未成年工特殊保护规定》中禁忌从事的劳动；

（4）安排实习的女学生从事《女职工劳动保护特别规定》中禁忌从事的劳动；

（5）安排丙方到酒吧、夜总会、歌厅、洗浴中心、电子游戏厅、网吧等营业性娱乐场所实习；

（6）通过中介机构或有偿代理组织、安排和管理学生实习工作；

（7）安排丙方从事Ⅲ级强度以上体力劳动或其他有害身心健康的实习；

（8）安排丙方从事法律法规禁止的其他活动。

7. 除相关专业和实习岗位有特殊要求，并事先报上级主管部门备案的实习安排外，应当保障丙方在岗位实习期间按规定享有休息休假、获得劳动卫生安全保护、接受职业技能指导等权利，并不得有以下情形：

（1）安排丙方从事高空、井下、放射性、有毒、易燃易爆，以及其他具有较高安全风险的实习；

（2）安排丙方在休息日、法定节假日实习；

（3）安排丙方加班和上夜班。

8. 实习期间，如为丙方提供统一住宿，应为其建立住宿管理制度和请销假制度。如不为丙方提供统一住宿，应知会甲方并督促丙方办理相应手续。

9. 不得向丙方收取实习押金、培训费、实习报酬提成、管理费、实习材料费、就业服务费或者其他形式的实习费用，不得扣押丙方的学生证、居民身份证或其他证件，不得要求丙方提供担保或者以其他名义收取丙方财物。

10. 会同甲方对丙方加强思想政治、安全生产、道德法纪、工匠精神、心理健康等方面的教育。对丙方进行安全防护知识、岗位操作规程等教育培训并进行考核，如实记录教育培训情况。不得安排未经教育培训和未通过岗前培训考核的丙方参加实习。

11. 乙方安排合格的专业人员对丙方实习进行指导，并对丙方在实习期间进行管理。

12. 乙方根据本单位相同岗位的报酬标准和丙方的工作量、工作强度、工作时间等因素，给予丙方适当的实习报酬。丙方在实习岗位相对独立参与实际工作、初步具备实践岗位独立工作能力的，合理确定实习期间的报酬，并以货币形式按月及时、足额、直接支付给丙方，支付周期不得超过1个月，不得以物品或代金券等代替货币支付或经过其他方转发。不满1个月的按实际岗位实习天数乘以日均报酬标准计发。

13. 在实习结束时根据实习情况对丙方作出实习考核鉴定。

四、丙方权利与义务

1. 遵守国家法律法规，恪守甲乙双方安全、生产、纪律等各项管理规定，提高自我保护意识，注重人身、财物及交通安全，保护好个人信息，预防网络、电话、传销等诈骗。严禁涉黄、涉赌、涉毒、酗酒，严禁到违禁水域游泳或参与其他危险活动，严禁乘坐非法营运车辆等。

2. 遵守甲乙双方的实习要求、规章制度、实习纪律及实习三方协议，认真实习，完成实习方案规定的实习任务，撰写实习日志，并在实习结束时提交实习报告；不得擅自离岗、消极怠工、无故拒绝实习，不得擅自离开实习单位。

3. 若违反规章制度、实习纪律以及实习三方协议，应接受相应的纪律处分；给乙方造成财产损失的，依法承担相应责任。

4. 在签订本协议时，丙方应将实习情况告知法定监护人（或家长），并取得法定监护人（或家长）签字的知情同意书作为本协议的附件。

5. 如不在统一安排的宿舍住宿，须向甲乙双方提出书面申请，经丙方法定监护人（或家长）签字同意，甲乙双方备案后方可办理。

6. 实习期间，丙方因特殊情况确需中途离开或终止实习的，应提前七日向甲乙双方提出申请，并提供法定监护人（或家长）书面同意材料，经甲乙双方同意，并办妥离岗相关手续后方可离开。

7. 严格按照乙方安全规程和操作规范开展工作，爱护乙方设施设备，有安全风险的操作必须在乙方专门人员指导下进行。保守乙方的商业、技术秘密，保证在实习期间及实习结束后不向任何第三方透露相关的资料和信息。

8. 个人权益受到侵犯时，应及时向甲乙双方投诉。丙方认为乙方安排的工作内容违反法律或相关规定的，应立即告知甲方，并由甲方协调处理。

9. 实习期间，丙方发生人身等伤害事故的，有依法获得赔偿的权利。属于保险赔付范围的，由承保保险公司按保险合同赔付标准进行赔付；不属于保险赔付范围或者超出保险赔付额度的部分，由乙方、甲方、丙方依法承担相应责任。

五、协议解除

1. 经甲、乙、丙三方协商一致，可以解除协议，并以书面形式确认。

2. 有以下情形之一的，可以解除本协议：

（1）因不可抗力致使协议不能履行；

（2）甲方因教学计划发生重大调整，确实无法开展岗位实习的，至少提前十个工作日以书面形式向乙方提出终止实习要求，并通知丙方；

（3）乙方遇重大生产调整，确实无法继续接受丙方实习的，至少提前十个工作日以书面形式向甲方提出终止实习要求，并通知丙方；

（4）法律法规及有关政策规定的其他可以解除协议的情形的。

3. 有以下情形之一的，无过错的一方有权解除协议，并及时以书面形式通知其他两方：

（1）甲方未履行对实习工作和丙方的管理职责，影响乙方正常生产经营的，经协商未达成一致的；

（2）乙方未履行协议约定的实习岗位、报酬、劳动时间等条件和管理职责的，经协商未达成一致的；

（3）丙方严重违反乙方规章制度，或丙方严重失职，给乙方造成人员伤亡、设备重大损坏以及其他重大损害的；

（4）法律法规作出的相关禁止性规定的情形的。

六、附则

1. 本协议一式______份，甲、乙、丙三方各执______份，具有同等法律效力。

2. 任何一方未经其他两方同意不可随意终止本协议，任何一方有违约行为的，均须承担违约责任。

3. 有关本协议的其他未尽事宜，由甲、乙、丙三方协商解决并签署书面文件予以确认。协商不成的，任何一方当事人有权向所在地人民法院提起诉讼。

4. 本协议自签字（盖章）之日起生效，至约定实习期届满或丙方实习结束时终止。

5. 甲、乙、丙任何一方通讯地址（联系方式）等与丙方实习相关的重大信息发生变更的应及时通知其他两方，否则，由此产生的一切不利后果自行承担；给其他两方造成损失的，应承担相应的法律责任。

6. 本协议条款中涉及《职业学校学生实习管理规定（2021 年修订）》中规定的原则上“不得”的，如实习因特殊要求存在不履行的可能，甲、乙、丙三方需事先协商一致、签订同意书，并报上级主管部门备案同意后，在不违反法律规定的条件下，方可实施，不视为违约。

7. 如丙方集体签订协议，需由丙方代表签字，其他所有丙方需签订相应委托书，并作为本协议的附件。丙方代表在签字前，应将协议文本内容提前告知每一位参加岗位实习的学生（丙方）及其法定监护人（或家长），并在签署后将协议副本交每一位参加岗位实习的学生（丙方）。

8. 其他事项：

甲方：（学校盖章）　　　　乙方：（实习单位盖章）

法定代表人（签字）：　　　　法定代表人（签字）：

年　月　日　　　　年　月　日

丙方：（签字）

年　月　日

相关法规

《职业学校学生实习管理规定》（教职成〔2021〕4 号）

第十四条　学生参加岗位实习前，职业学校、实习单位、学生三方必须以有关部门发布的实习协议示范文本为基础签订实习协议，并依法严格履行协议中有关条款。

未按规定签订实习协议的，不得安排学生实习。

第十五条 实习协议应当明确各方的责任、权利和义务，协议约定的内容不得违反相关法律法规。

实习协议应当包括但不限于以下内容：

（一）各方基本信息；

（二）实习的时间、地点、内容、要求与条件保障；

（三）实习期间的食宿、工作时间和休息休假安排；

（四）实习报酬及支付方式；

（五）实习期间劳动保护和劳动安全、卫生、职业病危害防护条件；

（六）责任保险与伤亡事故处理办法；

（七）实习考核方式；

（八）各方违约责任；

（九）三方认为应当明确约定的其他事项。

《中华人民共和国外国人入境出境管理条例》（2013年7月12日发布）

第二十二条 持学习类居留证件的外国人需要在校外勤工助学或者实习的，应当经所在学校同意后，向公安机关出入境管理机构申请居留证件加注勤工助学或者实习地点、期限等信息。

持学习类居留证件的外国人所持居留证件未加注前款规定信息的，不得在校外勤工助学或者实习。

第三步：执行国家劳动标准，依法管理实习生的工时工资和事故伤害

操作说明

实习用工期间，用人单位仍需执行部分劳动标准，如提供劳动保护和劳动条件，避免安排加班，及时足额支付实习报酬，为实习生购买实习责任保险或工伤保险，预防和处理实习生事故伤害。

注意事项

1. 在工作时间方面，参照《职业学校学生实习管理规定》第十七条的规定，实习单位应遵守国家关于工作时间和休息休假的规定，并不得有以下

情形：(1) 安排学生从事高空、井下、放射性、有毒、易燃易爆，以及其他具有较高安全风险的实习；(2) 安排学生在休息日、法定节假日实习；(3) 安排学生加班和上夜班。

2. 在实习报酬方面，实习单位应按照协议约定及时足额支付报酬，对于在实习岗位相对独立参与实际工作、初步具备实践岗位独立工作能力的学生，原则上应不低于本单位相同岗位工资标准的80%或最低档工资标准。

3. 在事故伤害方面，实习单位或者所在学校应为实习生购买实习责任保险，在日常工作中实习单位应积极做好安全教育，避免事故伤害，如发生事故伤害则应积极执行保险理赔并按照相关法规承担赔偿责任。

相关法规

《职业学校学生实习管理规定》（教职成〔2021〕4号）

第三十五条 职业学校和实习单位应当根据法律、行政法规，为实习学生投保实习责任保险。责任保险范围应当覆盖实习活动的全过程，包括学生实习期间遭受意外事故及由于被保险人疏忽或过失导致的学生人身伤亡，被保险人依法应当承担的赔偿责任以及相关法律费用等。

学生实习责任保险的费用可按照规定从职业学校学费中列支；免除学费的可从免学费补助资金中列支，不得向学生另行收取或从学生实习报酬中抵扣。职业学校与实习单位达成协议由实习单位支付学生实习责任保险投保经费的，实习单位支付的投保经费可从实习单位成本（费用）中列支。

鼓励实习单位为实习学生购买意外伤害险，投保费用可从实习单位成本（费用）中列支。

第三十六条 学生在实习期间受到人身伤害，属于保险赔付范围的，由承保保险公司按保险合同赔付标准进行赔付；不属于保险赔付范围或者超出保险赔付额度的部分，由实习单位、职业学校、学生依法承担相应责任；职业学校和实习单位应当及时采取救治措施，并妥善做好善后工作和心理抚慰。

第四步：依法解除或终止实习协议

操作说明

在实习协议期满或者符合协议约定的解除条件的前提下，用人单位可依法终止或解除实习协议，但应履行书面通知义务。如涉及用人单位承诺签订劳动合同，则应视情形确定是否应承担违约责任。

注意事项

1. 在实习协议履行期间，如实习生从事违法、违纪或其他损害实习单位利益的活动，实习单位可依照合同约定解除实习协议，职业学校学生实习的，还应通知所在学校。

2. 用人单位如与劳动者约定了解除实习协议条件，一般从其约定，如约定任何一方提前3日通知对方可解除本协议，一般仍属于有效约定。

3. 用人单位解除终止实习协议应注意在校学生毕业时间的限制，已经毕业的，应及时终止实习协议并签订书面劳动合同，否则将产生二倍工资责任。一般而言，实习协议届满期间不应超过学生拟毕业的时间。

示范文本

解除实习协议通知书

______（员工姓名）（身份证号码：__________）：

鉴于您曾与公司签订实习协议，现公司基于该协议第×条与您终止实习用工关系：

请您根据合同约定办结工作交接手续，公司将支付您劳动报酬至实际离职之日。您离职以后仍应继续履行劳动合同约定的保密义务，不得从事损害公司利益的活动。

特此通知。

备注：此通知书通过□面交；□快递；□电子邮件；□手机短信；□微信 任意一种或多种方式同步送达，以最先收到的为准。

××公司（盖章）

年 月 日

相关法规

《职业学校学生实习管理规定》（教职成〔2021〕4号）

第二十八条 职业学校应当会同实习单位对违反规章制度、实习纪律、实习考勤考核要求以及实习协议的学生，进行耐心细致的思想教育，对学生违规行为依照校规校纪和有关实习管理规定进行处理。学生违规情节严重的，经双方研究后，由职业学校给予纪律处分；给实习单位造成财产损失的，依法承担相应责任。

对受到处理的学生，要有针对性地做好思想引导和教育管理工作。

第五节 劳务用工合规指引

◆ 相关概念

劳务关系

是指劳动者与用工者根据口头或书面约定，由劳动者向用工者提供一次性或者特定的劳动服务，用工者依约向劳动者支付劳动报酬的一种有偿服务的法律关系。劳务关系中的用工者既可以是用人单位也可以是自然人。用人单位与自然人建立劳务关系，实践中主要有两类情形：（1）自然人不符合劳动者主体资格，如非法就业的外籍人士、已领取养老保险待遇的退休人员、勤工助学在校大学生等；（2）自然人虽然主体适格，但与用人单位之间不存在管理与被管理关系，如律师事务所合伙人、企业外聘讲师/顾问、平台主播等是常见类型。

表 5-2 劳务关系与承揽关系主要特征对比

比较项目	劳务关系	承揽关系
目的	以接受劳务为目的	以完成劳动成果为目的
过程控制	存在安排和指挥	不受定作人支配和安排
劳动性质	是雇主业务或经营活动的一部分	独立的业务或经营活动
报酬计算	一般按劳务工时计算	一般按照工作成功计算

◆ 典型案例

劳动关系还是劳务关系?

2020 年 5 月 21 日，某工程公司（甲方）与邢某（乙方）签订《咨询服务协议书》，约定："甲、乙双方友好协议达成本协议，甲方聘请乙方整理人事资料，乙方愿意按本协议内容为甲方进行工作。一、服务期限为 2020 年 5 月 21 日至 2020 年 5 月 31 日。二、服务内容。(一) 乙方工作范围。1. 工程公司人事资料整理。2. 工程公司电子档案资料。3. 其他乙方担任岗位应负责的事项。三、服务费用。服务期结束，甲方支付乙方 2394.46 元。四、乙方在服务期内，不兼任同行业同类职务……"双方均确认，邢某的工作地点为工程公司的办公场所，岗位为综合管理部副经理，工作内容包括后勤管理、行政管理、对外接待、协助人力资源管理等工作，工程公司人力资源部柳某对邢某进行管理。邢某执行每周工作 5 天，每天工作 8 小时的工作制。报酬标准为 2020 年 5 月 21 日至 6 月 30 日期间每月 6000 元，2020 年 7 月 1 日至 12 月 31 日期间每月 7000 元。工程公司向邢某发放 2020 年 5 月报酬并为其申报一般劳务报酬所得税。2020 年 12 月 30 日，工程公司综合管理部经理柳某口头通知邢某停止工作。此后，邢某申请仲裁，要求确认与工程公司存在劳动关系并要求支付未签订书面劳动合同的二倍工资等，工程公司则主张双方系劳务关系。

专家分析

《劳动合同法》第七条规定，用人单位自用工之日起即与劳动者建立劳动关系。因此，建立劳动关系的实质要件是用人单位对劳动者是否开始劳动法意义上的用工，即劳动者是否开始向用人单位提供从属性劳动。而从本案查明的事实来看，邢某在工程公司工作期间担任综合管理部副经理，执行每周工作 5 天、每天工作 8 小时的工作制，其提供的劳动属于工程公司的业务组成部分，邢某提供的劳动符合劳动关系的经济从属性与人格从属性特征，双方之间的用工关系具备了全日制劳动关系的本质特征。针对工程公司提出的与邢某签订了短期的《咨询服务协议书》的抗辩意见，法院认为，对于当事人之间建立法律关系的性质，不能通过协议方式排除《劳动法》的适用，而应依据事实履行情况进行实质审查。最终法院判决双方存在劳动关系，工程公司应向邢某支付未签订劳动合同的二倍工资5万余元。

◆ 合规指引

第一步：审核用工需求

操作说明

劳务用工一般具有临时性、一次性的特点，与稳定性劳动关系用工有较大差别，用人单位如对可以建立劳动关系的劳动者采用劳务用工的，一般限于非主营的业务需求如顾问、部分可兼职的岗位等并且不得对劳动者实施管理，如用人单位需对劳动者进行严格考勤、休假管理，则一般无法执行劳务关系用工。

注意事项

1. 用人单位应充分比较劳务关系、劳动关系、劳务派遣、承揽等各种用工方式的优点和弊端，如选择劳务关系用工则应提前规划使用方式、报酬支付等。

2. 根据法律规定，劳务关系用工一般按照劳务报酬代扣代缴个人所得税，用人单位需同时评估税务成本。

3. 劳动者是否有本职工作虽非认定劳务关系的重点，但一般而言如劳动者与其他单位存在全日制劳动关系，同时受雇其他单位时更容易认定为劳务关系。

4. 如用人单位聘雇退休人员①等无法建立劳动关系的劳动者，用人单位可正常行使劳动管理权，双方之间仍按劳务关系处理。

相关法规

《最高人民法院关于审理劳动争议案件适用法律问题的解释（一）》（法释〔2020〕26号）

第三十二条　用人单位与其招用的已经依法享受养老保险待遇或者领取退休金的人员发生用工争议而提起诉讼的，人民法院应当按劳务关系处理。

---

① 仅限于领取职工养老保险待遇的人员，如用人单位聘雇未领取职工养老保险待遇的退休人员，仍可能按劳动关系处理，各地司法实践存在较大差异。

企业停薪留职人员、未达到法定退休年龄的内退人员、下岗待岗人员以及企业经营性停产放长假人员，因与新的用人单位发生用工争议而提起诉讼的，人民法院应当按劳动关系处理。

《中华人民共和国个人所得税法实施条例》（2018 年 12 月 18 日修订）

第六条 个人所得税法规定的各项个人所得的范围：

（一）工资、薪金所得，是指个人因任职或者受雇取得的工资、薪金、奖金、年终加薪、劳动分红、津贴、补贴以及与任职或者受雇有关的其他所得。

（二）劳务报酬所得，是指个人从事劳务取得的所得，包括从事设计、装潢、安装、制图、化验、测试、医疗、法律、会计、咨询、讲学、翻译、审稿、书画、雕刻、影视、录音、录像、演出、表演、广告、展览、技术服务、介绍服务、经纪服务、代办服务以及其他劳务取得的所得。

……

第二步：签署劳务协议

操作说明

用人单位通过劳务关系用工，应与劳动者签署书面协议，明确合作性质、服务内容、劳务报酬标准、协议解除终止条件等内容。

注意事项

1. 用人单位应在接受劳动者提供劳务之前先签署劳务协议，避免在接受劳务后签署协议过程中发生争议，从而导致事实劳动关系风险。

2. 劳务协议应明确双方系劳务关系性质，适用《民法典》等相关法律，而非照搬《劳动合同》条款，协议可约定解除条件，如任何一方提前 30 日书面通知对方即可解除协议。

3. 如系用人单位聘雇本可以建立劳动关系的劳动者，劳务协议应避免约定劳动者需接受单位的考勤、休假、奖惩和规章制度约束等，否则极容易认定双方实际存在从属性，符合劳动关系认定标准。

4. 如用人单位聘雇达到退休年龄的劳动者，劳务协议相关条款仍可约定劳动者需接受用人单位劳动管理指挥。

示范文本

劳务协议（针对不接受公司劳动管理的人员）

甲方：

通讯地址：

乙方姓名：　　　　　　　　性别：

身份证号码：

通讯地址：

联系电话：

鉴于乙方系兼职劳务人员，不接受甲方的管理指挥，与甲方自愿建立劳务关系。根据《民法典》和有关规定，甲乙双方经平等协商一致，自愿签订本劳务协议，共同遵守本协议所列条款。

第一条　劳务协议期限

本劳务协议期限为______个月，自______年______月______日起至______年______月______日止。

第二条　双方权利义务

1. 双方确认系劳务关系，所涉及的权利义务不受中国劳动法律法规调整。

2. 甲方根据业务需要，委托乙方提供__________劳务工作。

3. 乙方工作时间根据甲方需要确定。

4. 乙方应自行管理所提供的劳务，乙方不接受甲方日常劳动管理包括工作时间、考勤、考核、奖惩、规章制度约束等，但乙方提供的劳务应当符合甲方要求。

5. 乙方在为甲方提供劳务中知悉的甲方商业秘密，不得提供或泄露给任何第三方。不得利用提供劳务之便从事任何损害甲方、甲方雇员或甲方合作伙伴利益的活动，或者为自己或他人谋取私利。

6. 甲方按照乙方提供的劳务，向乙方支付劳务报酬。甲方依法代为扣缴乙方个人所得税或由乙方提供劳务费发票。

7. 鉴于甲乙双方并非劳动关系，甲方无义务为乙方缴纳社会保险费或购买商业保险。

8. 乙方同意医疗费用自理，因病或因伤缺勤期间甲方不支付劳务费。

9. 乙方在从事甲方授权或者指示范围内的生产经营活动或者其他劳务活动受到事故伤害，甲方依法承担相应的责任，但乙方存在违反甲方规定或重大过失的除外。乙方在非雇佣活动过程中（包括上下班途中）自身受到事故伤害或者给第三方造成人身伤害或财产损失，由乙方自行承担责任或者向第三方索赔。

第三条 劳务报酬支付

1. 乙方劳务报酬为______元/天，甲方每月______日前以货币形式支付乙方上一个月的劳务报酬。

2. 如需调整劳务报酬，甲乙双方另行约定。

第四条 合同的终止与解除

1. 本合同期满如双方未续签，则合同自行终止。双方应及时办理交接手续。

2. 双方依据本协议约定解除本协议的，除应当支付的劳务报酬外，甲方不向乙方支付任何补偿。

3. 乙方由于健康原因不能履行本协议义务的。

4. 双方任何一方需要提前解除本合同的，应提前3日通知对方后可解除本协议。

5. 本合同终止或解除前，乙方应按甲方要求办结工作交接手续，乙方违反本条约定的，甲方可在办结交接手续后结清剩余劳务报酬。

第五条 违约责任

1. 甲方不按照本合同约定日期向乙方支付劳务报酬的，按照相关规定向乙方支付违约金。

2. 乙方违反本合同约定或在提供劳务中因故意或过失给甲方造成损失的，按照损失的金额据实赔偿，甲方可以在应付劳务报酬中扣回。

第六条 争议解决

1. 甲乙双方在履行本协议过程中发生争议，应当通过协商解决。协商不成的，任何一方均有权向甲方所在地有管辖权的人民法院提起诉讼。

2. 本合同首部甲、乙双方的通讯地址为双方联系的唯一固定通讯地址，若在履行本协议中双方有任何争议，甚至涉及仲裁时，该地址为双方法定地址。若其中一方通讯地址发生变化，应在3日内书面通知另一方，否则，造成双方联系障碍，由有过错的一方负责，相关文件被退回或被他人签收的均视为送达。

第七条　文本及生效

1. 本合同文本一式两份，甲乙双方各执一份。

2. 本合同于甲方盖章、乙方签字之日生效。

甲方：×××公司（盖章）　　　　乙方：

日期：　　　　日期：

相关法规

《中华人民共和国民法典》（2020年5月28日发布）

第四百六十四条　合同是民事主体之间设立、变更、终止民事法律关系的协议。

婚姻、收养、监护等有关身份关系的协议，适用有关该身份关系的法律规定；没有规定的，可以根据其性质参照适用本编规定。

第四百六十五条　依法成立的合同，受法律保护。

依法成立的合同，仅对当事人具有法律约束力，但是法律另有规定的除外。

第三步：避免越界实施劳动管理，妥善处理事故伤害

操作说明

在劳务协议履行期间，用人单位应当把握行使工作安排的界限，避免对劳动者行使强约束的管理方式，如规定上下班时间、严格考勤等。同时应预防和控制在提供劳务过程中发生事故伤害的风险。

注意事项

1. 劳务协议履行期间，用人单位安排劳动者提供劳务，所提供的劳务应严格限制在劳务协议约定范畴。如用人单位安排协议以外的工作内容，极可能产生争议，如安排从事翻译服务的劳动者同时参与公司的文件资料整理等。

2. 用人单位可基于劳务协议履行的目的行使部分指示，如明确劳务内容和交付要求，要求劳动者履行保密义务等。但如用人单位对劳动者进行长时间的考勤、休假管理，甚至要求遵守本单位的相关规章制度，则将导致双方徒有劳务关系之名。

3. 劳务关系项下的权利义务虽然不受劳动法调整，但劳动者在提供劳务过程中发生事故伤害的，用人单位仍需承担赔偿责任①，若用人单位为劳务提供者购买保险又可能增加认定事实劳动关系的风险。

4. 用人单位如使用退休人员，可以正常实行劳动管理。但若发生事故伤害且员工未办理退休手续领取养老金的，实践中可能参照工伤处理，用人单位需根据地方司法实践作出判断。

相关法规

《中华人民共和国民法典》（2020 年 5 月 28 日发布）

第一千一百九十二条 个人之间形成劳务关系，提供劳务一方因劳务造成他人损害的，由接受劳务一方承担侵权责任。接受劳务一方承担侵权责任后，可以向有故意或者重大过失的提供劳务一方追偿。提供劳务一方因劳务受到损害的，根据双方各自的过错承担相应的责任。

提供劳务期间，因第三人的行为造成提供劳务一方损害的，提供劳务一方有权请求第三人承担侵权责任，也有权请求接受劳务一方给予补偿。接受劳务一方补偿后，可以向第三人追偿。

《人力资源社会保障部关于执行〈工伤保险条例〉若干问题的意见（二）》（人社部发〔2016〕29 号）

二、达到或超过法定退休年龄，但未办理退休手续或者未依法享受城镇职工基本养老保险待遇，继续在原用人单位工作期间受到事故伤害或患职业病的，用人单位依法承担工伤保险责任。

用人单位招用已经达到、超过法定退休年龄或已经领取城镇职工基本养老保险待遇的人员，在用工期间因工作原因受到事故伤害或患职业病

① 《最高人民法院关于审理人身损害赔偿案件适用法律若干问题的解释》删除了关于雇佣关系中雇主责任的条款，个人之间形成的劳务关系和承揽关系中的归责原则，则在《民法典》第一千一百九十二条和第一千一百九十三条中得到了保留。但在司法实践中，对于劳动者提供劳务过程中遭受事故伤害，仍由雇主承担赔偿责任，劳动者存在过错的，可以减少雇主赔偿责任。

的，如招用单位已按项目参保等方式为其缴纳工伤保险费的，应适用《工伤保险条例》。

第四步：依法解除或终止劳务协议

操作说明

在劳务协议期满或者符合协议约定的解除条件的前提下，用人单位可依法终止或解除劳务协议，但应履行书面通知义务。

注意事项

1. 在劳务协议履行期间，如劳动者从事违法、违纪或其他损害实习单位利益的活动，用人单位可依照合同约定解除实习协议。

2. 如用人单位与劳动者约定了解除劳务协议的条件，一般从其约定，如约定任何一方提前 3 日通知对方可解除本协议，一般属于有效约定。同时劳务协议还可就协议履行、解除等设置违约责任。

3. 用人单位解除劳务协议后应保留相应的凭证，考虑《民法典》规定的 3 年诉讼时效，有关资料建议保存 3 年备查。

示范文本

解除劳务协议通知书

______（员工姓名）（身份证号码：__________）：

鉴于您曾与公司签订劳务协议，现公司基于该协议第×条规定与您终止实习用工关系：

请您根据合同约定办结工作交接手续，公司将支付您劳动报酬至实际离职之日。您离职以后仍应继续履行劳动合同约定的保密义务，不得从事损害公司利益的活动。

特此通知。

备注：此通知书通过□面交；□快递；□电子邮件；□手机短信；□微信　任意一种或多种方式同步送达，以最先收到的为准。

×××公司（盖章）

年　月　日

相关法规

《中华人民共和国民法典》（2020 年 5 月 28 日发布）

第一百八十八条 向人民法院请求保护民事权利的诉讼时效期间为三年。法律另有规定的，依照其规定。

诉讼时效期间自权利人知道或者应当知道权利受到损害以及义务人之日起计算。法律另有规定的，依照其规定。但是，自权利受到损害之日起超过二十年的，人民法院不予保护，有特殊情况的，人民法院可以根据权利人的申请决定延长。

后　记

目前，企业界迫切需要稳定的劳动关系为经营发展保驾护航。一方面，一些不合时宜的用工政策亟待调整；另一方面，灵活多变的外部环境也愈加考验企业用工的管理水平。期待本书的出版能够为众多无法聘请专业劳动法律师的企业拨云开雾，通过流程化思维把握劳动用工的重点、难点和盲点问题。特别感谢汇业律师事务所赵文桐律师参与本书的整理和校对工作。

图书在版编目（CIP）数据

HR 全流程法律指南：企业劳动用工合规管理指引 / 洪桂彬著．—北京：中国法制出版社，2023.8
ISBN 978-7-5216-3531-7

Ⅰ.①H… Ⅱ.①洪… Ⅲ.①劳动法-研究-中国 Ⅳ.①D922.504

中国国家版本馆 CIP 数据核字（2023）第 091515 号

责任编辑：秦智贤（qinzhixian@zgfzs.com）　　封面设计：杨泽江

HR 全流程法律指南：企业劳动用工合规管理指引
HR QUANLIUCHENG FALÜ ZHINAN：QIYE LAODONG YONGGONG HEGUI GUANLI ZHIYIN

著者/洪桂彬
经销/新华书店
印刷/三河市国英印务有限公司
开本/710 毫米×1000 毫米　16 开　　印张/25　字数/288 千
版次/2023 年 8 月第 1 版　　2023 年 8 月第 1 次印刷

中国法制出版社出版
书号 ISBN 978-7-5216-3531-7　　定价：89.00 元

北京市西城区西便门西里甲 16 号西便门办公区
邮政编码 100053　　传真：010-63141600
网址：http://www.zgfzs.com　　编辑部电话：010-63141798
市场营销部电话：010-63141612　　印务部电话：010-63141606

（如有印装质量问题，请与本社印务部联系。）